Empirismo

Dados Internacionais de Catalogação na Publicação (CIP)
(Câmara Brasileira do Livro, SP, Brasil)

Meyers, Robert G.
  Empirismo / Robert G. Meyers ; tradução de
Marcus Penchel. – Petrópolis, RJ : Vozes, 2017. –
(Série Pensamento Moderno)
  Título original em inglês: Understanding empiricism
  Bibliografia
  ISBN 978-85-326-5332-1
  1. Empirismo 2. Naturalismo I. Título.
II. Série.

16-06831   CDD-146.44

Índices para catálogo sistemático:
1. Empirismo : Filosofia   146.44

ROBERT G. MEYERS

Empirismo

TRADUÇÃO DE MARCUS PENCHEL

EDITORA
VOZES

Petrópolis

© 2006, Robert G. Meyers
Tradução autorizada a partir da primeira edição em língua inglesa publicada pela Acumen e atualmente pela Routledge, membro do Grupo Taylor & Francis.

Título original em inglês: *Understanding Empiricism*

Direitos de publicação em língua portuguesa – Brasil.
2017, Editora Vozes Ltda.
Rua Frei Luís, 100
25689-900 Petrópolis, RJ
Brasil

Todos os direitos reservados. Nenhuma parte desta obra poderá ser reproduzida ou transmitida por qualquer forma e/ou quaisquer meios (eletrônico ou mecânico, incluindo fotocópia e gravação) ou arquivada em qualquer sistema ou banco de dados sem permissão escrita da editora.

CONSELHO EDITORIAL

Diretor
Gilberto Gonçalves Garcia

Editores
Aline dos Santos Carneiro
Edrian Josué Pasini
José Maria da Silva
Marilac Loraine Oleniki

Conselheiros
Francisco Morás
Leonardo A.R.T. dos Santos
Ludovico Garmus
Teobaldo Heidemann
Volney J. Berkenbrock

Secretário executivo
João Batista Kreuch

Editoração: Maria da Conceição B. de Sousa
Diagramação: Sheilandre Desenv. Gráfico
Revisão gráfica: Nilton Braz da Rocha
Capa: WM design
Arte-finalização: Editora Vozes

ISBN 978-85-326-5332-1 (Brasil)
ISBN 978-1-84465-059-6 (Reino Unido)

Editado conforme o novo acordo ortográfico.

Este livro foi composto e impresso pela Editora Vozes Ltda.

*Para Rosalie,
com amor.*

Sumário

Abreviaturas 9

Introdução – Empirismo e racionalismo 11

1 Locke, o conhecimento e o inato 21

2 A defesa do idealismo por Berkeley 53

3 Indução e o empirismo de Hume 83

4 Fundamentos e empirismo 113

5 Empirismo e o *a priori* 142

6 Empirismo e ceticismo 172

7 Empirismo e crença religiosa 203

Conclusão – Naturalismo e empirismo 233

Questões para discussão e revisão 239

Leitura adicional 243

Referências 249

Índice remissivo 253

Índice geral 277

Abreviaturas

Diálogo: BERKELEY, G. *Principles of Human Knowledge and Three Dialogues*. Harmondsworth: Penguin, 1988 [Ed. de R. Woolhouse] [As referências no texto são ao número do Diálogo e à página].

DNR: HUME, D. *Dialogues Concerning Natural Religion*. Indianápolis, IN: Bobbs-Merrill, 1947 [Ed. de N. Kemp Smith] [Referências ao número do Diálogo e à página].

EHU: HUME, D. "An Enquiry Concerning Human Understanding". In: SELBY-BIGGE, L.A. (ed.). *Enquiries*. 3. ed. Oxford: Oxford University Press, 1975 [Referências à seção e página].

Ensaio: LOCKE, J. *An Essay Concerning Human Understanding*. Harmondsworth: Penguin, 1997 [Ed. de R. Woolhouse] [As referências no texto são a livro, capítulo e seção; p. ex., IV ii 14].

Exame: MILL, J.S. *An Examination of Sir William Hamilton's Philosophy*. Toronto: University of Toronto Press, 1979.

Meditação: DESCARTES, R. "Meditations on First Philosophy". In: ARIEW, R. (ed.). *Philosophical Essays and Correspondence*. Indianápolis, IN: Hackett, 2000 [Referência a número da Meditação e página].

PHK: BERKELEY, G. *Principles of Human Knowledge and Three Dialogues*. Harmondsworth: Penguin, 1988 [Ed. de R. Woolhouse] [As referências no texto são ao número da seção].

Problemas: RUSSELL, B. *Problems of Philosophy*. Oxford: Oxford University Press, 1959.

Sistema: MILL, J.S. *System of Logic*. Londres: Longman, 1959 [Referências no texto a livro, capítulo, seção e página].

Tratado: HUME, D. *A Treatise of Human Nature*. Oxford: Oxford University Press, 1988 [Ed. de L.A. Selby-Bigge] [Referências com livro, capítulo e seção; p. ex., I iv 2, e página].

Introdução
Empirismo e racionalismo

Qualquer lista dos grandes empiristas incluiria John Locke (1632-1704), George Berkeley (1685-1753) e David Hume (1711-1776), mas muitos argumentam que não há acordo entre eles quanto a uma doutrina que possamos chamar de empirismo. Mas isso é prematuro. Há uma tese básica e importante que eles partilham. É o que afirma Locke claramente numa nota sobre provas da existência de Deus. Diz ele:

> A existência real só pode ser provada pela existência real; e, portanto, a existência real de um Deus só pode ser provada pela existência real de outras coisas. A existência real de outras coisas independentes de nós só nos pode ser evidenciada pelos nossos sentidos; mas nossa própria existência nos é conhecida por uma certeza ainda maior do que a que nos dão os nossos sentidos sobre a existência de outras coisas e essa é a percepção interior, a autoconsciência ou intuição; do que se pode portanto tirar, por uma sequência de ideias, a prova mais segura e incontestável de um Deus (LOCKE, 1972: 316).

Trata-se de um comentário sobre René Descartes (1596-1650), que sustenta que a existência de Deus pode ser provada a partir de nossa concepção dele. Por definição, trata-se de um ser perfeito e, de acordo com Descartes, a ideia de perfeição só poderia vir de um ser na verdade perfeito. Locke alega que não podemos provar a existência de nada sem apelar para a experiência. A existência real só pode ser provada pela existência real e nossa única evidência disso é a experiência, ou seja, a *percepção exterior* das coisas fora de nós e a *percepção interior* de nossa própria existência e do funcionamento de nossa mente. Essa é uma clara expressão do empirismo: todo conhecimento da existência real deve basear-se nos sentidos ou na autoconsciência, isto é, na experiência. O próprio argumento de Locke sobre Deus satisfaz essa condição. Ele sustenta que somos conscientes de que existimos e somos seres pensantes e, uma vez que a matéria não pode explicar o pensamento, conclui que um ser pensante criou o mundo material. Este é um argumento empirista, pois repousa sobre premissas (i) acerca de existentes reais, enquanto opostos a conceitos, e (ii) certificadas pela experiência. Por "existência real" Locke entende a existência independente do pensamento; e por "existência ideal", a existência na mente. O raciocínio que vai da existência ideal para a real nunca é válido; para mostrar que algo é real, temos que experimentá-lo ou inferi-lo de algo que experimentamos.

Isso indica que *algumas* reivindicações à existência real podem, para o *racionalismo*, ser justificadas independentemente da experiência, ou são *a priori*, para usar o termo técnico, enquanto o empirismo sustenta que *nenhuma* dessas tais reivindicações podem se justificar *a priori*. O empirismo também pode ser expresso como o ponto de vista segundo o qual *toda* justificação de crenças sobre a existência real depende da experiência, ou seja, é empírica.

Uma palavra deve ser dita sobre a existência real. Para algo ser real deve existir independentemente do que qualquer pessoa pensa a respeito ou, como colocam os escolásticos, de qualquer consideração intelectual, ao passo que existência ideal é a existência apenas no pensamento. Se sonho em tomar chá com o Chapeleiro Maluco e a Rainha, o fato de que tive esse sonho é real, mas o objeto do sonho, a reunião para o chá, não é. Ela existe apenas na minha mente, tem somente uma existência ideal. (Essa é a origem do significado corrente de ideal como um estado de coisas perfeito: os ideais existem no pensamento até serem realizados.) De forma similar, o próprio Chapeleiro Maluco é um existente ideal, uma vez que existe apenas como personagem ficcional ou imaginado, ao passo que a Rainha é real.

Essa compreensão do empirismo e do racionalismo está centrada na justificação de nossas crenças. Há também uma questão quanto à *origem dos conceitos*. Descartes argumenta que algumas ideias e conhecimentos são inatos e, portanto, não baseados na experiência. O resultado é que Locke também tem que argumentar que todas as ideias e crenças são adquiridos por experiência. Há, portanto, duas questões. A da justificação é sobre o tipo de evidência necessária para assegurar uma proposição e se trata de uma questão epistêmica (sobre a qualidade da nossa evidência), ao passo que a questão acerca da origem dos conceitos e crenças é psicológica. São questões distintas. As crenças não têm que ser inatas para serem justificadas *a priori*. Deve ser que todos os conceitos e crenças são adquiridos através da experiência, talvez porque envolvem a linguagem, mas algumas crenças são justificadas *a priori*. Locke sustenta, por exemplo, que sabemos *a priori* que o vermelho é vermelho, ainda que a ideia de vermelho não seja inata, mas adquirida por experiência. Por outro lado, o empirista não tem que argumentar que todas as ideias são aprendidas por experiência para defender a afirmação de que as reivindicações à existência real têm que ser justificadas empiricamente. De forma similar, embora muitos racionalistas tradicionais (Platão, Descartes e Leibniz) sustentassem que há conceitos inatos, isso não é essencial à sua tese de que algum conhecimento da realidade é *a priori*.

Para distinguir as questões da origem e da justificação, podemos chamar de *empirismo justificatório* a afirmação de que as crenças sobre a realidade devem ser justificadas empiricamente e de *empirismo conceitual* a tese de que todos os conceitos e crenças são adquiridos pela experiência. No futuro, "empirismo" e "racionalismo" sem adjetivos vão se referir aos sentidos justificatórios. As doutrinas conceituais serão referidas com adjetivos, a não ser que o contexto deixe claro que eles estão subentendidos.

Vários pontos deveriam ser ressaltados sobre a questão justificatória. Primeiro, que empirismo e racionalismo são contraditórios. Um afirma que há *algum* conhecimento *a priori* da realidade, enquanto o outro nega. Isso significa que uma pessoa não pode ser ao mesmo tempo empirista e racionalista. Um empirista pode sustentar outras doutrinas ligadas a célebres racionalistas, mas isso não faz dele um racionalista na medida em que nega o conhecimento *a priori* da existência real.

Segundo, um racionalista não precisa sustentar que *todo* conhecimento da realidade é *a priori*. Esta é uma tese extrema que poucos racionalistas sustentaram. O racionalista está apenas comprometido em sustentar que ao menos uma instância de tal conhecimento é *a priori*. Isso implica um ponto relacionado. Ao negar que haja qualquer conhecimento *a priori* da realidade, o empirista faz uma afirmação mais geral que o racionalista. Ele está comprometido em mostrar que *nenhum* conhecimento da existência é *a priori*, ao passo que o racionalista precisa apenas de um caso para provar sua posição.

Terceiro, um empirista não precisa negar a existência do conhecimento *a priori*. Ele está apenas comprometido em sustentar que não há conhecimento *a priori* da existência real. Ele pode alegar, como fizeram Locke, Berkeley, Hume e a maioria dos empiristas, que existe conhecimento *a priori*, mas que é apenas de ordem conceitual e não da realidade, isto é, não sobre um reino de entidades independentes do que uma pessoa pode pensar a respeito. Discutiremos no capítulo 5 várias teorias empiricistas do conhecimento *a priori*.

> PONTO-CHAVE: *Racionalismo e empirismo*
> - *Empirismo*: todo conhecimento da existência real deve ser justificado pela experiência, ou seja, é um conhecimento empírico.
> - *Racionalismo*: algum conhecimento da existência real é *a priori* ou justificado independentemente da experiência.
> - *Empirismo conceitual*: todos os conceitos são adquiridos por experiência.
> - *Racionalismo conceitual* (ou inatismo): alguns conceitos são inatos.

Quarto, o empirismo e o racionalismo são sobre as *fontes* do nosso conhecimento da realidade e constituem doutrinas epistemológicas. Não implicam doutrinas específicas sobre o que é real e são independentes de alegações metafísicas. Este último ponto levanta a questão da distinção entre epistemologia e metafísica.

Em geral, a epistemologia lida com a natureza e as bases do conhecimento e a extensão dele. É uma crítica da evidência e, portanto, uma extensão da lógica. São epistemológicas questões sobre a possibilidade de se conhecer certas coisas e como são conhecidas, enquanto questões sobre a existência e a natureza das coisas, sobre as qualidades e eventos são questões metafísicas (e não especificamente epistemológicas tais como "O que é o conhecimento?" ou "Existe o conhecimento de X?"). Isso inclui questões sobre a natureza das atitudes mentais e certas entidades básicas que os epistemologistas com frequência discutem. Por exemplo, a natureza da crença, da verdade e a condição das proposições e dados sensoriais (i. é, dos objetos dos sentidos) estão fora da Teoria do Conhecimento propriamente dita. O epistemologista aceita a existência de crenças e proposições (ao menos nominalmente) e deixa com a ciência e a metafísica a questão do que são. Isso não quer dizer que ele não tem uma visão metafísica ou várias e que elas não influenciam sua Teoria do Conhecimento, mas apenas que elas não são sua principal preocupação como epistemologista. Quando ele discute a natureza da crença ou da verdade, está se desviando da Teoria do Conhecimento e entrando em outras questões, questões que pertencem à filosofia da mente, à semântica ou à metafísica (e talvez mesmo à psicologia).

Isso tem uma importante implicação para o empirismo e o racionalismo. Um empirista pode ou não defender a existência de Deus. O que ele se compromete em afirmar como empirista, como vimos no trecho de Locke, é que só podemos saber se tal coisa existe com base na experiência; ele não pode sustentar que podemos conhecê-la numa base *a priori*. Ele pode prosseguir alegando que há bons argumentos empíricos para a sua existência ou negar que existam. Mas essa é uma questão ulterior e diz respeito a sua visão sobre a qualidade da evidência empírica da existência de Deus; visão epistêmica com certeza, mas independente da sua aceitação do empirismo. O empirismo limita-o apenas ao tipo de evidência que se pode apresentar para mostrar que Deus existe; não faz qualquer afirmação sobre a existência ou não de tal evidência.

Essas observações mostram que o empirismo pode ser elaborado de muitas maneiras diferentes. Os empiristas argumentam que não há conhecimento *a priori* da realidade, mas isso não os compromete num acordo sobre outras questões. Por conseguinte, é difícil fazer generalizações significativas do empirismo para outras doutrinas filosóficas. Locke sustenta que Deus existe e é realista sobre os objetos físicos, enquanto Berkeley concorda com ele acerca de Deus, mas afirma que os objetos físicos são dependentes da mente e Hume é cético sobre Deus e às vezes sobre o mundo físico também.

O empirismo e o racionalismo são por vezes definidos em termos de proposições analíticas e sintéticas. Essa terminologia provém de Immanuel Kant (1724-1804), que sustenta que a verdade de uma proposição analítica depende unicamente do seu significado, ao passo que as proposições sintéticas vão além. "Os unicórnios são criaturas de um só chifre" é uma proposição analítica. "Os unicórnios vêm em socorro das virgens aflitas" é sintética. Os unicórnios têm que ter um único chifre, mas não são por definição protetores das virgens (embora isso faça parte de sua lenda). Kant afirma que todas as proposições analíticas podem ser conhecidas *a priori* e que, se muitas proposições sintéticas são empíricas, há também as sintéticas *a priori*. Isso levou muitos escritores do século XX a definir o "racionalismo" como a posição segundo a qual existe conhecimento sintético *a priori* e o "empirismo" como a tese de que não existe *a priori* sintético.

O problema disso como definição do "empirismo" é que deixa de fora uma das principais alegações dos racionalistas. Descartes, Spinoza e Leibniz sustentam que "Deus existe" é uma proposição verdadeira porque Deus é o ser mais perfeito que se pode conceber e, portanto, deve existir. Isso faz de "Deus existe" uma proposição analítica pelo critério kantiano, mas, segundo Kant, as proposições analíticas são puramente conceituais e não implicam existência; toda proposição verdadeira do tipo "X existe" é sintética. Isso implica que é contraditória a afirmação racionalista de que se pode saber que Deus existe a partir do conceito que temos dele; "Deus existe" não pode simultaneamente ser uma proposição analítica e implicar a existência. Alguns ficam satisfeitos em aceitar isso, mas a conclusão mais razoável é que tal definição de racionalismo levanta essa questão contra eles. As explicações de termos filosóficos não deveriam excluir as principais posições por definição, mas fornecer uma moldura neutra para se discutirem as questões. (Pode-se emendar as definições de Kant e desprezar a exigência de que as proposições em prol da existência não podem ser analíticas, mas isso facilmente leva à confusão uma vez que o termo "analítico" está tão firmemente enraizado.)

Também se deve ter cuidado com os empiristas que combinam a rejeição do conhecimento *a priori* da existência real com outras doutrinas e depois afirmam que a sua forma de empirismo é a única. Tais empiristas são semelhantes a profetas que proclamam serem apóstatas os que deles discordam. Como tese abstrata, o "empirismo" pode ser conjugado com outras teses, mas no geral todos os empiristas são iguais. Se E é a tese de que não existe conhecimento *a priori* da realidade, E pode ser conjugada com outras proposições para criar uma versão de empirismo, mas qualquer combinação que aceite E aceita o empirismo. Afirmar que o empirismo ou o "verdadeiro empirismo" é a conjunção de E com alguma outra tese p pode ser chamado de *conjuntivite* (uma vez que impede seus defensores de ver as coisas com clareza).

Um exemplo disso é o positivismo lógico, que floresceu em meados do século XX. As principais figuras desse movimento foram Moritz Schlick, Rudolf Carnap e Hans Reichenbach. Eles sustentaram três teses: (i) que todo conhecimento da realidade é empírico; (ii) que todo conhecimento *a priori* (incluindo a lógica e a matemática) é analítico e, portanto, não é sobre a realidade; e (iii) que a metafísica não tem sentido, porquanto suas alegações não são verdadeiras nem falsas, já que as proposições metafísicas não podem ser verificadas pela experiência sensorial. A primeira tese tornava-os empiristas e a segunda, empiristas *lógicos*, pois admitiam que o conhecimento lógico é *a priori*, mas não sobre a realidade. A terceira tese era sua doutrina mais distintiva e pode ser chamada de *verificacionismo*.

Essa é claramente uma versão do empirismo, mas é um erro tomá-la como a única versão. Muitos pensadores que reconhecemos como empiristas sustentaram teorias metafísicas não verificáveis (p. ex., Locke e Hume). Erigir em empirismo a rejeição da metafísica, portanto, tolda a questão. Isso também levou alguns racionalistas a pensar que estavam refutando o empirismo no sentido tradicional quando atacavam o verificacionismo dos positivistas. As definições filosóficas deveriam refletir as questões centrais em debate. Erigi-las em outras questões apenas as confunde. (Um outro exemplo de conjuntivite: o "realismo" acerca dos objetos físicos é por vezes definido como a doutrina segundo a qual (i) há objetos físicos independentes do pensamento e (ii) podemos ter conhecimento sobre eles, conhecimento então rejeitado com base em que (ii) é uma proposição falsa, ainda que o significado básico de "realismo" nesse contexto seja apenas (i).)

Um outro equívoco é tomar como empiristas filósofos cuja visão geral é simpática a Locke e Hume, mesmo que aceitem o conhecimento *a priori* de um reino conceitual real. Um exemplo é o primeiro Bertrand Russell. Em 1912 ele concordou com os empiristas que todo conhecimento de "existência" é baseado na experiência, mas sustentou que também temos conhecimento *a priori* de um "reino de ser" que não existe, mas subsiste (RUSSELL, 1959: 73-75, 99-100). Existência nesse sentido inclui objetos físicos e espíritos (se existe algum) que existem no espaço e no tempo, ao passo que subsistência inclui entidades abstratas tais como universais e relações. (Note-se que não é claro onde ele situa Deus, que não é nem espacial nem abstrato.) Isso levou alguns a pensar que ele era um empirista, mas o fato é que não é, segundo a exposição que fizemos aqui. Ainda que entidades subsistentes não existam no sentido de Russell, ele sustenta que elas "têm de ser" independentemente do que pensamos sobre elas *e* que temos conhecimento *a priori* delas. Está assim comprometido com o conhecimento *a priori* da realidade e é um racionalista a despeito de suas visões outras. E é também importante observar que isso não apenas porque ele reconhece um reino de realidade para além da esfera espaciotemporal. Um mundo platônico é consistente com o empirismo na medida em que rejeitemos que nosso conhecimento dele é *a priori*. (Veremos que Locke pensava que as leis fundamentais da natureza devem ser verdades necessárias, como pensam os racionalistas, ao mesmo tempo em que negava a possibilidade de termos um conhecimento *a priori* dele.)

Abordaremos no capítulo 1 a crítica de Locke ao inatismo e sua defesa de ambas as formas de empirismo. Os capítulos 2 e 3 abordarão, respectivamente, Berkeley e Hume. Os capítulos seguintes discutirão problemas que surgem com o empirismo: a questão dos fundamentos *versus* coerência, o *a priori* e a carga que ele impõe ao ceticismo. O capítulo 7 discute algumas das maneiras com que o empirismo influi na crença religiosa.

1
Locke, o conhecimento e o inato

O primeiro e talvez maior clássico do empirismo moderno é o *Ensaio sobre o entendimento humano* (1690), de John Locke. A obra é dividida em quatro livros. O primeiro faz uma crítica do conhecimento inato, o segundo explica a origem das ideias na experiência, o terceiro discute a linguagem e o quarto, a natureza e extensão do conhecimento. O resultado é uma longa discussão das duas versões do empirismo. Neste capítulo, enfocaremos sua defesa do empirismo conceitual e sua concepção do conhecimento científico e seus limites. Outros aspectos de sua teoria serão considerados no capítulo 2, em conexão com as críticas de Berkeley.

Locke e o conhecimento inato

A crítica de Locke às ideias e conhecimentos inatos é parte de sua Teoria Geral do Conhecimento Científico. Ele se opôs à Teoria Racionalista de Descartes e à Teoria Aristotélico-medieval. Dentre os exemplos de verdades inatas que ele examina estão:

(1) O que quer que seja é.

(2) É impossível a mesma coisa ser e não ser.

(3) Fazer aos outros o que gostaríamos que fizessem a nós.

(4) A virtude é a melhor veneração a Deus.

(5) Deus existe.

A discussão de Locke é dividida em três partes. Primeiro, ele ataca a afirmação de que há verdades especulativas inatas tais como (1) e (2). Ele rejeita a afirmação de Descartes de que essas são máximas gerais pressupostas por todo conhecimento e, portanto, não adquiridas. Locke sustenta que nós podemos ter conhecimento sem conhecer proposições gerais tais como (1) e (2) e que, portanto, não temos que postulá-las como inatas. Em seguida, analisa o caso de princípios práticos ou morais inatos tais como (3) e (4). Argumenta que é sempre razoável indagar a razão de uma afirmação moral. Mesmo (3) (a "regra de ouro") não é vista como verdadeira tal como é entendida (como "azul não é vermelho", esta para Locke evidente em si mesma). Pode-se entender a regra e ainda assim indagar a razão pela qual deva ser aceita. Por conseguinte, é falsa a alegação de que todas as verdades morais inatas são evidentes em si mesmas e não precisam de uma razão. Em terceiro lugar, ele argumenta que uma crença não pode ser inata a não ser que as ideias nela implicadas sejam também inatas, mas que as ideias em exemplos padrão (tais como "Deus existe") não são inatas, mas adquiridas. Suas conclusões gerais: (a) o inatismo não tem fundamento, uma vez que podemos explicar todas as nossas ideias com base na experiência; (b) os critérios para o conhecimento inato e essa própria noção são irremediavelmente obscuros; e (c) essa obscuridade só pode levar ao dogmatismo. Ele diz que, assim que os homens encontraram princípios de que não podiam duvidar, foi "um caminho curto, fácil de concluir que eram inatos". Isso aliviou "os preguiçosos das penas de investigar" e interrompeu a investigação sobre "tudo o que uma vez se convencionou inato" (*Ensaio*: I iv: 24). O conhecimento depende "do uso correto dos poderes que a natureza nos legou" e não de princípios inatos ou do que outros homens conhecem. É tão fácil "esperar ver com os olhos de outros homens quanto conhecer com o entendimento de outros". "Tal riqueza emprestada, como dinheiro de fantasia, embora fosse ouro nas mãos das quais a recebeu, não passará de folhas e pó quando vier a ser usada" (I iv: 22, 23).

Os críticos às vezes argumentam que ele não prova em cada caso que os princípios (ou suas ideias) não são inatos, mas ele nunca afirma poder provar isso. Ele diz que está apresentando uma teoria alternativa e mais plausível da origem de nossas ideias (e, pois, do conhecimento). Enquanto os proponentes do inatismo não demonstrarem que a teoria de Locke é falsa, não terão provado a visão deles, mas apenas mostrado que é uma perspectiva possível.

Vou me concentrar na crítica de Locke às verdades especulativas inatas. Seu principal alvo é Descartes, que sustentou que o inatismo é necessário para defender a realidade do conhecimento científico, mas as teorias de ambos têm suas raízes na Teoria Medieval de Ciência. Examinemos primeiro essa Teoria Medieval.

Seguindo Aristóteles, os escolásticos sustentavam que todas as ideias decorrem da experiência ou, como colocou Tomás de Aquino (1224-1274): "Não há nada no entendimento que não estivesse antes nos sentidos" (COPLESTON, 1952: 393). Eles afirmavam que o mundo natural contém objetos com forma e matéria; quando os percebemos, ficamos cientes das formas sem a matéria, que então se tornam o conteúdo do nosso conhecimento. Podemos ter certeza de que esse conhecimento é genuíno porquanto há uma correspondência entre as formas em nossa mente e as formas na realidade. Essa visão pode ser resumida em três teses:

(i) Percepção é a recepção da forma de um objeto sem a sua matéria. Os objetos físicos diferem em sua forma e existem porque essa forma ganha uma instância na matéria. Uma rosa, por exemplo, é matéria com uma cor e formato que a distinguem de um lilás ou de um coelho. Quando a percebemos, ficamos cientes dessas características distintivas, sem a matéria.

(ii) Abstraindo algumas qualidades do objeto de outras, adquirimos novos conceitos, tais como os conceitos de vermelho, de pétalas, de flor e mesmo o conceito mais genérico de planta. Todo conceito simples é adquirido por um processo semelhante. Aí, combinando essas ideias abstratas, formamos ideias complexas dos objetos as quais não experimentamos, tais como a ideia de Deus e de coisas que absolutamente não existem, por exemplo as ideias de unicórnios e de centauros.

(iii) As ideias básicas, no entanto, tais como a ideia de uma rosa, de um cavalo ou de um homem, correspondem a aspectos dos objetos. O resultado é que a percepção nos dá ideias adequadas dos objetos naturais e suas espécies. Por comparação e generalização ulteriores chegamos a princípios gerais e, por fim, a leis da natureza e da ciência. Uma vez que as ideias derivam da transferência de formas naturais para a mente, podemos ter certeza de que há uma correspondência entre elas e a natureza e de que nossa ciência é genuína.

Podemos chamar a primeira de *tese da recepção*, a segunda de *tese da abstração* e a terceira de *tese da correspondência*.

Essa Teoria Aristotélica foi aceita em linhas gerais por quase dois mil anos, até ser colocada em questão pela nova ciência do século XVII. Essa "nova ciência" era com efeito uma extensão do antigo atomismo, que sustentava que os objetos não são compostos de um elemento material e outro formal, mas de partículas imperceptíveis em movimento. A cor e forma de uma rosa são resultado de certa configuração de partículas ou corpúsculos (que agora chamaríamos de átomos e moléculas) que em si mesmos não são nem essa flor nem a cor vermelha. Descartes aceitou isso, embora rejeitasse a antiga Teoria Atomista de que as coisas são compostas de vácuo ou espaço vazio e partículas. Ele achava que cada fração do espaço é preenchida por partículas que se movem juntas, mais ou menos como o óleo se move na água quando agitado. Mas concordava com a maioria dos cientistas contemporâneos em que os objetos físicos são sistemas de partículas imperceptíveis e não entidades substanciais compostas de matéria e forma. Por conseguinte, rejeitava a Teoria Receptiva da Percepção. A percepção ocorre quando corpúsculos do objeto atingem os sentidos, fazendo partículas do corpo se moverem até que é formada uma imagem na mente. A percepção não é a transferência de uma forma do objeto para a mente, mas ocorre por impulso. Além disso, a imagem que temos do mundo com suas formas e cores e aparentemente objetos sólidos é equivocada; na verdade o mundo é composto de partículas extensas sem cor e em movimento (sempre em contato com outras partículas, uma vez que não há vácuo). O mundo não é como parece, mas radicalmente diferente.

Ao explicar essa teoria, Descartes compara ideias da percepção a palavras. Assim como as palavras não se assemelham às qualidades que representam, assim as ideias não se assemelham a seus objetos. São sinais que apontam para a presença desses objetos e nos levam a evitá-los ou a buscá-los. Mas enquanto semelhanças são "falsas". Ele também nos compara a cegos usando bengala. Não há mais semelhança entre nossas ideias e a realidade que entre a sensação da bengala pelo cego e a realidade. Isso levou-o a concluir que para ter uma concepção científica adequada do mundo não podemos confiar nos sentidos como fonte dos nossos conceitos, de modo que também rejeitava a tese da abstração. Para preservar a realidade do conhecimento, ele sustenta que conceitos geométricos e científicos (assim como conceitos metafísicos, tais como as ideias de substância e de Deus) não decorrem da experiência, mas são, ao contrário, inatos. E, uma vez que pode provar *a priori* que Deus existe e é bom, podemos nos assegurar de que essas ideias são adequadas e correspondem ao mundo. O resultado é que, embora rejeite a tese da recepção, Descartes ainda assim aceita a tese da correspondência, mas às custas da tese da abstração. Conceitos tais como os da tringularidade, da extensão, da substância, da infinitude e mesmo de Deus não decorrem da experiência, mas são parte do equipamento inato da mente. Mas ele não chega ao ponto de dizer que todo conhecimento é inato. Ele acha que se pode confiar na percepção se ela for cuidadosamente examinada à luz das ideias inatas e dos princípios que se baseiam nelas e depois de termos validado sua confiabilidade apelando à vontade de Deus. O resultado é uma ciência da realidade baseada em parte na experiência, mas em última instância certificada com base nas ideias inatas e provas *a priori*.

Locke concorda que a Teoria da Percepção Aristotélico-escolástica é equivocada. Ideias simples como as de doçura e brancura do açúcar não correspondem a qualidades do açúcar; no máximo, são causadas por poderes do açúcar para produzi-las, mas isso é somente uma correspondência mínima. Ao contrário de Descartes, no entanto, ele continua a aceitar a abstração como sendo a fonte das ideias. Nossas ideias podem ou não corresponder a objetos externos, mas só podemos saber isso recorrendo à experiência. Em outras palavras, Locke rejeita a tese da recepção, mas aceita a da abstração, e aceita a tese da correspondência apenas de maneira drasticamente modificada. Nada nas nossas ideias garante que correspondam à realidade, uma vez que a abstração é um processo seletivo e pode nos desviar.

Essa pode parecer uma alternativa razoável à Teoria Escolástica, mas tem um aspecto perturbador. Descartes argumenta que o inatismo permite que nossas conclusões científicas sejam conhecidas com certeza, mas Locke é forçado a rejeitar isso. O que significa que a noção medieval da ciência como certeza absoluta tem que dar lugar à probabilidade e ao raciocínio analógico e, uma vez que Locke continua a sustentar que o conhecimento tem que ser certo, isso implica que não há conhecimento científico. Essa conclusão cética não incomodou Locke e muitos dos seus contemporâneos, mas preocupou outros. Falaremos mais a respeito na seção "Essências nominal e real" (p. 46).

Locke apresenta vários argumentos contra o inatismo:

• Afirma que nenhuma verdade é universalmente aceita como suporíamos se fossem inatas a todos os seres humanos. Muitas pessoas não têm uma concepção europeia de Deus e os idiotas e as crianças não têm concepção nenhuma disso. As crianças e os povos primitivos também não parecem ter ideais altamente abstratas tais como as de identidade e infinitude, ainda que essas sejam consideradas de todas as mais básicas ideias inatas. (Ele faz argumentos semelhantes contra princípios práticos ou morais inatos.) Além do mais, mesmo se houvesse princípios universalmente aceitos, isso não provaria serem inatos, uma vez que tais princípios e suas ideias devem ser adquiridos pela experiência comum.

• Defensores do inatismo têm uma resposta para isso. Eles sustentam também que esses princípios estão *potencialmente* em suas mentes; pessoas que parecem não ter as necessárias ideias inatas em que tais princípios se baseiam não refletiram bastante para adquirirem consciência delas. Locke argumenta que, se esse for o caso, todo conhecimento é inato, uma vez que para conhecer alguma coisa temos que possuir um poder inato de nos conscientizarmos dela. A potencialidade de consciência não basta para mostrar que há conhecimento inato. Voltaremos logo a esse ponto.

• Locke também argumenta que para saber que uma proposição é verdadeira temos que ter percebido em algum momento do passado que é verdadeira, sendo "percepção" entendida aqui como apreensão ou consciência. Isso implica que em algum momento antes do nascimento temos que ter tido consciência de sua verdade, o que Locke considera implausível ao extremo.

• Seu principal argumento é que nós não temos que aceitar o inatismo para explicar nossas ideias. Elas podem ser explicadas por abstração. A ideia de Deus, por exemplo, é uma ideia complexa de uma substância pensante que é perfeita e infinitamente poderosa, enquanto cada uma das ideias mais simples pode remontar à percepção de objetos externos ("senso exterior") e de nossa própria mente e o seu conteúdo ("senso interior").

Vários aspectos da posição de Locke são com frequência descurados. Primeiro, ele diz que, ao contrário de Descartes, não apresenta "demonstrações inegáveis convincentes" de sua teoria, mas que "*apela* à própria *experiência* sem preconceitos dos homens e à observação" para ver se seus princípios são aceitáveis. Com isso espera erguer "um edifício uniforme" que não terá que "escorar com suportes e reforços, apoiando-se em alicerces emprestados ou mendigados; ou ao menos, se for um castelo no ar, quero que seja inteiriço e se sustente" (*Ensaio*: I iv: 25). Ele desenvolve sua teoria alternativa no Livro II mostrando em detalhe como suas ideias podem ser explicadas unicamente com base na experiência.

Isso dá espaço à teoria de Descartes, uma vez que Locke não alega provar que o inatismo é falso, mas mesmo assim ainda coloca os cartesianos numa posição difícil. Descartes afirma que sua teoria pode ser demonstrada verdadeira com certeza. Mostrando que há uma teoria alternativa, Locke coloca o inatista na situação de ter que provar com certeza que essa alternativa é inaceitável, pois uma teoria ou crença não pode ser provada com certeza enquanto houver uma alternativa possível (i. é, consistente). Além disso, o cartesiano tem que provar que a alternativa é falsa sem apelar ao próprio inatismo, pois isso levantaria questionamento. A única outra opção é argumentar que o inatismo é a teoria mais plausível para lidar com os fatos e Locke acha que a maioria das pessoas aceitará sua teoria empirista com base nisso.

Uma maneira de colocar sua posição é dizer que ele sustenta que o empirismo com abstração é a hipótese mais razoável. Se um fenômeno pode ser explicado por mais de uma teoria, não podemos provar uma contra a outra com certeza a menos que possamos provar que as outras explicações são falsas. Locke sustenta que, uma vez que não há prova direta do inatismo e que o empirismo não poder ser desautorizado, o melhor que podemos fazer é aceitar a explicação mais plausível, que para ele é a empirista.

Em segundo lugar, Locke argumenta que aprender ideias como as de substância, identidade e Deus requer muito tempo e depende igualmente do aprendizado de uma língua. Uma criança pode saber que "uma maçã não é fogo" porque tem por experiência os conceitos de fogo e maçã, mas levará anos até que possa assentir a princípios tais como (2), isto é, que é impossível a mesma coisa ser e não ser ao mesmo tempo. Ela tem que aprender as palavras, mas Locke diz que os significados delas são tão "amplos, abrangentes e abstratos" que vai levar muito mais tempo para que possa aprender seus significados precisos e entender o princípio mesmo (*Ensaio*: I ii: 23).

Isso também é com frequência desprezado. Os únicos argumentos de Descartes para as ideias inatas é que não encontramos ideias tais como substância e poder quando examinamos objetos externos, mas ele limita sua investigação às coisas de que tem ciência no momento. Dá vários exemplos. Um deles é de que temos duas ideias do Sol: os sentidos nos dizem que é um pequeno disco no céu, ao passo que o intelecto nos diz que é "várias vezes maior do que a Terra". Ambas as ideias não podem corresponder ao sol real e a razão nos diz que a ideia intelectual deve ser preferida, pois que deriva de raciocínio astronômico e "é suscitada por certas noções que são inatas em mim" (*Meditação* III: 115). Mas isso está longe de resolver a questão. A ideia intelectual pode também ser derivada da experiência se considerarmos sua influência ao longo do tempo, como sugere Locke. Observações semelhantes são feitas sobre o exemplo cartesiano do pedaço de cera (na *Meditação* II: 111). Os sentidos dizem a Descartes que a cera é sólida, fria e tem certa forma em determinado momento, enquanto em outro é macia, quente e tem forma diversa, embora ele saiba que a cera é algo "extenso, flexível e mutável". Ele também sabe que é o mesmo pedaço de cera nos dois momentos, embora todas as suas qualidades sensíveis sejam diferentes. Ele conclui que não pode saber essas verdades pelos sentidos, devendo conhecê-las através de "um exame apenas por parte da mente".

Em ambos os casos, Descartes considera por demais estreita uma visão dos efeitos da experiência. Para Locke, a astronomia e o conhecimento de objetos como o pedaço de cera baseiam-se unicamente em ideias derivadas da experiência e examinadas ao longo do tempo. Tentar resolver a questão reduzindo os sentidos ao que pode ser conhecido em determinado momento distorce a visão do empirista. Começamos com uma experiência rudimentar, depois aprendemos a língua, diferenças e generalizações a partir da experiência e então chegamos ao conhecimento e a uma compreensão sofisticada das coisas só muito mais tarde.

Como indicam estas observações, a discussão se complica e envolve uma série de afirmações e contra-afirmações. Qual é o ponto central? A resposta é que Descartes e Locke têm duas concepções diferentes de nossos poderes inatos de conhecer. Eles concordam que o conhecimento requer potencialidades inatas, mas discordam do papel que a experiência desempenha em trazer esse conhecimento à consciência. Um exemplo pode ser útil.

Uma criança tem a capacidade inata de jogar xadrez, mas não tem a capacidade de jogá-lo enquanto não amadurecer e aprender as regras do jogo, ou seja, ela precisa da experiência para atualizar sua capacidade. A criança também tem uma capacidade inata de adorar açúcar, mas esta é diferente da capacidade de jogar xadrez. No caso do xadrez a experiência desempenha um papel formador na canalização da capacidade, enquanto no caso do açúcar o desejo é ativado tão logo a criança sente o seu sabor. A experiência é necessária para estruturar em certa direção o poder inato de jogar xadrez, ao passo que o desejo de doces só precisa da experiência para ser desencadeado. Podemos dizer que uma *capacidade* inata é uma potencialidade que precisa ser estruturada pela experiência antes de poder operar, enquanto uma *habilidade* inata já está estruturada no nascimento e apenas necessita da experiência para ser engatilhada.

Descartes sustenta que o conhecimento inato não é uma mera potencialidade, mas se encontra plenamente formado na pessoa quando ela nasce; o único papel da experiência é trazê-lo à consciência. Locke acha que a experiência não é meramente um gatilho da nossa capacidade de conhecer, mas é na verdade necessária para moldá-la. Na terminologia escolástica, os inatistas sustentam que a experiência é apenas a *ocasião* ou *causa imediata* do conhecimento já plenamente formado na mente, ao passo que para Locke ela é a *causa remota* ou formadora do conhecimento. A discussão não é sobre o conhecimento, mas sobre a natureza da mente. Os racionalistas consideram o intelecto uma faculdade (ou substância) separada que se aloja no corpo, com capacidades plenamente formadas que só incidentalmente se baseiam em ideias a partir da experiência. Como diziam os medievais, é um dom de Deus que nos foi concedido por uma criação especial e não resultado de uma interação da natureza com capacidades inatas que partilhamos com outros animais. Trata-se de uma questão metafísica e não de uma questão especificamente epistemológica. O interesse de Locke nela é em parte metafísico e em parte epistemológico. Ele quer defender uma concepção mais naturalista do intelecto e também aceita a teoria dos empiristas de que a experiência é a única fonte de conhecimento da realidade. Ele sustenta que nosso potencial inato para o conhecimento e as ideias é uma capacidade que precisa ser moldada pela experiência.

O fato de que essa é a questão fica mais claro na crítica de Leibniz a Locke do que na crítica de Descartes. Leibniz apresentou vários argumentos contra Locke que se tornaram famosos, mas são de qualidade desigual. Um deles focaliza a afirmação de Locke de que quando a pessoa nasce sua mente é uma *tabula rasa*, ou seja, uma lousa em branco, na qual a experiência escreve (suas palavras exatas são um "papel em branco, totalmente vazio de caracteres"; *Ensaio*: I i: 2). Locke fala nisso de passagem, numa metáfora para explicar sua teoria, mas Leibniz trata a afirmação como um argumento central. Ele diz que a mente não é uma lousa em branco ao nascer, assemelhando-se mais a um bloco de mármore riscado por veios. A experiência escreve em tal mármore, mas somente ao longo de certas linhas inatas. Virtualmente toda discussão moderna da questão repete essas metáforas, mas elas aparecem muito pouco. No máximo, referem à visão de Leibniz de que a mente já está estruturada no nascimento. Mas isso apenas ilustra uma das questões entre ele e Locke. E também distorce a principal questão. Locke sustenta assim como Leibniz que temos poderes inatos, de modo que a metáfora do mármore lhe serve tanto quanto ao outro. Ele nega que a mente tenha ideias, crenças e conhecimento ao nascer, de modo que está em branco em relação a essas coisas, mas não afirma que não tenhamos capacidades cognitivas inatas. Ele concordaria que a lousa tem veios, mas rejeitaria que alguns deles representem *conhecimento* e *ideias* inatos.

Leibniz também desconstrói a concepção de Locke sobre a experiência. Ele diz que Locke sustenta que todas as ideias derivam das sensações e minimiza sua explícita afirmação de que elas derivam da experiência no sentido amplo que inclui a reflexão. O sentido ou *senso exterior* é percepção externa e é a fonte de nossas ideias dos objetos físicos e suas qualidades, ao passo que o *senso interior* é introspecção e é a fonte de nossas ideias de dor, raiva, crença, memória, abstração e do eu, isto é, de nossas emoções, estados mentais e de nós mesmos. Quando Leibniz assinala o reconhecimento da reflexão por Locke, replica com uma questão retórica. Se admitimos isso, pergunta, podemos negar que "há muita coisa inata em nossa mente, uma vez que somos inatos para nós mesmos, por assim dizer, e uma vez que há em nós Ser, Unidade, Substância, Duração, Mudança, Ação, Percepção, Prazer e inúmeros outros objetos de nossas ideias intelectuais?" (LEIBNIZ, 1981: 51-52). Isso, entretanto, confunde a alegação de que a mente é uma substância una que perdura com a de que temos *ideias* inatas de unidade, substância e duração. Locke não rejeita a primeira, mas rejeita que as ideias dessas qualidades da mente sejam inatas. Adquirimos essas ideias quando refletimos pela primeira vez sobre nós mesmos e essa é uma espécie de experiência. Leibniz fica confuso ou usa retórica (e distorção) para ganhar o argumento. Os esquilos também são substâncias unas e que perduram, mas isso apenas não mostra que tenham ideias inatas de unidade, duração e substância. Na pressa de refutar Locke, ele simplesmente passa por cima disso.

Ele também despreza a afirmação de Locke de que a maior parte do conhecimento é habitual ou potencial e não está sempre diretamente presente na mente. Locke sustenta que todo conhecimento é habitual, exceto o que estamos efetivamente pensando; ademais, o conhecimento habitual requer percepção efetiva de uma verdade, que por sua vez requer que tenhamos ideias a partir da experiência (*Ensaio*: IV i: 8-9). Por exemplo, para conhecer um teorema de geometria um estudante deve adquirir ideias e ver que o teorema é verdadeiro; a crença é então armazenada na memória e trazida à mente na hora do teste e espera-se que permaneça lá como um hábito pelo resto da vida. Leibniz considera que a visão efetiva de Locke é de que nada é potencial na mente e de que a Teoria do Conhecimento Habitual é uma pós-reflexão ou excrescência, mas trata-se aí de um equívoco. Locke sustenta que primeiro há uma capacidade inata para conhecer, então ideias e percepção de suas relações, depois o conhecimento habitual, que é armazenado na memória.

O argumento mais interessante de Leibniz é de que Locke não consegue explicar nosso conhecimento de verdades necessárias. Ele diz que a experiência não pode provar a necessidade de noções comuns como "o que é, é" e "nada pode ter e ao mesmo tempo não ter uma qualidade", não importa a quantidade de exemplos confirmatórios. Ele conclui que verdades necessárias tais como as da aritmética e da geometria "devem ter princípios cuja prova não depende de exemplos nem, consequentemente, do testemunho dos sentidos, ainda que sem os sentidos nunca nos ocorresse pensar a respeito" (LEIBNIZ, 1981: 49-50).

Essa discussão sobre as verdades necessárias reúne várias questões que Locke quer destacar. Primeiro, Locke concorda que as verdades matemáticas não são generalizações da experiência, mas sim conhecimentos *a priori* (embora ele não use essa expressão). Sabemos que 1 + 1 = 2 assim que obtemos os conceitos de dois, um, mais e identidade, mas estes são adquiridos pela experiência, não são inatos. Leibniz não alcança o que é talvez o ponto central para Locke, ou seja, que a *origem* de nossas ideias e a *justificação* das proposições que as contêm são questões independentes e não devem ser confundidas. Locke concorda que as verdades matemáticas e outras verdades necessárias são justificadas independentemente da experiência e que nossa capacidade de conhecê-las é inata. O que ele nega é que as ideias que as constituem sejam inatas; elas são aprendidas e refletindo sobre elas é que chegamos a conhecer as verdades necessárias. Apesar de sua cuidadosa leitura do *Ensaio* de Locke sobre o entendimento humano, Leibniz não percebe essas sutilezas. Locke também discorda dos racionalistas numa segunda tese. Ele sustenta que as verdades necessárias na matemática são baseadas na convenção e que o conhecimento delas não é conhecimento de uma existência real. Abordaremos sua visão sobre esse segundo ponto na seção "Essências nominal e real" (p. 46) e mais detalhadamente no capítulo 5.

Historicamente, o ataque de Locke ao inatismo foi devastador. Os *Novos Ensaios sobre o Entendimento Humano*, de Leibniz, apareceram muito depois da morte de ambos e não diminuiu a influência da crítica de Locke na Grã-Bretanha ou na França. A afirmação de Locke de que os conceitos são adquiridos pela experiência tornou-se a ortodoxia estabelecida e a base para o desenvolvimento da psicologia nos séculos XIX e XX.

Locke e a nova visão das ideias

A Teoria Positiva de Locke é de que todas as ideias são baseadas em ideias simples derivadas da experiência. Uma ideia simples é "em si mesma não composta e nada contém exceto *uma aparência* ou concepção *uniforme* na mente, não se podendo distinguir em diferentes ideias" (*Ensaio*: II ii: 1). A frieza e dureza que sentimos num pedaço de gelo são ideias simples, assim como as ideias de branco, doce e solidez. Elas derivam de percepção exterior através dos sentidos. Também temos ideias simples que derivam da reflexão sobre nossos estados mentais. As ideias de dor, de crença e do eu são ideias de reflexão.

A mente é passiva ao receber essas ideias: não podemos evitar de sentir dor quando damos uma topada ou de ver a pedra quando olhamos para ela. Mas também temos a capacidade de estender as nossas ideias. Primeiro, podemos separar ideias simples de outras ideias e formar ideias abstratas; depois, podemos combiná-las para fazer ideias complexas; e, por fim, podemos comparar ideias para formar ideias de relações. Examinemos isso mais detidamente.

• *Ideias abstratas*. Locke discute ideias complexas na maior parte do tempo, mas a operação mais básica é a abstração, que ele explica assim:

> Os sentidos de início deixam entrar ideias específicas que vão preenchendo o armário ainda vazio: familiarizando-se a mente aos poucos com algumas, elas são armazenadas na memória e recebem nomes. Depois, avançando, a mente abstrai tais ideias e passo a passo aprende o uso de nomes gerais (*Ensaio*: I iv: 15).

Ideias particulares da sensação são imagens concretas impressas nos sentidos, por exemplo o tom específico de vermelho captado por uma criança ao ver uma maçã vermelha ou a imagem de sua mãe quando se inclina sobre o berço. São "aparências nuas, precisas". Separando-as de todas as outras "circunstâncias de existência real, tais como tempo, lugar ou quaisquer outras ideias concomitantes", a mente cria ideias gerais abstratas:

> Sendo observada hoje no giz ou na neve a mesma cor que a mente ontem recebeu do leite, ela considera apenas essa aparência e a faz representativa de tudo dessa espécie; e tendo lhe dado o nome de *brancura*, com esse som ela indica a mesma qualidade onde quer que a imagine ou encontre; e assim são criados os universais, sejam ideias ou termos (*Ensaio*: II xi: 9).

• *Ideias complexas*. Estas derivam com frequência da experiência, como quando percebemos uma casa e temos a ideia específica de sua forma, da disposição das janelas e sua cor, assim como da vegetação ao redor. São ideias que também podem ser formadas a partir de ideias mais simples. A ideia de chumbo é a ideia de um metal pesado e branco acinzentado que se arranha facilmente. Ideias de criaturas fabulosas são formadas de ideias mais simples, por exemplo a ideia de um centauro, a partir do torso de um homem e do corpo de um cavalo, ou a da sereia, mescla de um torso de mulher e corpo de peixe. A ideia de Deus é também uma ideia "complexa de existência, conhecimento, poder, felicidade *etc.*, infinitos e eternos: que são todas ideias distintas e algumas delas, sendo relativas, compondo-se de outras; tudo, como mostramos, obtido originalmente pela *sensação* e a *reflexão*" (*Ensaio*: II xxiii: 35).

• *Ideais de relação.* Estas são formadas pela comparação de ideias. Juntamos duas ideias "para vê-las de uma só vez, sem uni-las em uma". Dessa maneira formamos as ideias de ser maior do que (como um todo é maior que uma parte) e de uma mãe como um dos genitores de uma criança.

Temos assim três contrastes: ideias específicas e abstratas; ideias simples e complexas; e ideias relativas e não relativas (ou absolutas). É importante notar que essas classificações não são exclusivas. Ideias simples podem ser específicas ou abstratas (p. ex., a ideia simples da brancura do giz quando a vemos é específica, ao passo que a ideia geral de brancura que se aplica ao giz e ao leite é abstrata). Ideias de relação podem também ser simples ou complexas, específicas ou abstratas. A ideia de ser um genitor pode ser tida como simples, ao passo que a ideia de ser mãe é complexa, consistindo das ideias de gerar e ser fêmea.

Locke explica no Livro II do *Ensaio* como várias ideias podem ter derivado da experiência. A principal classificação é de ideias complexas (*Ensaio*: II xii-xxiv). Elas podem ser de modos simples, modos mistos ou substâncias. Um modo simples é uma modificação ou iteração de uma ideia simples. As ideias de espaço, tempo e número são ideias de modo simples: as ideias espaciais são modos de extensão, as ideias temporais são modos de duração e os números são reiterações da ideia de unidade. A ideia de infinitude é também um modo simples: lugares ou momentos reiterados sem fim. Ideias de modo misto são complexos de diferentes tipos de ideias simples. Exemplos são as ideias de obrigação e embriaguez. Estas podem ser derivadas de uma ideia original, como quando vemos um bêbado, mas com frequência são montadas sem levar em conta se há algo real que corresponda a elas. Ademais, não são marcas de "seres reais que têm uma existência estável, mas ideias esparsas e independentes reunidas pela mente" (*Ensaio*: II xxii: 1). Um assassinato, por exemplo, não existe ao longo do tempo, tendo lugar num momento específico. Nisso os modos mistos diferem das substâncias. Ideias de substâncias contêm ideias que "vão constantemente juntas". A ideia de um cavalo contém as ideias de um animal com uma forma característica, quatro pernas, crina e longo rabo e, uma vez que não pensamos que essas qualidades possam existir por si mesmas, também a ideia de um substrato "no qual efetivamente elas subsistem e do qual de fato resultam" e que explica sua existência ao longo de uma extensão de tempo (*Ensaio*: II xxiii: 1).

Os detalhes dessa teoria foram extensamente criticados desde a época de Locke. No capítulo 2 examinaremos as críticas de Berkeley sobre a abstração, a noção de substância e a teoria de Locke de que os objetos físicos têm qualidades primárias e secundárias. O ponto no momento é que a teoria como um todo visa mostrar como podemos adquirir os diferentes tipos de ideias da experiência sem ter que postular ideias inatas – ou seja, é uma teoria alternativa ao inatismo. Locke admite que sua teoria repousa em certas suposições, mas argumenta que ela é inevitável ao lidar com questões controversas. Como vimos, o máximo que ele afirma é que, se for "um castelo no ar", pelo menos que seja todo "inteiriço e se sustente" (*Ensaio*: I iv: 25).

Conhecimento e existência real

Locke define conhecimento como a percepção do acordo ou desacordo de ideias. Por "acordo de ideias" entende uma proposição afirmativa e por desacordo uma proposição negativa, por exemplo: "As maçãs são vermelhas" e "As maçãs não são azuis". Proposições de identidade e relacionais ("O vermelho é vermelho" e "Triângulos entre paralelas com uma base comum são equiláteros") podem ser conhecidas *a priori*, uma vez que não implicam a existência. O vermelho é vermelho mesmo que nada seja vermelho e as proposições geométricas são verdadeiras mesmo que não existam triângulos, círculos ou linhas. Ele também sustenta que o conhecimento deve ser absolutamente certo, embora passe por cima disso no caso de proposições sobre objetos físicos externos, como veremos.

O mais elevado grau de conhecimento é a *intuição*, na qual a mente percebe a verdade da mesma maneira que o olho percebe algo à luz brilhante do sol (*Ensaio*: IV ii: 1). Um exemplo: "Azul não é amarelo". Uma vez que tenhamos as ideias de azul e amarelo e compreendemos as palavras, sabemos que isso é verdade. É autoevidente, isto é, sabemos que é verdadeiro tão logo o compreendemos. O grau seguinte é o da *demonstração*, que consiste em provar uma proposição a partir de premissas intuídas e através de passos intuitivos. Um exemplo: "Os ângulos internos de um triângulo equilátero são iguais a dois ângulos retos". Esse modelo serve à matemática, que Locke considera o mais perfeito conhecimento que temos. A matemática é também *a priori*, pois repousa na abstração e nas definições dos conceitos básicos (identidade, soma, subtração e os integrais em aritmética e a linha, o triângulo, o círculo em geometria). Mas isso não quer dizer que o empirismo é falso, uma vez que as figuras geométricas são ideias abstratas e têm "meramente uma *existência ideal*" em nossa mente; elas são "ficções e artifícios mentais", não aplicando-se à existência real (*Ensaio*: IV iv: 6).

Locke faz uma nítida distinção entre o conhecimento de proposições universais ("Todo S é P") e o conhecimento de proposições sobre coisas específicas (p. ex., "Isto é S" ou "Alguma coisa é S"). As proposições universais dependem apenas de suas ideias e não implicam a existência real de S. "Um triângulo é uma figura de três lados" e "Um centauro é meio cavalo" são proposições igualmente certas, mas apenas porque tratam de existência ideal e não dependem da existência de triângulos ou centauros. Proposições específicas, isto é, sobre a existência real, são de conhecimento exclusivamente empírico. Isso implica que a geometria não é sobre o espaço real enquanto ciência demonstrativa. Para que a geometria se aplique à realidade, temos que saber que coisas tais como linhas retas e triângulos são reais, o que só pode ser justificado empiricamente.

Proposições acerca da existência real contêm a ideia de existência. Saber que os tigres existem é perceber a concordância entre a ideia de tigre e a ideia da existência real. Locke afirma que conhecemos a verdade de três tipos dessas proposições: sei que é verdade que eu existo por intuição, que "Deus é" sabe-se por demonstração e proposições sobre objetos externos que em nossa proximidade imediata podem ser conhecidas pelo que chamamos de *conhecimento sensível*. Analisemos cada tipo.

• *"Eu existo"* – Locke acompanha Descartes ao sustentar que cada um de nós sabe que existe. Ao pensar qualquer coisa (mesmo quando duvidamos de nossa própria existência), sabemos que existimos, uma vez que o pensamento só pode ocorrer com um sujeito pensante. Trata-se de um conhecimento intuitivo. Não inferimos que existimos pelo fato de pensarmos, mas percebemos isso imediatamente no ato de pensar.

Como todo conhecimento intuitivo, este é absolutamente certo, mas Locke acha que é um conhecimento severamente limitado. Primeiro, um pensante pode saber que existe apenas no momento em que pensa. Que existiu um momento antes não é sabido com certeza, baseia-se na memória (embora, é claro, com probabilidade extremamente alta). Em segundo lugar, além de saber que é um ser pensante, não pode saber nada sobre sua própria natureza; em especial, não pode saber que é uma substância espiritual. Sobre a primeira afirmação Locke concorda com Descartes. Este diz que, não importa quanto duvide, ele sabe que existe "é necessariamente verdadeiro toda vez que o profere ou concebe mentalmente" (*Meditação* II: 108). Mas a segunda afirmação desvia-se de Descartes. Este sustenta que não apenas sabe que existe, mas também que é uma substância espiritual imaterial. Locke não afirma tal coisa, mas, sim, que ele pode muito bem ser uma substância pensante *material*. E a razão disso é que, para ele, não há contradição em matéria pensante. Portanto, a partir do fato de que é um ser pensante ele não pode saber intuitivamente que é uma mente e não uma coisa material. E também não pode deduzir, de sua existência como ser pensante, que ele seja imaterial (cf. *Ensaio*: IV iii: 6).

Há também uma terceira diferença. Descartes não considera que a reflexão (o senso interior de Locke) seja experiência, achando, portanto, que o conhecimento da sua própria existência é independente da experiência, ao passo que Locke considera a reflexão como parte da experiência, tanto quanto a sensação e a percepção exterior. Daí nosso conhecimento de que existimos ser empírico e não comprometer seu empirismo.

• *"Deus existe"* – Locke sustenta que o conhecimento de que Deus existe é uma inferência do conhecimento de que existimos e que, portanto, é um conhecimento demonstrativo. Eis seu argumento: (1) A partir do conhecimento de que existimos, sabemos que deve haver algo de eterno, uma vez que uma coisa não pode vir do nada. (2) Também sabemos que *"esse ser eterno deve ser também o mais poderoso"*, pois todos os poderes que temos devem "provir da mesma fonte". (3) Este ser deve também ser *"um ser eternamente sapiente"*, pois que seria impossível "coisas totalmente desprovidas de conhecimento e operando às cegas" produzirem seres que têm conhecimento (*Ensaio*: IV x: 3-5). Portanto, deve haver um ser sapiente e imaterial de grande poder que seja eterno.

É um argumento empírico, pois que se baseia na premissa empírica de que existimos e somos seres pensantes. Pode-se arguir que o passo (3) é inconsistente com a afirmação de Locke de que é possível a matéria pensar, mas ele tem como redarguir. Ele não acha que uma configuração de especificidades materiais possa produzir um ser pensante *por si mesma*, mas que seria possível para Deus fazer a matéria pensar, uma vez que Ele pode fazer qualquer coisa que não seja contraditória e é Ele próprio um ser pensante. Um mundo no qual só houvesse matéria e nenhum Deus não poderia ter seres pensantes, mas Deus pode fazer coisas materiais pensarem sobrepondo-lhes o poder do pensamento. O que sabemos a partir do fato de sermos seres pensantes é que há um ser eterno e imaterial com o poder (i) de criar objetos materiais e (ii) dar a alguns deles o poder sobreposto do pensamento. A possibilidade da matéria pensante depende de um Deus pensante.

Problema mais sério é que Locke pode estar tendo uma visão estreita demais da matéria ao supor que nenhuma configuração de partículas materiais pode ser responsável pelo pensamento. Seu argumento é baseado na visão mecanicista da matéria no século XVII. Segundo essa visão, as partículas materiais são bolas incolores sólidas semelhantes a minúsculas bolas de bilhar em movimento cuja única interação é por contato e impulso. Difícil entender como isso poderia explicar o pensamento e a percepção. Mas não está claro que não se possa explicá-lo plenamente no quadro mais complexo do mundo microscópico hoje dominante. Se é logicamente possível que parte da matéria pense por si mesma, sem que um ser pensante superior lhe adicione pensamento, fracassa o argumento de Locke para provar a existência de Deus. Mas essa é uma questão de ciência e de metafísica, não de epistemologia.

• *Conhecimento sensível* – O terceiro grau do conhecimento, para Locke, é o conhecimento sensível. É o conhecimento no presente dos objetos externos próximos. É um conhecimento mais por inferência que direto, mas a natureza da inferência perturba Locke. Não se trata de dedução, mas vai "além da mera probabilidade" e ainda "passa pelo nome de conhecimento", mesmo que não alcance a certeza da intuição ou da demonstração. Temos conhecimento intuitivo de que "a ideia que recebemos de um objeto externo está em nossa mente" e daí inferimos a existência do objeto (*Ensaio*: IV ii: 14). Por exemplo, quando vejo uma folha de papel, intuo que tenho uma ideia de um objeto retangular branco e daí infiro que há um pedaço de papel aqui. A inferência tem a seguinte forma:

(1) Tenho uma ideia de um objeto retangular branco. Portanto, (2) Há uma folha de papel aqui.

Conheço a premissa intuitivamente ao refletir sobre a minha sensação e a conclusão é conhecimento sensível, de acordo com Locke. Mas a inferência não é dedutiva, uma vez que posso ter a ideia quando não há papel diante de mim; posso estar sonhando ou tendo uma alucinação. Além disso, mesmo que haja um objeto aqui, posso estar interpretando a experiência de modo equivocado. Pode não ser um pedaço de papel, mas, por exemplo, a capa de um livro. Locke tem consciência disso, mas acha que em condições favoráveis "nos é fornecida uma evidência que elimina a dúvida" (*Ensaio*: IV ii: 14). Ele argumenta que, quando de dia olhamos o sol e depois pensamos nele à noite, somos cônscios da diferença, de modo que nossa crença não é uma adivinhação ou apenas uma conjetura provável.

Há vários problemas aqui. Primeiro, sua definição oficial é de que conhecimento é certeza, embora a inferência aqui não seja dedutiva e, apesar de suas alegações, não estabeleça com certeza a conclusão. Ele retruca que a certeza aí é tão grande quanto a que precisamos para a nossa felicidade e prazer, em outras palavras, que é suficiente por razões práticas. Mas isso se afasta do ponto em questão. Sua afirmação de que o conhecimento é certeza considera "certeza" como a crença para além de qualquer dúvida possível ou imaginável ("certeza absoluta") e não a crença suficiente por razões práticas ("certeza moral") ou grande fiabilidade ("crença firme"). Tal certeza não admite graus: ou satisfaz o padrão ou não. Quando Locke diz que o conhecimento sensível é conhecimento porque é certo o bastante, ele claramente rebaixa o padrão para incluí-lo. Parece estar ciente disso, mas passa a questão por cima. Diz que qualquer coisa carente de intuição ou demonstração, "seja qual for a garantia que a envolva, não passa de fé ou opinião", acrescentando: "pelo menos em todas as verdades gerais" (*Ensaio*: IV ii: 14). Explicitamente ele rebaixa o padrão para que aquilo que é fé em outras matérias se qualifique como conhecimento no caso dos objetos externos próximos de nós. O conhecimento sensível não "alcança perfeitamente" a certeza da demonstração ou da intuição, mas é ainda assim conhecimento. Claro que chamá-lo de conhecimento é atribuir um rótulo honorário. A alternativa mais razoável seria rebaixar o padrão do conhecimento, mas Locke hesita em fazê-lo, provavelmente porque isso seria visto como concessão excessiva ao ceticismo.

Um segundo e mais sério problema é a natureza da inferência de (1) para (2). Não é dedução (na qual a conclusão segue-se naturalmente), mas não parece também uma generalização da experiência (em linguagem técnica, uma indução). Não podemos dizer pela generalização da experiência que a ideia é um sinal confiável de um objeto externo, uma vez que somos apenas diretamente cientes das ideias. Afirmar que sabemos por experiência que a ideia é um sinal de um pedaço real de papel supõe que possamos relacionar ideias a objetos externos e, portanto, que temos conhecimento de objetos externos. Mas isso levanta questionamento. Não podemos justificar uma inferência de um nível de entidades para outro a não ser que tenhamos acesso a ambos os níveis; supor que conhecemos algo no nível problemático é questionável. Essa é uma das grandes questões para qualquer teoria empirista de justificação. Examinaremos isso quando abordarmos o ceticismo no capítulo 6.

Até aqui temos lidado com a teoria empirista de Locke sobre três das grandes proposições acerca da existência real: nós mesmos, Deus e os objetos externos. Voltemo-nos agora para sua Teoria da Ciência e a alternativa que apresenta às teorias aristotélico-medieval e cartesiana do conhecimento sobre a natureza última da realidade.

Essências nominal e real

Vimos anteriormente que uma das motivações de Descartes para defender as ideias inatas foi garantir o conhecimento científico ao assegurar uma correspondência entre nossas categorias básicas e o mundo. Locke acha que há uma correspondência limitada, mas nega que possamos ter conhecimento científico no sentido cartesiano. No máximo fazemos conjeturas analógicas. Era uma conclusão cética para a sua época, mas ele a minimizou no *Ensaio*. Diz na introdução que seria uma "impertinência imperdoável e igualmente infantil" subestimar o conhecimento que temos e reclamar que algumas coisas estão fora do nosso alcance. "O lume que há em nós brilha com luz suficiente para todos os nossos propósitos." Se podemos conhecer tudo que é necessário para conduzir nossos negócios e governar nossas opiniões, não deveríamos nos perturbar. "É de grande utilidade para o marujo saber o comprimento de sua linha, embora não possa com ela sondar todas as profundezas do oceano" (Ensaio: I i: 5, 6). Uma vez que sua concepção é similar à ideia moderna de ciência, podemos concluir que Locke foi um grande profeta, mas isso distorce seu papel como uma das forças que moldaram a concepção moderna. Ele foi tanto causa quanto profeta.

A visão de Locke baseia-se na sua rejeição do conhecimento inato, no seu empirismo e seu atomismo epicurista no geral. As propriedades que conhecemos por conhecimento sensível são apenas aparências externas das coisas. A ideia de ouro, por exemplo, é a ideia de uma substância maleável, fundível, em grande parte inerte, densa e amarela; essa é a *essência nominal* do ouro. Mas não podemos conhecer a "base de onde fluem todas as suas propriedades", ou seja, sua *essência real* (*Ensaio*: III iii: 18; cf. tb. II xxxi: 6ss.). O resultado é uma concepção em dois níveis do mundo físico (cf. o ponto-chave "Níveis de ceticismo"). Percebemos macro-objetos e criamos ideias complexas de tipos, mas não podemos conhecer a configuração das micropartículas que explica as propriedades externas. A percepção provê conhecimento (apenas sumariamente) no nível sensível, mas falha no nível não sensível e mais explicativo.

PONTO-CHAVE: *Níveis de ceticismo*
Locke: As ideias são causadas por objetos físicos e suas qualidades, que por sua vez são explicados por corpúsculos imperceptíveis (átomos).

Níveis de realidade	Proposições	Nosso conhecimento
Ideias ↑	"Tenho uma ideia de vermelho"	Conhecido por intuição
Objetos físicos e suas qualidades ↑	"Isto é uma maçã"	Conhecido por conhecimento sensível
Partículas imperceptíveis	Leis sobre os átomos	Crença com probabilidade por analogia

Resultado: dois problemas de ceticismo
1) Como podemos conhecer objetos físicos se não podemos percebê-los diretamente e o conhecimento tem que ser certo?
2) Como podemos conhecer a natureza última da matéria.

Locke pensa que podemos ter conhecimento de objetos físicos, mas não de partículas imperceptíveis (por não possuirmos "olhos microscópicos"). *Berkeley* posteriormente argumentou que nada pode ser conhecido além de nossas ideias.

A conclusão que Locke tira é de que o conhecimento científico da natureza é impossível. A única evidência que podemos ter sobre as essências reais é analógica, hipotética e provável, ao passo que o conhecimento científico deve ser dotado de certeza. Seu modelo para a ciência aqui é aristotélico (e cartesiano). Este sustenta que uma ciência é uma teoria dedutiva com axiomas evidentes em si mesmos a partir dos quais podemos deduzir leis que são certas. A geometria e a aritmética são ciências nesse sentido, mas são apenas a respeito de nossas ideias, ao passo que a filosofia natural (a física e a química) é sobre a existência real, mas nunca fornece mais que conjeturas prováveis. Locke assim resume sua concepção:

> Portanto, no tocante a todo conhecimento geral, devemos procurá-lo e encontrá-lo apenas em nossa mente e é apenas o exame de nossas próprias ideias que o fornece. As verdades pertencentes às essências das coisas (i. é, a ideias abstratas) são eternas e devem ser encontradas apenas na contemplação dessas essências; como a existência das coisas deve ser conhecida apenas pela experiência (*Ensaio*: IV iii: 31).

Examinemos sua Teoria da Geometria e retomemos depois à filosofia natural. Locke sustenta que o conhecimento das qualidades dos triângulos baseia-se na ideia abstrata da triangularidade, que não tem existência real, mas é criada por abstração. Não há, pois, distinção entre a essência nominal e a essência real na qual aquela se baseia. Da ideia do triângulo em geral e de outras ideias podemos deduzir que os ângulos internos de um triângulo são iguais a dois ângulos retos, assim como outros teoremas. Mas isso não implica que haja triângulos na natureza. Para aplicar os teoremas temos que saber que há existências reais que satisfazem a definição e os teoremas, o que só pode ser conhecido pela experiência. O resultado é conhecimento *a priori*, mas não conhecimento da existência real. Raciocínios similares aplicam-se à aritmética, que se baseia nas ideias abstratas dos números. As essências real e nominal são as mesmas, uma vez que estão ambas presentes na mente. (Teremos mais a dizer sobre isso no capítulo 5.)

No caso da filosofia natural, as essências real e nominal divergem. Ideias complexas são combinações de ideias simples (ou mais simples) que derivam dos poderes dos objetos em causá-las.

A ideia de ouro é uma ideia complexa que também contém a ideia de substância, que une as qualidades, por ser uma ideia substancial e não uma ideia modal; é uma ideia "real" (uma vez que representa uma substância existente), em oposição a uma ideia "fantástica" como a de uma sereia. Mas não é uma ideia adequada, pois não há qualquer razão para pensar que seja completa (i. é, que represente cada um dos poderes específicos do ouro). Também difere da *essência real* do ouro, isto é, da constituição interna do ouro que explica suas propriedades observáveis. Quaisquer ideias que tenhamos sobre isso são analógicas e tão problemáticas a ponto de serem desinformativas. No caso da matemática, as essências real e nominal coincidem e nos são acessíveis, mas no caso da ciência natural só a essência nominal é acessível.

Locke ressalta dois aspectos sobre essas essências na ciência. Primeiro, argumenta que temos conhecimento com certeza enquanto restringirmos nossas afirmações a essências nominais. Podemos saber que o ouro é amarelo e fundível porque é assim que definimos "ouro". Daí que é verdadeiro por convenção. Mas, assim considerado, "o ouro é amarelo e fundível" não implica existência real. O resultado é uma espécie de ciência natural baseada na classificação, mas uma ciência que por si mesma não nos fala da realidade. Para aplicá-la, temos que saber que há uma substância que corresponde à definição e isso só pode ser conhecido empiricamente. O resultado é um dilema: se a proposição se refere apenas à ideia abstrata do ouro, é verdadeira por definição, mas desinformativa, ao passo que, se ela se refere à substância, pode ser justificada somente por generalização da experiência sensória e não conhecida com certeza (embora venha a ser, então, informativa). Em nenhum caso podemos ter ciência autêntica da realidade no sentido tradicional.

Em segundo lugar, Locke pensa que o conhecimento das essências reais físicas é logicamente possível, uma vez que Deus poderia ter-nos dado os meios de conhecê-las empiricamente. Se tivéssemos "olhos microscópicos" (não olhos minúsculos, mas que pudessem ver as configurações de átomos), poderíamos perceber essências reais e talvez deduzir dos objetos físicos suas qualidades macro. O resultado seria uma ciência física autêntica, na qual as leis naturais seriam deduzidas de leis mais fundamentais de um modo comparável àquele pelo qual teoremas sobre triângulos são deduzidos da ideia abstrata da triangularidade. As leis que governam as partículas imperceptíveis e sua relação com as qualidades macro seriam conhecidas com certeza, como Aristóteles e Descartes desejavam. Locke chega a sugerir que com tais olhos poderíamos saber que essas leis são verdades necessárias semelhantes às da matemática. Mas tudo isso não passa de desejo, de esperança, segundo Locke, uma vez que não temos olhos com percepção microscópica.

Isso lança luz sobre a concepção de empirismo (justificatório) de Locke. Primeiro, ele sustenta que o princípio do empirismo (a saber, que todo conhecimento da existência real repousa na experiência) não é em si mesmo uma verdade necessária, mas é verdadeiro porque não dispomos daqueles olhos. Sua visão parece ser a de que se, ao contrário do que ocorre, pudéssemos perceber as essências reais dos objetos físicos, poderíamos ter ideias plenamente adequadas de suas constituições. Poderíamos supor que o resultado seria uma ciência *empírica* da estrutura atômica, mas não é essa a implicação para Locke. Olhos de percepção microscópica dariam ideia específica das menores partículas, a partir do que poderíamos formar ideias abstratas. Examinando estas últimas, chegaríamos então a conhecer os axiomas e destes deduzir as qualidades macro. O resultado seria um conhecimento *a priori* das leis da natureza similar a nosso conhecimento da matemática, exatamente como queria Descartes. Mas isso é apenas um sonho, uma vez que não temos tais poderes. (Locke argumenta mesmo que Deus foi sábio em não nos dar olhos com percepção microscópica, pois eles seriam prejudiciais à prática. Como poderíamos comer uma maçã ou encontrar a porta se percebêssemos todos os átomos entre nós e a maçã ou a porta? E quão atraentes seriam as possíveis amizades se pudéssemos ver todas as operações internas de seus corpos?)

O estilo de Locke

As mentes terrestres, como as paredes de barro, resistem às baterias mais fortes: e embora, talvez, por vezes a força de um claro argumento possa causar certa impressão, ainda assim elas permanecem firmes e mantêm do lado de fora a verdade inimiga que as faria cativas ou perturbaria. Diga a um homem perdidamente apaixonado que ele está sendo enganado e traga vinte testemunhas da falsidade de sua amada; aposto dez contra um que bastam três palavras gentis dela para invalidar todos os testemunhos.

O segundo ponto é que Locke não acha o empirismo (justificatório) inconsistente com serem as leis da natureza verdades necessárias. A maioria das descrições do empirismo sustentam que as leis não podem ser necessárias a menos que sejam *a priori*. Mas Locke acha que podemos ter evidência empírica provável de que uma proposição universal L é verdadeira mesmo que L seja uma verdade necessária. Quando formamos conjeturas sobre as essências reais, podemos alcançar uma afirmação de lei que é verdadeira e o é necessariamente, mesmo que nossa evidência seja empírica. A maioria dos empiristas posteriores sustentou que se L é uma verdade necessária, devemos ser capazes de saber que é verdadeira através da reflexão sobre suas ideias constitutivas (e outras proposições), isto é, devemos ser capazes de conhecê-la *a priori*. Mas Locke faz distinção mais nítida entre a maneira pela qual chegamos a saber que algo é verdadeiro e o tipo de fato que isto é; ou seja, faz distinção mais aguda entre a condição epistêmica de uma proposição e a condição ontológica do fato que ela se propõe retratar.

Resumo

Neste capítulo discutimos:

• As reações de Locke e Descartes à Teoria Aristotélico-medieval de ciência e percepção.

• A rejeição da abstração por Descartes, em favor das ideias inatas, e a alternativa de Locke, mais cética.

• A rejeição do conhecimento especulativo inato e das ideias inatas por Locke, com as objeções de Leibniz.

• A teoria de Locke sobre as ideias como derivadas da experiência.

• A teoria de Locke sobre os três graus do conhecimento – intuitivo, demonstrativo e sensível – e suas dúvidas acerca da possibilidade de uma ciência adequada das essências reais.

2

A defesa do idealismo por Berkeley

Berkeley concorda com Locke que os objetos físicos e Deus só podem ser conhecidos por experiência, que o eu é conhecido por reflexão e que a matemática não nos dá conhecimento da existência real; é, portanto, um empirista. Mas rejeita a afirmação de Locke de que os objetos físicos são distintos das ideias e compostos de partículas materiais imperceptíveis. Considera que essa noção não é empírica, não tem sentido em termos empíricos (por se tratar de partículas imperceptíveis) e é mesmo contraditória (pois não podemos pensar em algo completamente independente do pensamento).

Locke sustenta que a mente percebe diretamente as ideias e indiretamente os objetos físicos reais, como vimos. Uma vez que a ideia é distinta do objeto material e a existência da ideia na mente não implica que o objeto exista, Berkeley afirma que o empírico é restrito a nossas ideias e que a matéria é incognoscível. Um empirismo estrito é inconsistente com a existência da matéria e a única maneira de defendê-lo, de acordo com Berkeley, é fazer distinção entre aparência e realidade no reino das ideias e não entre ideias e não ideias. Berkeley chama essa doutrina de imaterialismo, mas seu nome mais usual é *idealismo*; já a teoria de Locke é uma versão do *realismo*. Examinemos mais de perto essas teorias.

> **PONTO-CHAVE:** *realismo e idealismo*
> Ser realista em determinado campo *X* é sustentar que as entidades em *X* são reais, isto é, existem independentemente do que se pensa sobre elas.
> - *Realismo físico*: os objetos físicos existem independentemente do pensamento.
> - *Idealismo* (imaterialismo de Berkeley): os objetos físicos não existem independentes do pensamento, tendo que ser percebidos por alguma mente. Ou seja, "Ser é ser percebido" (*Esse est percipi*).

Em geral, ser realista em relação a uma série de entidades é afirmar que são reais e existem independentemente do que se pensa sobre elas. Uma pessoa pode ser realista acerca de universais como o vermelho ou a bondade (como era o caso de Platão) ou acerca de fatos morais (um realista moral). A forma de realismo que Berkeley ataca é o realismo acerca dos objetos físicos. Na visão de Locke, os objetos físicos são independentes do que se pensa sobre eles, uma vez que são materiais e a matéria contrasta com o mental. Se definirmos um *objeto material* como um objeto físico não mental independente do que quem quer que seja pensa sobre ele, podemos dizer que essa forma de realismo, que podemos chamar de *realismo físico*, sustenta que há objetos materiais, ao passo que para o *idealismo* não existem objetos materiais. Essas teses se contradizem, mas alguém pode sustentar um juízo sobre elas e se dizer cético. Idealismo e realismo são doutrinas metafísicas, mas o ceticismo é uma posição epistemológica, uma vez que nem afirma nem nega a existência de objetos materiais, mas apenas nega a possibilidade de conhecê-los. Berkeley argumenta que o realismo de Locke leva ao ceticismo, que ele rejeita com base no senso comum. Ele também pensa que o realismo estimula o ceticismo acerca das crenças religiosas. O idealismo, diz ele, pode pôr fim a ambas as formas de ceticismo e levar a uma forma mais aceitável de empirismo.

À primeira vista, isso parece absurdo e ainda mais contraditório com o senso comum do que a afirmação de Locke de que podemos perceber diretamente os objetos físicos. Como podemos reconhecer a realidade do mundo físico se o reduzimos a ideias? E como pode o idealismo ser a única alternativa ao ceticismo? Com certeza seria mais plausível voltar ao racionalismo. Berkeley foi muito ridicularizado por seus contemporâneos. Um espirituoso, por exemplo, em carta a Jonathan Swift, disse que o pobre George teve *a ideia de estar com febre* e não conseguiu se livrar dela.

Neste capítulo examinaremos a resposta de Berkeley a essas questões, seus argumentos positivos em favor do idealismo e a crítica que fez a Locke. À parte o interesse intrínseco de sua filosofia, ela levanta o que é talvez a questão central do empirismo, qual seja, se ele pode ou não explicar nossas convicções pré-analíticas sobre o conhecimento do mundo exterior sem cair no idealismo ou no ceticismo.

Os argumentos de Berkeley

Berkeley tem três argumentos centrais para sustentar seu idealismo: um do senso comum; outro *a priori*, que ele considera o mais importante; e outro baseado na impossibilidade de ideias serem causadas pela matéria.

O argumento do senso comum

Este argumento sustenta que percebemos diretamente os objetos físicos e que os únicos objetos de percepção direta são ideias. Assim, uma vez que as ideias dependem da mente, segue-se que os objetos físicos também dependem da mente ou, como coloca Berkeley, que ser é ser percebido (*PHK*, § 1-3). Podemos arrumar isto da seguinte forma:

(1) Os objetos físicos são percebidos diretamente.
(2) Só as ideias são percebidas diretamente.
(3) As ideias são dependentes do que se pensa sobre elas.
Logo, (4) Os objetos físicos são dependentes do pensamento.

A premissa de que percebemos diretamente o mundo físico (i. é, 1) é algo em que todos acreditamos, segundo Berkeley. Quando vemos uma maçã, naturalmente acreditamos que ela e suas qualidades (sua forma, cor e gosto) estão diretamente presentes a nós. Não pensamos estar cientes de ideias ou imagens mentais das quais inferimos a existência da maçã; não ocorre nenhuma inferência tal. Ele considera a segunda premissa (a de que percebemos diretamente apenas ideias) evidente em si mesma. E considera verdadeira por definição a premissa 3 (de que as ideias dependem do que se pensa sobre elas).

O argumento repousa no senso comum porque a primeira premissa é uma tese do senso comum, segundo Berkeley. Mas há um problema aí. O senso comum também sustenta que os objetos físicos existem quando ninguém está pensando neles. As achas de lenha na lareira continuam a queimar quando ninguém está na sala, mas se são ideias, como afirma Berkeley, deve então haver ainda *alguma mente* a percebê-las – e o senso comum não aceita isso.

O resultado é que o apelo ao senso comum é inconclusivo. A pessoa comum tanto acredita que percebemos diretamente os objetos físicos *quanto* que eles existem independentemente de serem percebidos por quem quer que seja. Se o resto dos argumentos de Berkeley estiver correto, o senso comum é contraditório e não pode ser usado seletivamente como Berkeley o faz. O senso comum está comprometido tanto com a percepção direta como com a rejeição da conclusão de Berkeley.

O argumento do *a priori*

Berkeley fundamenta toda a sua concepção no segundo argumento. Ele diz que se você puder conceber uma "substância móvel extensa" que exista "de outro modo que não por sua percepção mental", ele "entrega os pontos". Ele acha que isso é impossível porque, se você pensar em livros ou árvores existindo sem ser percebidos, "não estará afinal percebendo-os ou pensando neles todo esse tempo?" Para mostrar que há algo independente da mente, você tem que conceber essa coisa como existente sem ser concebida e, portanto, concebê-la todo o tempo enquanto isso. Quando tentamos conceber objetos físicos existindo sem ser percebidos, a mente "não presta atenção em si mesma" e é iludida a pensar que coisas não percebidas são concebíveis. Afirmar, pois, como Locke, que existem objetos físicos não percebidos é algo que "manifestamente repugna", ou seja, uma contradição: "A existência absoluta de coisas não pensantes não passa de palavras sem sentido, que implicam uma contradição" (*PHK*, § 22-24).

Este argumento traz uma alegação mais forte que o primeiro. Aquele repousa no senso comum, que pode ser equívoco, enquanto o segundo afirma que a tese realista é uma contradição. Se correto, isso significaria que a tese de Berkeley segundo a qual "Ser é ser concebido" (ou *Esse est percipi*) é uma verdade necessária semelhante a "Ser um triângulo é ter três lados". O idealismo, dessa forma, não repousa numa suposição duvidosa do senso comum, podendo ser provado *a priori*.

O argumento de Berkeley é uma redução ao absurdo: a hipótese realista implica uma contradição e, portanto, é falsa. O realista sustenta a premissa 1 abaixo, que implica 2, que por sua vez implica 3, que é contraditória; portanto, 1 é falsa.

(1) *S* está pensando que há algo em que ele não está pensando. (Pressuposto)

Logo, (2) Há algo em que *S* está e não está pensando ao mesmo tempo.

Logo, (3) Existe algo que é *F* e *não F* ao mesmo tempo.

Infelizmente o argumento não é válido. Ele pretende mostrar que existir = ser percebido é uma verdade necessária, em que perceber é considerada a operação mental mais geral que se pode realizar sobre um objeto do pensamento e que inclui operações mentais mais específicas tais como crer, conceber, perceber (no sentido corriqueiro de percepção exterior), imaginar e analisar. Isso equivale a sustentar que é impossível uma coisa existir e não ser percebida, isto é, que é uma contradição afirmar que "x existe sem ser percebido". O argumento é que não posso pensar em x como existente sem "perceber" x, isto é, sem pensar nele. Mas isso só prova que se trata de uma contradição dizer que "estou pensando em x como existente sem pensar em x". Mas não mostra que é uma contradição dizer que "x existe e ninguém está pensando em x". "Estou pensando em x como existente" ou "estou pensando que x existe" não é o mesmo que pensar que "x existe". Tudo o que o argumento de Berkeley mostra é que não posso pensar em uma coisa sem pensar nela. Pensar em alguma coisa sem pensar nela é uma contradição, mas isso não prova que alguém tem que estar percebendo o objeto para que ele exista.

A contradição a que Berkeley apela é às vezes chamada de contradição pragmática, porque as circunstâncias em que a proposição é considerada contradizem o que ela afirma. Por exemplo, se eu digo que não posso falar, contradigo a mim mesmo, uma vez que ao dizer qualquer coisa mostro que posso falar. Se *escrevo* que não posso falar, não há contradição, mas não posso ao mesmo tempo ser mudo e *dizer* que o sou. De modo similar, se digo que não existo, *dizer* isso mostra que existo, uma vez que para dizer qualquer coisa, seja o que for, tenho que existir. A contradição aqui é: x diz que x não existe, e x não existe. O primeiro conjunto contradiz o segundo. Mas isso não significa que a proposição segundo a qual x não existe seja uma contradição. A contradição é um exemplo alternativo de "x diz que p, e x não existe", onde p é qualquer proposição.

Examinemos os seguintes encadeamentos:

(1) x existe → x é percebido.
(2) S acha que x existe → x é percebido.

O primeiro é equivalente à tese de Berkeley *Esse est percipi*, onde x se refere aos objetos físicos. Berkeley tem que mostrar que isso é verdadeiro para provar que nada pode existir sem ser percebido, mas tudo o que consegue mostrar é que o encadeamento 2 é verdadeiro. E isso apenas mostra que S não pode pensar em alguma coisa como existente sem perceber essa coisa.

O argumento explicativo

O terceiro argumento não é explicado em detalhe, mas Berkeley faz alusão a ele em vários pontos. Ele argumenta que estamos seguros de que somos espíritos e de que temos ideias, mas que está além da capacidade da matéria bruta explicar sejam espíritos ou ideias. Podemos achar que seja fácil "conceber e explicar como se dá a sua produção" a partir da matéria, mas mesmo os materialistas, quer dizer, os realistas, admitem que não conseguem "compreender de que maneira o corpo pode agir sobre o espírito ou como é possível que ele imprima alguma ideia na mente". Daí que a matéria é inútil como hipótese. A produção de ideias é "igualmente inexplicável com ou sem essa suposição" (*PHK*, § 19). Berkeley também argumenta que a matéria é por definição inativa. Em linguagem comum, ela significa "substância extensa, sólida, móvel, não pensante e inativa". E, mesmo admitindo que exista, como pode "o que é *inativo* ser *causa* ou o que *não é pensante* ser *causa do pensamento*?" Podemos mudar o sentido e afirmar que a matéria é ativa, mas isso seria apenas "brincar com as palavras" (*Diálogo*: II: 164-165).

Sob essa luz, o idealismo é uma explicação alternativa ao realismo. Locke afirmou que as ideias das cores são causadas por poderes nos objetos externos, que por sua vez repousam na constituição material desses objetos. Se Berkeley está certo, não é uma explicação adequada. O material não pode causar o imaterial, de modo que a matéria não tem qualquer papel explanatório e é desnecessária. Isso coloca um dilema para o realista. Se ele sustenta que a mente e as ideias existem assim como a matéria e que as ideias são causadas por mudanças materiais nas coisas físicas, tem que explicar como pode haver tal relação causal. Se, por outro lado, ele nega a existência de mentes e ideias, sustentando que apenas a matéria existe (como faz o materialismo em sentido estrito), tem que negar nosso conhecimento óbvio e autoevidente da existência da mente e das ideias. Uma vez que nenhuma dessas opções é aceitável, o idealismo é a única alternativa admissível. Só mentes e ideias existem e é ilusória a crença num mundo material independente.

Encarado dessa maneira, o idealismo de Berkeley é uma teoria largamente empírica competindo com o realismo e o materialismo, que é a teoria de que só a matéria existe. Mas a questão é mais complicada do que isso. Há também uma quarta teoria. Leibniz sustentava que os objetos físicos existem independentemente do que pensamos sobre eles, uma vez que são compostos de mônadas ou "pequenas" mentes que existem independentes umas das outras. Esta é também uma versão do imaterialismo, mas distinto do de Berkeley. É uma forma de atomismo na qual os "átomos" que compõem o mundo são substâncias mentais e não átomos materiais. Leibniz sustenta que os objetos físicos existem quando ninguém os percebe, pois são compostos de átomos mentais similares aos átomos do naturalista, com a diferença de que são imateriais, ao passo que Berkeley sustenta que os objetos físicos requerem uma mente que os perceba. Em suma, Leibniz é um realista sem matéria, visão com frequência chamada de *panpsiquismo*. Há ainda outras teorias, de modo que o argumento de Berkeley por si só não refuta o realismo.

Berkeley não acha que esse argumento seja tão decisivo quanto o argumento do *apriorismo*. Ele também se assenta num pressuposto que Locke não aceitaria. Locke acha possível a matéria pensar e, portanto, possível que objetos materiais causem mudanças que resultem em ideias na mente. Ele não aceita a afirmação de Berkeley de que a matéria é inútil como princípio explicativo. À alegação de que não podemos mostrar de que modo a matéria afetaria o pensamento um lockeano talvez respondesse que temos que esperar um maior desenvolvimento da ciência em vez de nos apressarmos em concluir que isso é impossível. Como disse certa vez Epicuro quando indagado se uma torre distante era redonda ou quadrada: se não podemos ver agora, espere, vamos adiar a questão até chegarmos mais perto.

Alguns equívocos

Retomemos alguns detalhes da teoria de Berkeley e sua relação com o empirismo. Quero examinar três questões: em que sentido o imaterialismo pode reconhecer a existência de "coisas reais", como Berkeley denomina; se o seu idealismo é consistente com o empirismo; e se ele consegue defender o idealismo sem apelar a Deus.

Berkeley nega as "coisas reais"?

Berkeley é peremptório em que sua teoria não reduz o mundo a uma ilusão. As coisas reais não são substâncias materiais, mas ideias que se impõem a nós em sequências coerentes. Duas características distinguem as coisas reais de ideias nascidas da imaginação e das ilusões. As coisas reais (i) são independentes de nossa vontade e (ii) têm "estabilidade, ordem e coerência", não surgindo ao acaso como as ideias da imaginação e as ilusões (*PHK*, § 29-30). Se penso em meu carro estacionado na entrada, a ideia em minha mente é menos viva do que quando olho pela janela e o vejo lá. As ideias dos sentidos também têm uma coerência diversa das imagens de memória. Se o objeto que percebo é real, posso olhá-lo novamente ou sair para vê-lo de diferentes ângulos. A ideia lembrada é uma imagem mais ou menos simples e pode ser alterada por um ato da vontade, mas as ideias de "coisas reais" não podem. Em ambos os casos, segundo Berkeley, estou ciente apenas de ideias, nada mais, mas encaro um conjunto de ideias como a coisa real e o outro como uma ideia da imaginação.

Em apoio a isso ele argumenta que, quando dizemos que algo é real, queremos dizer apenas que se trata de um conjunto coerente de ideias que se impõem a nós. Quando a porta está fechada e tento deixar a sala, tenho ideias da porta, de sua cor e forma, e ideias da maçaneta da porta. Se tento atravessar a porta sem abri-la, descubro outras sensações, como uma pancada na cabeça e uma visão mais próxima de sua superfície. Essas ideias não podem ser afastadas voluntariamente, por mais que eu tente. Para passar ao outro cômodo, tenho que girar a maçaneta e abrir a porta; isto é, tenho que realizar certas ações que resultam em outras ideias que se impõem a mim. As ações estão sob meu controle, mas não as ideias resultantes. Por conseguinte, concluo corretamente que a porta é real e está fechada, mas para Berkeley isso não passa de um conjunto de ideias.

Berkeley acha que alguns eventos imaginados se impõem a nós, mas não passam num segundo teste. Se sonho que estou dirigindo um carro esporte vermelho, as ideias parecem ser coisas reais, tão reais que acredito estar de fato dirigindo o carro. Os pesadelos nos iludem assim. Mas, ao despertar, temos ideias do teto e das cobertas que não são coerentes com as ideias do sonho. Em tais casos, as ideias não passam no teste da coerência e são então consideradas irreais.

Os critérios de Berkeley traçam a distinção entre realidade e aparência dentro de uma classe de ideias mais ampla. É interessante notar que o realista também os aceita como testes de realidade. A diferença é que ele os toma como critérios para determinar se uma ideia se refere ou não a um objeto material independente de todo pensamento, isto é, como marcos que nos ajudam a descobrir se percebemos um objeto independente ou não, ao passo que Berkeley os toma como características definidoras das coisas reais. A realidade, nesse sentido, é a progressão ordenada de ideias que somos forçados a aceitar e não tem qualquer base na matéria.

Uma consequência disso é que Berkeley altera o significado de existência real que se encontra em Locke e outros. Locke sustenta que x tem existência real se e apenas se x é independente do que *qualquer pessoa* pensa sobre x, ao passo que Berkeley sustenta que o real é independente do que você ou eu ou qualquer número finito de mentes pensa a respeito, mas não de *todas* as mentes, uma vez que seu idealismo o leva a afirmar que ser é ser percebido por *alguma* mente. Não há existência fora do reino dos espíritos e de seu conteúdo mental. Os objetos físicos não têm independência absoluta do pensamento, mas só do pensamento localizado de você e eu e dos seres humanos em geral. Por conseguinte, seu empirismo está comprometido apenas com a visão de que todo conhecimento de existência real, nesse sentido relativizado, depende da experiência. Podemos argumentar que isso não o torna um empirista no sentido de Locke, mas acho que é uma conclusão apressada. O empirismo é uma doutrina epistemológica, ao passo que existência real é uma noção metafísica. Ser um empirista é sustentar que a experiência é a única fonte de justificação das alegações de existência real, deixando à metafísica a definição explícita de "existência real". A disputa entre Locke e Berkeley é sobre a natureza da realidade, não sobre a fonte de nosso conhecimento dela.

Berkeley é um empirista?

Uma segunda questão é se o princípio de Berkeley segundo o qual *"Esse est percipi"* é consistente com o empirismo. Pode parecer que não, uma vez que é tanto *a priori* quanto sobre a existência, mas é, sim. O empirista sustenta que o conhecimento de que algo tem existência real tem que ser empírico, mas isso não implica que o conhecimento de que algo *não* existe deva ser empírico. O conhecimento da não existência pode ser empírico ou *a priori*. Sei empiricamente que não há elefantes nesta sala, mas meu conhecimento de que não há quadrados redondos é *a priori*. Ser redondo e quadrado ao mesmo tempo são qualidades incompatíveis, de modo que sabemos *a priori* que tais coisas não podem existir. Segundo Berkeley, objetos materiais são da mesma categoria que quadrados redondos. Para existir um objeto material, teríamos que concebê-lo e não concebê-lo ao mesmo tempo e, como vimos, Berkeley acha que isso é impossível. Ele pode estar errado em pensar que o idealismo pode ser provado *a priori*, mas acreditar nisso é consistente com o empirismo.

Ele não discute ou defende o empirismo explicitamente, mas é o que pressupõe como moldura geral. Nisso é um bom lockeano, apesar de suas outras discordâncias com Locke. Ele sustenta que sabemos por reflexão que nossas ideias existem e que somos substâncias imateriais. Além disso, as coisas reais são conhecidas por experiência sensorial. Sabemos que a terra é real porque podemos caminhar sobre ela e é resistente ao nosso toque, ou que o sol existe porque podemos vê-lo e sentir seu calor – isto é, através das sensações. Também sustenta que os números e os objetos geométricos são ficções e daí que nosso conhecimento *a priori* da matemática não é sobre coisas reais, mas sobre ideias da imaginação, exatamente como afirmou Locke. Também rejeita argumentos conceituais para a existência de Deus. Chama esses argumentos de "metafísicos" e faz um personagem dizer, num diálogo posterior, que "sempre [os] achei secos e sem graça e, como não se coadunam com o meu modo de pensar, podem talvez me intrigar, mas nunca irão me convencer" (*Alciphron*: IV, § 2, 85). Os únicos argumentos que ele aceita para a existência de Deus baseiam-se na existência, ordem e coerência da natureza e são empíricos. Às vezes ele alude ao argumento do desígnio (ou seja, de que sabemos que Deus existe pela ordem que encontramos na natureza), mas seu principal argumento repousa no seu idealismo, que passamos a examinar.

O idealismo requer Deus?

Como vimos, Berkeley sustenta que algo pode ser real apenas se uma mente o percebe. A questão é: Quem percebe ideias que formam coisas que consideramos reais, mas que ninguém jamais percebeu antes? Antes de uma aeronave orbitar a lua, ninguém jamais vira o lado sempre oculto do satélite, embora acreditássemos assim mesmo que havia esse outro lado, com rochas, crateras e montanhas existentes ao longo de eras sem serem vistos por homem ou animal na terra. Nem ninguém percebeu o que está a centenas de milhas abaixo da superfície terrestre. A resposta de Berkeley é que Deus percebe todas essas coisas, mesmo que ninguém mais o faça. Supondo a verdade do idealismo e que as rochas e crateras da lua são reais, algum espírito deve ter as ideias que as compõem e esse espírito é Deus, segundo Berkeley.

Isso leva a uma caracterização alternativa das coisas reais. As coisas físicas são ideias impostas a nós por um ser infinito com poder para tal e com a onisciência para perceber todas elas ao mesmo tempo. Isso sugere que Deus, para Berkeley, toma o lugar da matéria em uma metafísica realista. Em vez de fazer a matéria insensível garantir a estabilidade e realidade das coisas reais, ele reduz as coisas a ideias e apela a uma mente infinita para mantê-las em ordem e coerentes. Isso provocou muita sátira e ridicularização (cf. "Uma quintilha").

Essa dependência de Deus tem variadas consequências para o imaterialismo de Berkeley. Primeiro, como sugerimos, ela parece minar sua tentativa de apoiar o idealismo num apelo ao senso comum. Pode ser do senso comum a noção de que percebemos diretamente os objetos físicos, mas poucos concordariam que eles não passam de ideias que se tornam estáveis porque Deus está constantemente a pensá-las. Segundo, pode-se argumentar que é uma impiedade pensar que Ele não poderia deixar objetos materiais fazerem o trabalho por Ele. A posição de Berkeley não é contraditória, mas também não é do senso comum como alega seu primeiro argumento.

Não está claro se esta é uma justa representação da posição de Berkeley. Ele acredita que Deus existe e percebe tudo o tempo todo, mas não *supõe* simplesmente a existência de Deus, como a quintilha sugere, para que sua metafísica funcione. Ele sustenta que o idealismo é defensável sem apelo a Deus e apresenta um argumento para a existência dele. Na verdade, seu principal argumento para a existência de Deus faz apelo ao idealismo como premissa. Examinemos isso.

> *Uma quintilha*
> Era uma vez um homem que disse:
> "Deus deve achar uma esquisitice
>   Ver a árvore que insiste
>   Em persistir que existe
> Se no Pátio não há quem a assiste".   (Ronald Knox)
>
> Meu senhor, esquisito é seu espanto;
> Pois do Pátio eu nunca me afasto.
>   E esta árvore, portanto,
>   Para existir eu sustento,
> Que sou Deus a observá-la, atento.   (Réplica anônima)

Ele sustenta (1) que existir é ser percebido ou, como traduzimos, que as coisas físicas são feixes coerentes de ideias, de acordo com os três argumentos examinados na seção anterior, e (2) que sabemos que existem coisas reais com base na experiência, pois não podemos nos livrar delas voluntariamente e nossas ideias formam padrões ordenados. Ele conclui que (3) "[h]á portanto alguma outra vontade ou espírito que as produz" (*PHK*, § 29). Além do mais, uma vez que a experiência nos ensina que esse poder excede o de todos os seres humanos somados, tal vontade deve ser grande o bastante para sustentar todos os detalhes da natureza em sua mente, devendo pois ser infinita, como se supõe que Deus seja. Resumindo o argumento:

(1) O idealismo é verdadeiro: quanto aos objetos físicos, ser é ser percebido.

(2) Há objetos físicos.

Logo, (3) Há um espírito infinitamente poderoso, isto é, Deus.

Se aceitarmos a visão de Berkeley de que o imaterialismo repousa inteiramente no argumento *a priori*, a premissa 1 é conhecida *a priori*. A segunda é baseada na experiência. Portanto, o argumento como um todo é empírico, pois todo argumento com uma premissa empírica é empírico. Além disso, se a interpretação é correta, seu idealismo não pressupõe a existência de Deus.

Dois pontos devem ser observados sobre o argumento de Berkeley. Primeiro, como a maioria dos argumentos em defesa de Deus, há uma defasagem entre o que as premissas garantem e o que afirma a conclusão. Nossa experiência mostra apenas que há um espírito com poder para impor ideias a toda a humanidade e capaz de criar ideias que formam o nosso mundo físico finito, mas não se segue daí que ele seja *infinito* em poder ou conhecimento. Só podemos concluir que ele tem poder suficiente para criar o efeito e, uma vez que este é finito, não se segue que o espírito seja infinito. Segundo, como vimos, Berkeley não pode apelar a Deus para defender o idealismo, porque isso faria a conclusão 3 vir em defesa da premissa 1, tornando o argumento circular. Deus pode estar sempre no pátio, mas Berkeley não pode apelar a Ele para mostrar que as árvores no pátio existem quando não estamos ali. Ele tem que ser capaz de mostrar que elas têm existência contínua independente. Isso é característico de todo argumento explicativo. Os fatos a serem explicados devem ser estabelecidos sem apelar a aspectos não provados da explicação.

O primeiro ponto não é uma crítica específica a Berkeley, pois todos os argumentos empíricos em defesa de Deus sofrem do mesmo defeito. No máximo, esses argumentos provam um ser supremo, não um ser infinitamente poderoso. Mas isso já seria um feito significativo, se ele puder defender o idealismo de forma independente. O segundo ponto é mais sério. Berkeley tem que ser capaz de responder a objeções ao imaterialismo em termos conceituais ou empíricos sem apelar a Deus. Trazer Deus à baila pode fazer do imaterialismo uma coerente concepção geral do mundo, mas ela não resistiria às intenções de Berkeley com isso.

Não silenciaria o cético nem solucionaria as dúvidas religiosas, pois nenhum cético ou descrente aprovaria responder a uma objeção apelando a Deus como pressuposto. Não está claro que a teoria de Berkeley possa satisfazer esse requisito, apesar das intenções. Com frequência ele responde a objeções trazendo Deus à baila. Pode ser que o faça por pensar que o argumento *a priori* é tão conclusivo que nenhuma objeção tem qualquer peso contra ele. A apelação a Deus, então, é apenas uma maneira de silenciar o crítico até ele conseguir ver a verdade do idealismo; não vale a pena tentar elaborar os detalhes. Infelizmente, isso coloca uma carga sobre o argumento principal que ele não consegue suportar. Como vimos, há fortes razões para pensar que ele é inválido e que o argumento do senso comum é igualmente inconclusivo. Isso significa que o terceiro argumento, o argumento explicativo, deve resistir sozinho e ser defensável sem recurso a Deus. O que levanta interessantes questões sobre a filosofia de Berkeley, mas não podemos abordá-las aqui.

O ataque a Locke

Berkeley ataca Locke em vários pontos. Aqui examinaremos suas críticas às concepções de Locke sobre ideias abstratas, a ideia de substância e a distinção entre qualidades primárias e secundárias. Uma quarta crítica – sobre os objetos materiais serem incognoscíveis na teoria de Locke – será discutida no capítulo 6.

Ideias abstratas

A abstração desempenha, como vimos, um importante papel na rejeição de Locke à Teoria Cartesiana das Ideias Inatas. As ideias que Descartes considera inatas são abstraídas da experiência, segundo Locke. Embora Berkeley não concorde com Descartes, também não concorda com Locke. Ele sustenta que podemos abstrair ideias de qualidades ou partes dos objetos apenas se for possível que elas existam à parte deles. Se *B* não pode existir independentemente de *A*, não podemos abstrair *B* de *A*. Podemos abstrair a ideia de um braço humano da ideia do corpo humano, uma vez que um braço pode existir sem um corpo, mas não podemos abstrair o vermelho de uma cereja da forma da cereja. Podemos imaginar a fruta como tendo alguma outra cor, mas não podemos pensar na cor sem ter também uma ideia de forma. Se Berkeley estiver certo nisso, nossas ideias e aquilo em que podemos inteligivelmente pensar são severamente restringidos de três maneiras:

• Não podemos distinguir existência de percepção e afirmar, como faz o realista, que existem objetos independentes da percepção.

• Não podemos distinguir ideias de qualidades secundárias (tais como cor) das ideias de qualidades primárias, o que por sua vez implica que não podemos conceber partículas imperceptíveis sem cor e sem cheiro, mas ainda assim sólidas, extensas e móveis; isto é, a nova ciência não pode ser interpretada como algo que nos mostra que há um mundo material por trás da aparência sensível.

• As noções de substância material e de qualidades como poderes são também sem sentido, uma vez que não temos ideias delas, mas apenas de seus efeitos sobre nós.

Examinemos mais de perto a crítica de Berkeley à abstração.

Berkeley tem dois argumentos. O primeiro é que, por não podermos formar uma ideia a partir de algo contraditório, se for impossível que *X* e *Y* existam separadamente, não podemos fazer uma ideia de *X* sem *Y*. Pelo fato de que um membro locomotor e o corpo de um animal podem existir separados, podemos abstrair a ideia do membro locomotor da ideia do corpo, mas não podemos abstrair a ideia de vermelho da extensão, uma vez que é impossível alguma coisa vermelha não ser extensa. Ele diz que pode fazer ideia de um homem com duas cabeças ou do "torso de um homem unido ao corpo de um cavalo", mas não pode fazer ideia de um corpo sem uma forma e aspecto específicos e conceber uma ideia abstrata que contenha propriedades características do ser sem quaisquer propriedades específicas. Não podemos formar uma noção abstrata "pela abstração de [aspectos] específicos" e sem considerar outras qualidades resultantes (*PHK: Intr.*, § 10).

Um segundo argumento é que a concepção de Locke implica que as ideias abstratas tenham qualidades contraditórias (*PHK: Intr.*, § 13). Ele cita a frase de Locke de que é preciso "algum esforço e habilidade para formar a ideia *geral* de um *triângulo*", uma vez que ele não pode ser "nem oblíquo nem reto nem isósceles nem escaleno, mas ser todos e nenhum ao mesmo tempo" (*Ensaio*: IV vii: 9). Uma ideia abstrata não apenas carece das qualidades que o tornam uma figura específica de três lados como tem as qualidades de todos os tipos específicos de triângulo ainda que contraditórias entre si. Berkeley diz que evidentemente ninguém pode fazer "a ideia abstrata de um triângulo" que não seja nem oblíquo nem reto, mas as duas coisas ao mesmo tempo.

Nenhuma dessas objeções mostra que não há ideias abstratas segundo a concepção de Locke. Locke diz que abstraímos a ideia de brancura observando a similaridade entre ideias específicas, tais como as de neve, leite e giz, sem considerar suas dessemelhanças. A ideia abstrata é a ideia dessa similaridade. Chegamos a ela desconsiderando o que é peculiar a cada ideia específica e considerando apenas a similaridade. Os conceitos de substância e poderes distintos das aparências são também ideias abstratas. Eles são formados ao pensarmos na similaridade entre substâncias particulares da mesma ou de diferentes espécies (dois seres humanos ou um ser humano e um cavalo). Não são figuras ou imagens abstratas das similaridades sem os detalhes, mas pensamentos das similaridades que tornamos gerais "considerando tais aparências como são na mente, separadas de todas as outras existências" (*Ensaio*: II xi: 9). Em outro trecho ele denomina isso de "pensamento parcial" e o distingue da separação:

> Um homem pensa na luz do Sol sem seu calor; ou na mobilidade [velocidade] do corpo sem sua extensão, sem pensar na sua separação. Um é apenas um pensamento parcial, que termina em si mesmo; e o outro é um pensamento de ambas existindo separadamente (*Ensaio*: II xiii: 13).

O que Locke quer dizer é que abstrair é considerar ou pensar em uma coisa ou qualidade *como* separada de outra; não é pensar *que* é separada. Quando abstraímos a luz do sol de seu calor, consideramos a luz sem considerar seu calor, mas não pensamos que ele tem luz sem calor. De modo semelhante, quando abstraio a brancura do giz e da neve, penso na semelhança do giz com a neve sem pensar na forma cilíndrica de um pedaço de giz, mas não penso que o pedaço de giz é apenas branco e não cilíndrico ou sem forma.

Essa distinção entre considerar uma qualidade separadamente de outra e pensar que é separada encontra-se nas discussões medievais sobre a abstração e deve ter sido lugar-comum na época de Locke. Abstrair uma qualidade que é inseparável de outra não é contradizer-se, a não ser que você também julgue que a qualidade abstraída pode existir separadamente, o que não é abstrair, mas acreditar falsamente que ela pode existir sem a outra qualidade. Berkeley, portanto, equivoca-se ao pensar que abstrair é separar.

Isso nos dá uma outra perspectiva sobre o princípio "*Esse est percipi*". Berkeley afirma que não podemos abstrair a existência da percepção ou da concepção, porquanto toda vez que pensamos em alguma coisa como existente temos uma concepção dela. Isso é verdade, mas daí não se segue que não podemos pensar nela como existente sem pensar nela como concebida. O realista sustenta que não é mais difícil pensar em um objeto existindo sem ser percebido do que pensar na brancura da neve sem pensar na sua frieza. De fato, é assim que usamos os quantificadores existenciais. Quando se encontra o corpo de um homem morto a tiros, sabemos que ele foi morto por *alguém*, sem saber especificamente quem. Podemos também saber que um veado morto à beira da estrada foi atingido por *algum* veículo, sem saber sua cor, tamanho ou marca. Da mesma maneira, podemos expressar nossa crença de que alguma coisa existe não concebida sem saber mais detalhes sobre ela.

O equívoco de Berkeley é considerar ideias como sendo imagens, isto é, representações figurativas, o equivalente mental a imagens fotográficas gravadas em um filme. Como não podemos ter uma imagem da cor de uma maçã que não inclua a forma e o tamanho da fruta, Berkeley estaria certo se Locke considerasse as ideias como imagens. Mas não é isso que Locke pensa. Ele sustenta que ter uma ideia de X é ser capaz de pensar em X quer tenhamos ou não perante a mente uma imagem de X. Ele também equipara as ideias aos significados das palavras, de modo que "ideia" é um termo geral que inclui imagens e conceitos. No seu uso do termo, entender o significado de uma palavra ou ter alguma coisa "perante a mente" é ter uma ideia dela. Pode-se argumentar que "ideia", na época de Locke, tinha o significado mais estreito de imagem, mas isso não constitui defesa para Berkeley. Uma objeção tem que levar em consideração o que o autor diz que entende por seus termos técnicos e criticá-lo com base nisso, não com base no que costumeiramente entendemos por esses termos.

Dois outros pontos são de interesse nessa questão. Primeiro, Berkeley admite que podemos pensar em Deus e em outras mentes sem ter suas imagens. Na primeira edição dos *Princípios do conhecimento humano*, ele restringiu as ideias às imagens e não explicou como podemos pensar em nós mesmos e em outros espíritos, mas em edições posteriores introduziu o que chamou de noções. Temos *ideias* de coisas físicas, mas *noções* de seres ativos como nós mesmos, outras pessoas e Deus. Temos uma noção, ele diz, quando "entendemos o significado de uma palavra, do contrário não poderíamos afirmar ou negar coisa alguma sobre ela" (*PHK*, § 140). Embora Berkeley não o admita, essa é uma concessão à concepção lockeana de ideias.

Berkeley pressupõe que uma representação (quer seja uma ideia ou noção) deve assemelhar-se a seu objeto. Ele sustenta que as ideias não podem assemelhar-se a objetos materiais porque são tipos de entidades radicalmente diferentes. Também não podemos ter uma ideia de um espírito ativo, uma vez que ideias são inertes e não ativas. Mas isso é um equívoco. As representações não têm que ser semelhanças. A palavra "homem" representa os seres humanos ainda que não se assemelhe a eles. Representação não é uma relação natural, mas uma relação intencional que impomos aos sinais.

Em segundo lugar, Berkeley concorda com Locke sobre como os sinais se tornam gerais. Ele sustenta que pensamos em triângulos em geral por meio de um triângulo específico cujos aspectos particulares nós ignoramos – e é exatamente isso que Locke sustenta. Nenhum dos dois acha que há uma ideia abstrata que não é nem triângulo escaleno nem reto nem equilátero. Todas as ideias são específicas em sua existência e se tornam gerais pela maneira como as usamos. A diferença é que Locke acha que é inofensivo (e útil) pensar nelas como substantivas (como pensamos em personagens de ficção como se fossem reais para certos propósitos), enquanto Berkeley acha essa conversa um erro.

Isso lança luz sobre o exemplo do triângulo de Locke. O que ele pretende indicar é que é difícil formar ideias abstratas, pois é difícil para a maioria das pessoas considerar similaridades abstratas entre as coisas. "Triângulo" aí é qualquer coisa que seja uma figura fechada de três lados e representa quer o triângulo reto quer o equilátero, o escaleno ou o oblíquo, ainda que nenhuma dessas características seja parte de sua definição. Assim, ela se aplica a "todos e nenhum" deles ao mesmo tempo. Quando Berkeley cita a passagem em que Locke faz essa observação, ele grifa "todos e nenhum", que no original não são palavras grifadas, enfatizando assim para os seus próprios objetivos algo a que Locke recorre de passagem como um floreio retórico sem maior consequência (cf. *PHK: Intr.*, § 13).

A ideia de substância

Superficialmente, a crítica de Berkeley a Locke sobre a ideia de substância parece simples e direta, mas há razão também para considerá-la deslocada. Ele reclama que Locke não tem concepção clara de substância, tendo que se apoiar em metáforas de que ela "sustenta" ou "embasa" qualidades. Berkeley está certo em colocar essa conversa sob suspeita, mas Locke faz a mesma crítica. Ele acha que o conceito de substância supostamente explica a unidade das qualidades nos objetos, mas não consegue isso devido a sua obscuridade (*Ensaio*: II xiii: 19). A verdadeira objeção de Berkeley é à ideia de substância *material*, isto é, à matéria e seu papel como suporte das qualidades. Mas essa é uma crítica da matéria como princípio explicativo, não da substância propriamente dita.

Berkeley diz que a extensão é considerada um acidente da matéria e que "matéria é o *substrato* que a suporta" (*PHK*, § 16-17). Mas, diz, ele não tem ideia de matéria ou de suas qualidades como suporte. "Suporte" não pode ser tomado literalmente como quando dizemos que pilares sustentam ou suportam um edifício, de modo que o materialista tem que explicar em que sentido a matéria é suporte. Posteriormente ele diz que a teoria original sustentada pelos gregos era que *todas* as qualidades existem num substrato e que isso explica como podem existir independentes da mente. Depois, as qualidades de cor, som e odor foram eliminadas desse substrato, deixando-se apenas a extensão, a solidez, o movimento e a forma. Mas ele acha que não há mais nenhuma razão para postular qualquer substrato material e, tendo em vista seus argumentos em favor do idealismo, "é absolutamente impossível que haja tal coisa". Ele acha que os homens desistiram da coisa e conservaram o nome para aplicá-lo a "não sei que noções abstratas e indefinidas de *ser* ou *situação*" (*PHK*, § 73-74).

Um ponto frágil nisso é que Berkeley também afirma que os seres humanos e Deus são substâncias, embora substâncias espirituais. Se substância é um conceito vazio, como ele pode afirmar que existe alguma? Sua resposta é de que temos conhecimento imediato de nós mesmos como seres pensantes, de modo que "substância pensante" não é um termo sem sentido: o substrato não é um suporte desconhecido nesse caso, pois é conhecido. "Repugna que possam existir ideias naquilo que não percebe ou que sejam produzidas por algo que não age. Mas não repugna dizer que uma coisa que percebe deve ser o sujeito das ideias ou que uma coisa ativa seja a sua causa" (*Diálogo*: III: 180).

Não está claro que isto resolva o problema. Podemos ter consciência direta de que somos substâncias, mas isso não torna o conceito menos problemático. Além do mais, sua objeção à substância *material* não é ao conceito de substância, mas à afirmação de que a matéria pode explicar as ideias. Também não é claro que percebamos diretamente o eu como substância. Hume argumentou posteriormente que, quando tenta perceber o eu diretamente, uma ideia (no sentido amplo que inclui as noções de Berkeley) sempre intervém. Ele está diretamente consciente da ideia, mas não do eu como sujeito dela. O resultado é que, mesmo no caso das substâncias espirituais, a substância é um postulado e Berkeley não pode afirmar com acerto que compreende a noção de substância espiritual por consciência direta.

Em outras passagens Berkeley oferece uma concepção alternativa consistente com a visão de Hume. Ele argumenta que o conceito de substância é uma ideia relativa e que nós conhecemos a substância espiritual apenas como o suporte desconhecido da percepção e da vontade. Bastante curioso é que isso é exatamente o que diz Locke sobre a ideia de substância no *Ensaio*. Tudo o que temos é uma ideia relativa obscura do que a substância faz (i. é, sustenta qualidades) sem qualquer explicação de como o faz (*Ensaio*: II xxiii: 3).

O conceito de ideia relativa é medieval. Temos uma ideia relativa de um objeto quando nosso único conhecimento dela é que ela tem alguma relação com algo que podemos experimentar. Por exemplo, se encontramos uma asa na floresta, temos uma ideia relativa do pássaro que a perdeu. Também temos uma ideia relativa de Deus como criador do universo sem conhecê-lo como Ele é em si mesmo. O entendimento de Locke é de que tudo o que sabemos sobre substrato é que ele faz de algo uma substância, mas não sabemos o que é em si mesmo. É uma coisa desconhecida que unifica em uma só coisa as qualidades percebidas. Pensa-se com frequência que Locke considera o substrato como explicativo e que esse é o ponto ridicularizado por Berkeley, mas na verdade Locke não o faz. Quando nada, ele é ainda mais desdenhoso do substrato como explicação.

Há duas diferenças entre ele e Berkeley. Primeiro, ele acha que o conceito foi introduzido para resolver um problema autêntico, a saber, o que faz certos conjuntos de qualidades percebidas serem objetos unificados e não ficções. Não está claro que Berkeley pense que este seja de modo algum um problema. Algumas ideias fazem objetos discretos e outras não, ponto-final. O que as unifica em última instância é que Deus as impõe a nós de uma maneira unificada e ordenada. Segundo, Locke sustenta que uma ideia relativa pode ter sentido mesmo que nunca tenhamos experimentado aquilo a que se relaciona. Isto é, podemos de modo significativo estender a relação para além das ligações que experimentamos entre os objetos relacionados e postular uma relação análoga entre algo que percebemos e algo que nunca percebemos e que é talvez imperceptível. No exemplo medieval, percebemos as duas coisas relacionadas no passado, a saber, as asas e os pássaros, mas no caso de Deus só experimentamos o mundo. Berkeley não aceita isso. Ele acha que temos uma ideia relativa só quando percebemos objetos similares relacionados no passado. Como não temos isso no caso da matéria sustentando qualidades, não pode haver aqui uma ideia relativa com sentido. (Berkeley também nega que tenhamos apenas uma ideia relativa de Deus como criador (*PHK*, § 16).)

Qualidades primárias e secundárias

O ataque de Berkeley a essa distinção é uma extensão de sua crítica geral à matéria e à substância material. Locke sustenta que as substâncias no sentido comum, desde grãos de areia, mesas, árvores e animais até os planetas, são conjuntos de partículas imperceptíveis. Sua unidade é produzida, suas qualidades macrounificadas por forças físicas, mas não temos ideia do que mantém cada partícula una ou o que explica suas qualidades. Cada partícula é uma substância com as qualidades da extensão, forma, movimento, unidade e solidez. Essas são as *qualidades primárias*, no sentido de que são as qualidades das entidades básicas. A cor, o som, o cheiro e o gosto do objeto são *qualidades secundárias*, pois só as possuem os compostos de partículas. Suas configurações nos levam a ter ideias de cor, som, gosto e cheiro, mas nada no objeto se assemelha a essas ideias. O substrato material entra na teoria de Locke em nível micro, como princípio desconhecido que supostamente explica as qualidades primárias do corpúsculo.

A crítica de Berkeley à substância material é apenas uma ponta do seu ataque a essa teoria. A outra é o ataque que faz à distinção entre qualidades primárias e secundárias. Ele tem duas objeções fundamentais. Primeiro, a de que não podemos abstrair a extensão da cor, de modo que não podemos sustentar que o objeto tem cor, mas não extensão, não importa quão pequeno ele seja. E conclui que a distinção não pode ser sustentada. Para banir a cor, o som, o cheiro e o gosto (no sentido de não serem poderes) dos objetos externos é preciso banir também a extensão e as outras qualidades primárias. Como já examinamos a objeção de Berkeley à abstração, não precisamos discutir esse argumento aqui.

A segunda objeção de Berkeley é que os argumentos da relatividade que supostamente mostram a condição inferior das qualidades secundárias aplicam-se igualmente às qualidades primárias. Locke argumenta que ao se moer pórfiro, uma rocha ígnea, sua cor perceptível muda de vermelho para cinza ou preto, embora a pedra e o pó resultante da moagem sejam ambos extensos. De maneira semelhante, quando colocamos uma mão quente e outra fria em água tépida, a mão quente sente a água fria e a mão fria sente a água quente. Como essas sensações são incompatíveis, Locke argumenta que não podem ambas se assemelharem à propriedade de temperatura da água. Berkeley sustenta que se examinarmos o assunto mais a fundo, a mesma relatividade ocorre em relação à forma e tamanho. Uma pedra parece maior se nos aproximamos dela e menor se nos afastamos. Assim, ainda que pareça extensa nos dois casos, a extensão específica que percebemos muda e não temos como saber qual se assemelha ao tamanho real. A forma também é relativa. Um topo de mesa parece ter formatos diferentes à medida que nos movemos ao seu redor e uma moeda parece redonda ou elíptica segundo a perspectiva.

Igualmente, não temos como dizer qual aparência se assemelha à forma real.

Isso parece indicar que *nenhuma* de nossas ideias pode ter semelhança com objetos físicos. Nenhum conjunto de ideias dá mais percepção do mundo físico que outras, de modo que os objetos físicos, se aceitos de algum modo, são reduzidos a causas desconhecidas e inexplicáveis. Isso levanta a questão do que exatamente Locke quer dizer ao afirmar que apenas ideias de qualidades primárias são semelhanças. Duas teorias são sugeridas. Primeiro, alguns intérpretes argumentam que Locke sustenta serem semelhanças *genéricas* as ideias de tamanho e forma pelo fato de que, não importa qual for a nossa posição, os objetos físicos sempre parecem ter *algum* tamanho e *alguma* forma, mesmo que as aparências específicas difiram. No entanto, ler Locke dessa maneira não salva a teoria. A cor sensível do porfírio muda quando golpeamos a rocha, mas ainda tem *alguma* cor, e a água sempre tem *alguma* temperatura, fria ou quente. Por conseguinte, apelar às qualidades genéricas não indica uma diferença de qualidade.

A segunda interpretação (apresentada pela primeira vez por Maurice Mendlebaum) é de que Locke sustenta que as ideias de tamanho, forma, movimento, unidade e solidez não se assemelham às qualidades macro do objeto físico (i. é, às qualidades que têm enquanto mesas, animais ou rochas) mais do que ocorre com as ideias de cor, som e temperatura. O que ele afirma é que as ideias de qualidades primárias no nível macro têm *alguma* semelhança com as qualidades de suas partes últimas, efetivas. Isso amarra a diferenciação entre qualidades primárias e secundárias à Teoria Corpuscular. Objetos do senso comum são compostos cujas qualidades constituem poderes e nenhuma de nossas ideias se assemelha a essas qualidades. As ideias de extensão, forma, solidez e movimento, porém, assemelham-se aos corpúsculos que constituem os objetos, se a Teoria Corpuscular estiver certa.

Parece isso que Locke pretende dizer com o exemplo do porfírio. Quando moemos a pedra, obtemos partículas cada vez menores e mudanças radicais na cor e forma da massa, mas em certo ponto além da nossa percepção sem olhos de microscópio chegaríamos a partículas com tamanho e forma, mas sem cor nenhuma. O exemplo tenta mostrar como chegamos a entender a afirmação do filósofo natural com base na Teoria Empírica da Aquisição de Ideias, isto é, por analogia e abstração (cf. *Ensaio*: II viii: 19). (Note-se que no parágrafo imediatamente anterior Locke menciona partículas de pó vistas à luz do sol como evidência de que deve haver partículas ainda menores, invisíveis.)

A interpretação tem sustentação também no texto de Locke. Ele diz que as ideias de qualidades secundárias *"não têm nenhuma semelhança* com essas qualidades". "Não há nada como as nossas ideias existindo nos próprios corpos"; e diz depois que "descobrimos simplesmente que a qualidade produzida não tem comumente qualquer semelhança com nada na coisa que a produz; de modo que a observamos como mero efeito do poder" (*Ensaio*: II viii: 15, 25). O ponto aqui parece ser o de que as ideias de qualidades primárias se assemelham a *algo* no objeto, mesmo que não consigam assemelhar-se às qualidades macro. O mundo dos corpúsculos é um mundo de partículas sólidas, extensas e em movimento que são em si mesmas incolores, sem som, inodoras e sem temperatura.

A crítica final de Berkeley é que distinguir entre aparência e realidade como faz Locke (junto com outros realistas) leva ao ceticismo. Se não percebemos diretamente os objetos físicos, não podemos saber que existem, uma vez que só temos ciência de ideias e não podemos a partir delas demonstrar a real existência de objetos físicos. Berkeley chama a isso Teoria da "Existência Dupla" e apresenta, como alternativa para evitar o ceticismo, sua teoria de que os objetos físicos são feixes de ideias (*PHK*, § 86).

Essa é a crítica mais séria feita por Berkeley. Vamos examiná-la no capítulo 6 ao analisarmos o problema do empirismo e do ceticismo.

Resumo

Neste capítulo:

• Explicamos e criticamos os principais argumentos de Berkeley para o idealismo.

• Argumentamos que seu idealismo é consistente com o empirismo e sugerimos que para defendê-lo ele não tem que supor a existência de Deus.

• Discutimos as concepções de Locke sobre abstração, substância e qualidades primárias e secundárias, com as objeções de Berkeley.

3

Indução e o empirismo de Hume

O *Tratado* e a primeira *Investigação* de Hume

A filosofia de Hume é uma continuação de Locke. Este rejeita a afirmação de Descartes de que há ideias que "residem em nós" que fornecem o material para o conhecimento *a priori* sobre a realidade, mas aceita a concepção cartesiana de razão. O objetivo de Hume em seu primeiro livro, *Tratado da natureza humana* (1739-1740), foi estender o programa de Locke à própria razão. Embora dê à razão um lugar em matemática, ele a rejeita em assuntos empíricos. Todo raciocínio sobre a existência real, sustenta Hume, é baseado em hábitos estabelecidos pela associação de ideias a partir da experiência ou, como diríamos hoje, no condicionamento. O poder de criar hábitos é o *costume* e os animais não humanos são governados por um princípio semelhante. Assim como Locke tenta explicar ideias pela experiência e a capacidade inata de abstração, Hume tenta explicar inferências sobre questões factuais pela experiência e o princípio inato do costume. Enquanto Locke naturalizava ideias, Hume tenta naturalizar a inferência empírica tornando o raciocínio humano uma extensão do "raciocínio animal".

Uma maneira de descrever a teoria de Hume é dizer que ele reduz a razão (o "intelecto" cartesiano) à imaginação. Descartes sustenta que a imaginação inclui a percepção e a memória e faz

> **Hume espirituoso**
> O sobrenome Hume é escocês, mas John, irmão de David Hume, mudou a ortografia para o inglês Home[1], embora pronunciado da mesma maneira. O filósofo recusou-se a fazer o mesmo, devido a seu nacionalismo escocês. No testamento, ele deixou a John uma garrafa de vinho do porto e mais seis dúzias com a condição de que (a) bebesse a garrafa em duas rodadas e (b) depois assinasse de próprio punho "John Hume" atestando o feito. Assim, David Hume explicou, liquidaria as únicas duas diferenças que teve com o irmão sobre assuntos não religiosos (MOSSNER, 2001: 599).

associações. As ideias sensoriais são armazenadas na memória e são associadas, mas esse conhecimento é restrito a fatos específicos e generalizações de nível inferior. A razão então examina esse material à luz de suas ideias inatas e desenvolve a ciência natural baseada na aritmética e geometria. Ela também contém a vontade, que tem o poder de suspender o assentimento até termos ideias claras e distintas e conhecimento seguro. Descartes acha que essas não são funções do corpo como a imaginação e derivam diretamente de Deus. O projeto de Hume é explicar o conhecimento do mundo com base apenas na imaginação, isto é, na percepção, na memória e no instinto de associar ideias. Ele também nega que somos livres para não dar assentimento. O melhor que podemos fazer quando a experiência nos leva a crer em alguma coisa é considerar a questão à luz de outras coisas em que acreditamos por experiência. Essa capacidade de ver as coisas de uma perspectiva mais ampla é que distingue o *sábio* do *vulgo*, não uma faculdade intelectual independente.

Hume explica seus objetivos e abordagem na introdução do *Tratado*. Ele diz que a filosofia não pode avançar enquanto não desenvolvermos uma ciência da natureza humana, pois essa é "a única fundação sólida para as outras ciências". Temos que

---

1. Lar [N.T.].

nos tornar "totalmente familiarizados com a extensão e força do entendimento humano" e explicar a natureza de nossas ideias e "as operações do entendimento". Estabelece então três princípios que irão guiá-lo (*Tratado*: xvi-xvii).

Primeiro, os fundamentos dessa ciência "devem assentar-se na experiência e na observação". Deve ser uma "filosofia experimental" na tradição de Francis Bacon e, embora ele não o diga de forma explícita, aparentemente semelhante à ciência natural desenvolvida por Robert Boyle e Isaac Newton. Uma vez que a essência da mente nos é tão desconhecida quanto a essência dos objetos externos, "deve ser igualmente impossível ter qualquer noção de seus poderes e qualidades de outro modo que não através de exatos e cuidadosos experimentos e da observação dos efeitos particulares resultantes de suas diferentes circunstâncias e situações" (*Tratado*: xvi-xvii).

Segundo, temos que fazer as generalizações mais amplas que a experiência permita do menor número de princípios básicos. Ou, como diz ele, temos que "tornar todos os nossos princípios o mais gerais possível, analisando ao máximo nossas experiências e explicando todos os efeitos a partir de um mínimo de causas mais simples" (*Tratado*: xvi-xvii).

Terceiro, temos que evitar "qualquer hipótese que pretenda descobrir as qualidades originais últimas da natureza humana". Tais explicações vão além da experiência e devem ser "rejeitadas como presunçosas e quiméricas" (*Tratado*: xvi-xvii).

Dois comentários. Primeiro, alguns críticos de Hume argumentam que sua proposta de determinar os limites do conhecimento empiricamente é circular e que, portanto, uma teoria epistêmica deve ser *a priori*. Mas isso é também circular, pois não podemos ter uma teoria *a priori* sem fazer pressupostos sobre a condição epistêmica do *a priori*. Uma abordagem *a priori* é aceitável apenas se o *a priori* é considerado não problemático e

Hume não está disposto a fazer isso. Ademais, sua concepção é mais sutil do que parece. Ele sustenta que nenhuma teoria pode dispensar pressupostos. Suas generalizações "experimentais" baseiam-se no senso comum ou, como ele diz, na "vida comum". Os resultados podem então ser modificados de dentro, mas o projeto mesmo não tem justificação externa: "não podemos dar nenhuma razão para os nossos princípios mais gerais e mais refinados além da nossa experiência de sua realidade". Esse é um "defeito" de todas as ciências e artes, das "escolas filosóficas" às "oficinas dos mais modestos artesãos" (*Tratado*: *Intr.*, xviii). Não podemos ir além da vida comum ou da "razão do mero vulgo" sem violar a terceira regra e especular sobre os princípios últimos. Hume não alega que demonstre ser confiável apelar à experiência, apenas afirma descrever a nossa prática.

O que nos leva a um segundo ponto. Se sua ciência da natureza humana é puramente descritiva, é difícil entender como pode se aplicar a questões de evidência. Tais questões são normativas e as teorias epistêmicas que as abordam oferecem avaliações que vão além da simples descrição de como as pessoas pensam. É um problema de epistemologia, seja empírica ou racionalista. Teremos mais a dizer sobre isso à frente, mas a resposta de Hume é, sumariamente, que o estudo da evidência e do "raciocínio justo" nos diz como maximizar as crenças verdadeiras. Daí, se queremos ser sábios e satisfazer nossa curiosidade sobre o mundo, devemos aprender quais modos de raciocínio nos levam a crenças verdadeiras.

A teoria de Hume é baseada no princípio de Berkeley de que algumas ideias nos são impostas. Ele chama essas ideias de "impressões" e reserva o termo "ideias" para percepções mais fracas que ocorrem quando recordamos impressões. A classe mais geral é a das *percepções*. As *impressões* são distintas das *ideias* por serem mais fortes e mais nítidas. Ele sustenta três princípios: todas as ideias são cópias de impressões; as ideias se tornam mais nítidas em conjunção e têm nesse caso mais influência sobre outras ideias; e acreditar que uma coisa existe é ter uma ideia nítida que se aproxima de uma impressão em sua nitidez. Quando temos a experiência de A e B juntos, as ideias de A e B vêm associadas. Então, quando há uma ocorrência de A, isso nos leva a ter uma ideia nítida de B, ou seja, a crença de que ocorrerá. Se ocorre então uma impressão de B, esse hábito é fortalecido. Por outro lado, se temos uma experiência de B, a ideia de A é sugerida e acreditamos que B foi causado por uma ocorrência de A. Esse processo de formação de hábito é o *costume*. Hume usa esses princípios no Livro I do *Tratado* para explicar a operação do entendimento. Nos Livros II e III eles são usados para explicar as emoções e as crenças morais.

Infelizmente, o programa de Hume foi um fracasso. Seu apelo à experiência restringe-se à reflexão sobre sua própria vida mental e à observação dos outros. No *Tratado*, por experimentos ele não entende manipulações ativas do ambiente, mas observações passivas. O resultado é que sua ciência da natureza humana não é uma psicologia científica no sentido moderno, mas uma imaginosa história natural da mente. É introspectiva, especulativa e com frequência chamada ironicamente de "psicologia de poltrona". Suas observações, agudas muitas vezes, estão atoladas no que agora parece uma ingênua teorização psicológica, mas isso não torna sua obra menos especulativa.

A teoria de Hume é também mais ambiciosa que a de Locke, talvez heroica mesmo. Locke apresentou sua concepção como uma alternativa possível à de Descartes; e não tentou prová-la com "experimentos", limitando-se a mostrar como podemos explicar as ideias pela experiência. Hume quer mostrar que nossas crenças sobre o mundo derivam da experiência, da associação e do costume. Enquanto Locke diz ser apenas um "operário menor" limpando a sujeira para que a ciência possa avançar, Hume se considera um mestre construtor. O resultado é que, quando alguma crença ou conjunto de crenças parecem não poder ser explicados por sua teoria, Hume é forçado a inventar alguma explicação baseada em evidência casual do senso comum; ou seja, é forçado a especular sobre a mais frágil evidência.

O *Tratado* foi também um fracasso sob outro aspecto. Como o próprio Hume admite, ele foi incapaz de explicar de maneira plausível como adquirimos certas crenças que todos concordamos que temos. Os dois exemplos mais famosos são nossas crenças sobre objetos externos e a identidade pessoal ao longo do tempo. No caso da identidade pessoal, ele argumenta que não temos consciência direta de um ser ou alma duradouros (*Tratado*: I iv: 6). O eu é tão oculto de nós quanto os objetos físicos externos. Quando tentamos uma introspecção, tudo o que encontramos, diz ele, é uma outra percepção e nunca o próprio eu. Isso é bem razoável como afirmação epistêmica, mas a meta de Hume é explicar de que modo o costume e a associação *causam* a crença de que somos os mesmos ao longo do tempo. Sua teoria é de que fingimos a identidade com base na semelhança de nossas ideias no tempo, mas, como admite no Apêndice, isso não é tanto uma explicação, mas antes uma rejeição do dado a ser explicado. Nossa crença na identidade, por conseguinte, é uma pseudocrença. O problema é que ele não consegue distinguir entre a questão psicológica de como adquirimos a crença e a questão epistêmica de saber se ela se justifica. Seu senso epistemológico lhe diz que a crença na identidade ao longo do tempo não é racional, uma vez que não temos ciência direta de um ser duradouro. (Notem que isso se opõe diretamente à visão de Berkeley de que intuímos ser substâncias espirituais duradouras.) Trata-se de valiosa contribuição ao debate sobre se temos ou não evidência de uma alma, contribuição pela qual Hume ficou merecidamente famoso. Mas não é uma explicação de como adquirimos a crença.

Sua discussão da crença nos objetos físicos externos tem o mesmo defeito (*Tratado*: I iv: 2). Ele discute três teorias e não acha nenhuma aceitável. São elas: (i) a Teoria do Senso Comum de que os percebemos diretamente; (ii) a teoria de Berkeley de que os objetos físicos dependem do pensamento; e (iii) a Teoria da Existência Dupla que Locke e Descartes favorecem. Em resumo, sua opinião sobre elas é a seguinte.

(i) A primeira teoria concorda com o senso comum que percebemos diretamente os objetos físicos, que têm "existência contínua" e independente. Mas Hume acha que a experiência refuta isso. As ilusões mostram que não somos sempre diretamente cientes dos objetos físicos. Se apertarmos os olhos, temos uma imagem dupla dos objetos próximos, por exemplo uma xícara na mesa. Isto é, somos diretamente cientes de duas xícaras, mas não acreditamos nisso.

(ii) A segunda teoria sustenta que os objetos físicos são ideias berkeleyanas que se nos impõem em padrões coerentes, ao passo que "coisas" como a segunda xícara são ideias ilusórias ou aberrações. Hume acha que essa é uma extensão natural da teoria popular, mas afirma que não podemos acreditar nela. Podemos dizer que acreditamos (como Berkeley acreditava, embora Hume não o mencione), mas ele acha que isso não é inteligente. Assim que abandonamos os estudos, caímos de volta no sistema vulgar segundo o qual os objetos físicos são existências diretamente percebidas e independentes, sem podermos explicar ilusões como a das imagens duplas. Como ele diz na *Investigação sobre o entendimento humano*, "[a] natureza é sempre forte demais por princípio" (*EHU*: XII ii: 160).

(iii) Isso leva à Teoria da Existência Dupla, que sustenta que as percepções (i. é, os objetos diretos da percepção) são dependentes da mente, mas que os objetos físicos são independentes dela. É a teoria filosoficamente mais sofisticada, pois traça uma distinção entre percepções como aparências e seus objetos enquanto realidades. Mas Hume também a considera inaceitável. Uma vez que temos ciência apenas de percepções, não podemos descobrir coisa alguma sobre os objetos físicos independentemente delas. Da mesma forma que uma ideia entra no caminho quando tentamos encontrar o eu, assim também as ideias entram no caminho quando tentamos encontrar os objetos físicos. O máximo que podemos dizer sobre eles é que causam nossas percepções; em outras palavras, só podemos ter uma ideia relativa deles (no sentido discutido acima, na seção "A ideia de substância", à p. 75), mas não podemos atribuir qualquer outro conteúdo a eles como causas. Hume acha que isso torna incoerente a Teoria da Existência Dupla: ela alega que os objetos físicos são independentes das percepções e então apresenta percepções para explicar como eles são. Está "super sobrecarregada desse absurdo que é ao mesmo tempo negar e afirmar a suposição do vulgo" (*Tratado*: I iv: 2, 218).

Como no caso da identidade pessoal, não fica claro o que Hume está fazendo. Está dando uma concepção psicológica das causas da crença nos objetos externos ou defendendo uma teoria filosófica do que deveríamos acreditar sobre eles? Ele parece supor que teorias não podem ser aceitas pelo senso comum se há base sólida para descrer delas, mas isso super-racionaliza o homem comum. Deve haver causas psicológicas para crer no que a reflexão revela ser insustentável; não há razão para achar que a sustentação psicológica de nossas crenças reflete aquilo em que deveríamos acreditar.

Uma interpretação é que essa parte do *Tratado* não pretende defender teorias positivas sobre as questões ou sobre as bases psicológicas de nossas crenças, mas tem uma função meramente negativa. Hume está tentando mostrar que a razão cartesiana (a "razão pura" em oposição à que se baseia no costume) não consegue justificar alternativas aceitáveis ao que naturalmente acreditamos, isto é, nossas opiniões "vulgares". Por conseguinte, ela só pode levar a dúvidas que não conseguimos resolver e com as quais não podemos conviver assim que abandonamos o estudo. Se isso é correto, esse grupo de seções (*Tratado*: I iv) é parte de um argumento fundamental contra a adequação da razão pura tanto em termos filosóficos quanto psicológicos.

Mesmo que ignoremos esses problemas e nos concentremos na teoria de Hume como uma epistemologia não psicológica, o projeto ainda assim fracassou. Hume era lockeano demais para aceitar as conclusões de Berkeley, mas próximo demais de Berkeley para fazer uma distinção nítida entre os mundos interior e exterior que lhe teria permitido dar conteúdo a seu naturalismo.

O que quer que pensemos do *Tratado*, foi realmente um fracasso aos olhos de Hume. Ele esperava criar uma reputação com a obra, mas, como ele mesmo disse, ela já saiu natimorta do prelo. Em vez de reescrevê-la ou produzir uma segunda edição, tentou dar a sua pena um estilo mais acessível (mais "atraente", como disse) e pôs-se a escrever textos mais curtos e juntá-los para passar uma perspectiva geral, renunciando a qualquer tentativa de resumir sua posição em outro livro como o *Tratado*. O resultado é que seus escritos posteriores minimizam quanto podem o aspecto psicológico e concentram-se nos critérios do "raciocínio justo". Na *Investigação sobre o entendimento humano*, Seção I, chama a isso de "geografia mental". Não se trata de psicologia, mas de uma descrição das marcas distintivas do conhecimento e da crença e da qualidade da evidência para fundamentar as crenças. Ele defende o empirismo e traça regras para o raciocínio causal e o testemunho a fim de estabelecer as fronteiras entre a superstição e a crença razoável. Seu objetivo, em outras palavras, é oferecer critérios para podermos "raciocinar com justeza" sobre o mundo.

O resultado é que a *Investigação* é a segunda grande defesa do empirismo na tradição britânica (depois do *Ensaio* de Locke).

Defesa do empirismo

A *Investigação* tem sido vista tradicionalmente como uma versão aguada do *Tratado*. Sob a influência de Kant, os intérpretes do século XIX sustentaram que Hume reescreveu as partes mais simples do *Tratado* como uma série de ensaios na tradição da "filosofia fácil", como ele diz na seção inicial, para ganhar público. Comentaristas mais recentes rejeitam essa interpretação. Primeiro porque, embora Hume se refira a filosofia fácil e difícil na Seção I, não dá a entender que vai perseguir o tipo fácil. Diz exatamente o contrário. Diz que o público sempre vai preferir a filosofia fácil, mas que é necessário fazer filosofia difícil para o assunto avançar. Se evitamos fazê-lo, deixamos a superstição a cargo de sua própria retirada, ao passo que a filosofia é que deveria enxotá-la para o mato e destruí-la. Ele claramente considera a geografia mental uma filosofia difícil que é necessária se quisermos distinguir entre crença justificada e injustificada. Na última seção (XII), ele faz uma classificação das principais disciplinas baseadas no empirismo. Qualquer tratado que não contenha raciocínios abstratos acerca das relações entre ideias (p. ex., entre a matemática e a geometria) ou raciocínios sobre matérias factuais (como a história e a filosofia natural) deveria ser lançado "às chamas", pois "só pode conter sofismas e ilusão" (*Investigação*: XII iii: 165).

Em segundo lugar, uma cuidadosa leitura da *Investigação* mostra que os ensaios formam um padrão integrado. As doze seções dividem-se em quatro partes de três ensaios cada. As primeiras três partes têm dois ensaios mais longos seguidos por um mais curto que faz a transição para a parte seguinte. A única exceção a esse modelo é a última parte, com um longo ensaio conclusivo. Aí discute o ceticismo e sugere regras de raciocínio

> **Organização da *Investigação sobre o entendimento humano*, de Hume**
> A. *Introdução e preliminares*
>   Seção I: "Das diferentes espécies de filosofia"
>   Seção II: "Da origem das ideias"
>   Seção III: "Da associação de ideias"
> B. *Empirismo e o problema da indução*
>   Seção IV: "Dúvidas céticas sobre as operações do entendimento"
>   Seção V: "Solução cética dessas dúvidas"
>   Seção VI: "Da probabilidade"
> C. *Causalidade, liberdade e necessidade*
>   Seção VII: "Da ideia de ligação necessária"
>   Seção VIII: "Da liberdade e necessidade"
>   Seção IX: "Da razão dos animais"
> D. *Crença religiosa e ceticismo*
>   Seção X: "Dos milagres"
>   Seção XI: "De uma providência específica e uma condição futura"
>   Seção XII: "Da filosofia acadêmica ou cética"

"sábio" (cf. o ponto-chave "Organização da *Investigação sobre o entendimento humano*, de Hume"). Vamos nos concentrar na sua defesa do empirismo nas Seções (ensaios) IV e V e na sua Teoria da Relação Causal na Seção VIII. A relação de Hume com o ceticismo será discutida no capítulo 6 e suas críticas à crença religiosa no capítulo 7.

O empirismo de Hume baseia-se na distinção que faz entre os tipos de proposições. Uma *relação de ideias* é uma proposição cuja negação é uma contradição, ao passo que uma *questão de fato* não tem que ser verdadeira, mas pode ser negada sem contradição. Relações de ideias podem ser conhecidas *a priori*, ao passo que questões de fato só podem ser conhecidas empiricamente. Alguns exemplos:

(1) Os triângulos são figuras de três lados.

(2) Todas as mães são genitoras.

(3) Todas as mães amam seus filhos.

(4) Os ângulos internos de um triângulo somam 180 graus.

(5) $e = mc^2$.

(6) O pão alimenta.

(7) Hamlet existe.

(8) Deus existe.

(9) Triângulos de quatro lados existem.

As duas primeiras são relações de ideias, pois triângulos que não têm três lados e mães que não são genitoras constituem contradições. A proposição 3 é questão de fato, pois não podemos afirmar a partir do conceito de mãe que todas as mães amam seus filhos. Para saber se elas os amam ou não temos que observar a natureza. Que os ângulos internos de um triângulo somam 180 graus (proposição 4) é uma relação de ideias, uma vez que negá-lo implica uma contradição, ainda que não possamos dizer que isso é verdade verificando o significado de "triângulo" no dicionário. Nisso a proposição 4 difere das duas primeiras, que levam imediatamente a contradições se são negadas. A proposição 5 é uma questão de fato, uma vez que energia não é por definição igual ao produto da massa pelo quadrado da velocidade da luz – os físicos tiveram que descobrir isso por observação. A proposição 6 também é uma questão de fato.

As três últimas são proposições existenciais. As proposições 7 e 8 são questões de fato, segundo Hume. "Hamlet existe", o que por acaso é falso, só se pode saber por experiência, uma vez que não há nada contraditório na inexistência de Hamlet. O mesmo raciocínio é feito por Hume acerca da existência de Deus. Este pode ou não existir, mas não podemos saber isso simplesmente conhecendo o significado do termo. Nisso Hume acompanha Locke (e Berkeley) ao rejeitar argumentos *a priori* de que Ele existe.

A proposição 9 é um caso especial. Que triângulos de quatro lados existem é evidentemente falso e, portanto, não se trata de uma relação de ideias; e também não é uma questão de fato, mas uma contradição – não tem possibilidade de ser verdadeira. Isso mostra que as categorias de Hume – relações de ideias e questões de fato – não são exaustivas. Há uma terceira categoria: as contradições que não são nem verdadeiras por definição nem ultrapassam os significados dos termos, sendo contraditórias tais como formuladas. As três categorias são:

• relações de ideias	devem ser verdadeiras	verdades necessárias
• contraditórias	devem ser falsas	necessariamente falácias
• questões de fato	podem ser verdadeiras ou falsas	proposições não conceituais

Um termo conveniente para questões de fato é "contingente". O valor de verdade de uma proposição *contingente* depende da maneira que é o mundo: ela não é verdadeira (ou falsa) apenas em bases conceituais.

Hume explica seu empirismo nestes termos. Ele sustenta que todas as verdades existenciais são questões de fato e só podem ser conhecidas empiricamente. Ele faz um resumo de sua concepção no fim da obra. Diz que as ciências abstratas (aritmética e geometria) lidam com quantidade e número e são passíveis de demonstração. Repousam em última análise nos significados dos termos e, se há alguma indecisão quanto ao que afirmam, "ela procede inteiramente do significado indeterminado das palavras, que é corrigido por definições mais adequadas" (*EHU*: XII iii: 163). As proposições dessas ciências são relações de ideias e podem ser conhecidas *a priori*. Todas as outras indagações humanas "concernem apenas questões de fato e de existência" e não são passíveis de demonstração. E continua Hume:

> O que quer que *seja* pode *não ser*. Nenhuma negação de um fato pode envolver contradição. A inexistência

de qualquer ser, sem exceção, é uma ideia tão clara e distinta quanto a sua existência. A proposição que afirma sua inexistência, ainda que falsa, não é menos concebível e inteligível que a que afirma sua existência (*EHU*: XII iii: 164).

Nas ciências abstratas, cada proposição falsa é "confusa e ininteligível" e "nunca pode ser concebida de forma clara". Por outro lado, que César ou o Arcanjo Gabriel nunca tenham existido pode ser falso, "mas ainda assim perfeitamente concebível, não implicando qualquer contradição". São proposições baseadas em raciocínio sobre causa e efeito, e os argumentos causais "são fundados inteiramente na experiência".

> Se raciocinamos *a priori*, qualquer coisa pode parecer capaz de produzir qualquer coisa. A queda de um seixo pode, sabe-se lá, extinguir o sol; ou a vontade de um homem controlar as órbitas dos planetas. Só a experiência nos ensina a natureza e os laços de causa e efeito e nos permite inferir a existência de um objeto a partir da existência de outro (*EHU*: XII iii: 164).

O argumento de Hume a respeito é encontrado na *Investigação*:

(1) Afirmações de existência real são questões de fato.

(2) Todas as questões de fato além da experiência presente são baseadas em argumentos de causa e efeito.

(3) Tais argumentos nunca são *a priori*.

Logo, (4) Nenhum conhecimento de existência real é *a priori*, mas "decorre inteiramente da experiência, ao descobrirmos que certos objetos específicos estão constantemente ligados uns aos outros" (*EHU*: IV i: 27).

Hume apresenta a conclusão "como uma proposição geral, que não admite qualquer exceção". As premissas-chave são a segunda e a terceira. Analisemos agora uma e outra.

Por que todo juízo para além da experiência presente repousa em crenças causais? Ele dá dois exemplos como evidência. Primeiro, se você pergunta por que um homem acredita que um amigo não se encontra no país, ele pode muito bem responder que o amigo disse que ia viajar e é um homem de palavra ou simplesmente que recebeu uma carta enviada da França pelo amigo, nos dois casos algo que depende de conhecimento causal. Segundo, quando ouvimos uma voz no escuro temos certeza que outra pessoa está presente porque sabemos que tais sons são normalmente produzidos por seres humanos. Isso não é muito convincente. Apenas dois exemplos não dão suporte a uma conclusão sobre *todas* as alegações existenciais. Uma razão mais teórica se faz necessária e qual é? A resposta está na explicação de Hume sobre nosso conhecimento dos objetos físicos. Ele sustenta que os objetos que têm existência real devem ter durabilidade e serem independentes do que individualmente pensamos sobre eles. Mas não podemos saber isso pela experiência presente. Tudo o que ela nos diz é que o objeto existe agora; não nos diz que ele existe quando fechamos ou desviamos os olhos, ou seja, que ele é independente do nosso pensamento atual, presente. Para saber isso, temos que considerar a experiência presente como sinal de um objeto duradouro. Se colocamos uma acha de lenha no fogo e voltamos mais tarde para descobrir que virou cinza, inferimos que ela existiu no intervalo porque é isso que acontece com lenha no fogo. Nossa experiência presente e nossa memória nos convencem de que o pedaço de lenha é real e não uma aberração ideada sem conexão com outras percepções que poderíamos ter tido se tivéssemos ficado junto ao fogo, conhecimento geral esse que repousa em generalizações sobre causas e efeitos.

Pode-se argumentar (como fez Berkeley) que vemos a diferença entre uma ilusão e uma percepção autêntica diretamente, pois nossas ideias são mais nítidas e detalhadas quando o objeto é real. Mas mesmo nesse caso precisamos de crenças de apoio. Teríamos que saber que percepções nítidas e detalhadas são sinais de objetos reais e isso só pode ser descoberto por experiência. Quando crianças aprendemos a distinguir entre o sonho e a percepção verificando a coerência de nossas percepções – e as relações de coerência só podem ser descobertas por experiência. Esse é o argumento mais geral de Hume em prol da premissa (2). Teremos mais a dizer sobre isso depois.

Hume tem dois argumentos para a premissa (3), ou seja, a de que o conhecimento das causas e efeitos são empíricos. O argumento mais geral é sugerido na sua observação de que, até onde sabemos *a priori*, a queda de um seixo pode perfeitamente provocar uma oscilação dos planetas nas órbitas. As proposições causais seguem a fórmula Todo ϕ é ψ e não são relações de ideias. Se fossem, haveria uma ligação lógica entre o sujeito e o predicado que nos permitiria conhecê-las *a priori* (como há no caso de "Toda mãe é uma genitora"). Como não há ligação lógica, as proposições causais são questões de fato e não podem ser conhecidas *a priori*.

Hume também apresenta um segundo argumento, mais elaborado. Sabemos que se uma bola de bilhar em movimento bate em outra que está parada, a primeira para e a segunda se move. Podemos achar que se fôssemos trazidos ao mundo de repente e víssemos uma bola se movendo em direção à outra, poderíamos prever o que aconteceria. Mas Hume diz que tal previsão "teria que ser inteiramente arbitrária", uma vez que os eventos anterior e subsequente são inteiramente distintos. Considerada a situação *a priori*, quaisquer eventos podem ser imaginados como consequência do primeiro e qualquer opção que fizermos seria arbitrária. Por "arbitrária" aqui ele entende uma inferência que não seria racionalmente justificada, mas mera adivinhação sem nenhuma pretensão a "juízo justo". E assim seria, mesmo se adivinhássemos corretamente. Acertaríamos "por acaso" e não teríamos qualquer base racional para a crença formulada. "Então por que dar preferência a uma que não é mais consistente nem concebível que as demais? Todos os nossos juízos *a priori* jamais conseguirão nos mostrar um fundamento para tal preferência" (*EHU*: IV i: 30).

É importante notar que o argumento de Hume é normativo. "Juízo justo", "inteiramente arbitrário", acerto "por acaso" não são expressões descritivas, referindo-se ao contrário a normas de raciocínio aceitável. Hume sustenta que uma pessoa racional não sentiria a obrigação racional de aceitar um argumento *a priori* para uma questão de fato (como a de que ψ ocorrerá depois de ϕ), exigindo ao contrário um argumento baseado na ligação entre ϕ e ψ no passado. Hume diz que a conclusão do argumento geral do empirismo, isto é, (4), é uma generalização, mas uma generalização dos padrões aceitos pelos que refletiram cuidadosamente sobre o assunto, pelos *sábios*, diz ele, e não pelo *vulgo*, onde "sábio" e "vulgo" são termos normativos.

O problema da indução

Há duas questões acerca da causalidade: a base do nosso conhecimento das leis causais e a natureza mesma da causalidade. Examinaremos a primeira nesta seção e a segunda na próxima.

Hume sustenta, como vimos, que as relações causais não podem ser conhecidas *a priori*, uma vez que as leis causais não são relações de ideias. Devem ser conhecidas a partir da experiência. Sabemos que comer pão sempre teve como consequência "nutrição e sustento" e, assim, esperamos que o mesmo aconteça no futuro. Mas não podemos inferir o poder nutritivo secreto do pão a partir de suas qualidades sensíveis, uma vez que não há uma ligação conhecida entre a aparência externa do pão e o seu poder nutritivo. Podemos inferir seu poder causal de nossa experiência de seres humanos que se alimentam quando o comem. Mas isso apenas nos diz a experiência que temos do passado e não por que isso "deveria se estender a oportunidades futuras". Temos duas proposições – comer pão no passado teve como consequência a nutrição e comer pão no futuro terá como consequência a nutrição – e não podemos intuir uma ligação entre elas. Hume pensa que a inferência repousa no princípio segundo o qual "causas semelhantes terão como consequência efeitos semelhantes". Mas essa é, por sua vez, uma questão de fato e, se o empirismo estiver correto, deve se basear na experiência e só podemos fazer isso por suposição, o que é circular. Como diz Hume, "todas as nossas conclusões experimentais se fazem sobre o pressuposto de que o futuro será conforme o passado" e provar isso "tem que ser evidentemente circular e tido como dado, o que é exatamente o ponto em questão" (*EHU*: IV ii: 35-36).

O problema é inferir afirmações universais de informações limitadas. Temos que supor que exemplos não examinados serão semelhantes aos examinados. Podemos chamar isso de *princípio indutivo*. O argumento de Hume é o seguinte:

(1) O princípio indutivo é ou uma relação de ideias ou uma questão de fato.

(2) Não é uma relação de ideias, pois sua negação não constitui contradição.

Logo, (3) É uma questão de fato.

(4) Toda justificação de questões de fato além do presente repousa nesse princípio.

Logo, (5) Ele só pode ser justificado se o supomos verdadeiro, o que é argumento circular.

Logo, (6) Ele não pode ser justificado.

Este problema é conhecido como *o problema da indução* e às vezes chamado de *problema de Hume*. O que fazer? A premissa mais vulnerável é a (4). Por que deveríamos acreditar que todo conhecimento que não é *a priori* repousa na indução? Que de fato parece ter base empírica e por que deveríamos aceitar isso? Infelizmente, não é tão simples assim. A premissa (4) não repousa no empirismo de Hume; é antes o empirismo dele que se baseia na premissa (4). E a razão é que, mesmo se você afirmar que há conhecimento *a priori* da existência real, ainda assim não há como justificar generalizações de questão de fato a partir da experiência sem pressupor aquele princípio. Por conseguinte, a premissa (4) é aceita tanto por empiristas quanto racionalistas. Um racionalista pode argumentar que o princípio é justificado *a priori*, mas isso muda o problema, que passa a ser mostrar simplesmente como ele é justificado *a priori*. Além do mais, diz Hume, o argumento deve ser simples o bastante para uma criança e para quem não é filósofo entender.

Vários pontos devem ser observados sobre o problema. Primeiro, é às vezes considerado uma objeção ao empirismo de Hume. Este, no entanto, acha que o problema não pode ser resolvido e o encara como uma lição central do empirismo. Além do mais, afirma que é um problema para qualquer teoria do conhecimento e desafia os que discordam a apresentar uma solução. Para Hume, o problema mostra que o conhecimento para além do presente repousa numa suposição que não podemos desprezar de modo a "satisfazer a razão". Chama essa conclusão de "dúvida cética". Se leva ou não ao ceticismo, depende do que você entende por "ceticismo". Se você acha que o problema nos obriga a evitar o juízo do passado para o futuro, Hume não é cético, pois pensa que não podemos evitar tais inferências. Se você acha que "ceticismo" é não podermos ter *certeza* de nossas crenças para além do presente, então ele é cético, mas não acha que essa seja uma forma séria de ceticismo. (Como veremos depois, isso é melhor denominado "falibilismo".) Ele é também um cético se você considerar que "ceticismo" significa que o conhecimento não pode se fundar num pressuposto injustificado. Mas Hume não acha que isso implica não haver distinção entre juízo correto e incorreto. Ele acha que o raciocínio justo na vida comum está ligado ao pressuposto de que a indução é confiável (assim como a percepção e a memória). O máximo que admite é um "ceticismo abrandado", que recomenda evitar o dogmatismo e a investigação de assuntos além da nossa compreensão, tais como dar uma justificação não circular de nossas faculdades. Retornaremos a este tópico no capítulo 6.

Em segundo lugar, pode-se pensar que o argumento de Hume só se aplica a inferências de proposições universais e não a juízos de probabilidade. Mas é um equívoco. Se sabemos que 60% dos pacientes com certa enfermidade morrem e inferimos que há 0,6% de probabilidade de determinado paciente morrer, ainda estamos pressupondo o princípio indutivo. Estamos inferindo que como 60% morreram no passado, a mesma porcentagem morrerá no futuro. Isso mostra que qualquer inferência de casos examinados para casos não examinados repousa no princípio indutivo, quer a conclusão seja uma afirmação universal ou de probabilidade.

Em terceiro lugar, pode-se arguir que a prática de Hume refuta suas dúvidas, uma vez que ele continua a agir por indução. Ele diz que isso falseia o propósito da sua questão. "Como agente, fico bem satisfeito com esse ponto; mas como filósofo, que tem certa parte, não digo com o ceticismo, mas com a curiosidade, quero saber o fundamento dessa inferência." Nada que ele leu ou descobriu foi capaz de remover a dificuldade e, se não é possível encontrar uma solução, pelo menos "teremos um senso de nossa ignorância se não aumentamos nosso conhecimento" (*EHU*: IV ii: 38).

A "solução cética" de Hume

A visão positiva de Hume é de que seguimos a indução instintivamente e não porque o intelecto a sanciona. Por conseguinte, o raciocínio indutivo não é afetado por nossa incapacidade de justificá-lo (*EHU*: V i). Quando temos a experiência de eventos ligados, "somos determinados somente pelo costume a esperar um quando aparece o outro". Isso é comum aos animais superiores e é "o grande guia da vida humana". Sem isso, "seríamos inteiramente ignorantes de toda questão de fato para além do que está imediatamente presente à memória ou aos sentidos" e "jamais saberíamos como adequar os meios aos fins" ou como produzir qualquer efeito (*EHU*: V i: 43-45).

Pensa-se por vezes que apelar ao instinto não deixa espaço ao raciocínio e ao controle da crença, mas não é o que acha Hume. Ele faz distinção entre inferências e raciocínios. Uma *inferência* ocorre quando a mente passa automaticamente de uma percepção a outra sem pensamento, ao passo que o *raciocínio* é baseado em premissas e controlado. Nem uma nem outro podem se provar confiáveis por meio do raciocínio, mas isso não significa que princípios e crenças menores não sejam sujeitos a controle por argumentação. Nossa confiança na percepção externa e na memória é também instintiva. Os princípios envolvidos nesses casos são: (i) aquilo em que espontaneamente acreditamos com base na percepção tem alguma probabilidade de ser verdadeiro e (ii) o que aparentemente lembramos tem alguma credibilidade intrínseca (*Tratado*: I iv: 7, 265). Ambos os processos são necessários à indução. Não podemos fazer inferências a partir de exemplos que examinamos a não ser que os tenhamos observado e nos lembremos disso. Ademais, não há como confirmar a confiabilidade da percepção a não ser por mais observação, o que a coloca em questão. Podemos testar a confiabilidade de um dos sentidos apelando a outros, mas somente se pressupomos que aquele sentido é confiável em alguma outra instância. O mesmo é verdadeiro acerca da memória. Não podemos justificar a memória voltando ao passado e confrontando uma crença memorizada a outra. Só podemos confirmá-la naquele caso específico pressupondo-a em algum outro caso.

O principal problema da teoria de Hume é a sua concepção de crença. Ele sustenta que as crenças diferem das ideias imaginadas ou ficções por serem mais nítidas e impositivas. Minha ideia de Gideão é mais nítida quando acredito que ele existe do que quando penso que ele é apenas uma invenção, mas fora isso a ideia é a mesma nos dois casos. Hume usa esse exemplo para explicar como opera o costume. Depois que associamos os dois eventos no caso das bolas de bilhar e temos uma impressão de uma delas movendo-se na direção da outra, nossa ideia do que se seguirá torna-se mais nítida por causa da associação e acreditamos que a bola que se move vai transferir seu movimento à outra.

Isso claramente falha como explicação da crença. Pessoas de grande imaginação podem ter ideias mais nítidas daquilo que imaginam do que daquilo que percebem. A ideia que têm do sol em tempo nublado quando acreditam que ainda é de dia pode ser menos nítida do que a ideia que têm dele quando à noite o imaginam, ainda que não acreditem que seja de dia. Acreditar que o sol está brilhando é aceitar a proposição de que ele está, ao passo que imaginar que ele está é considerar a proposição sem aceitá-la. A ideia é a mesma em ambos os casos; se acreditamos nela ou não, depende da nossa atitude a respeito. Pode ser difícil explicar esse estado mental e em última análise podemos ter que encará-lo como inanalisável, mas a diferença não está na qualidade da ideia, afirma Hume.

Ele foi levado a essa concepção pela dificuldade de explicar a ideia de existência. Locke sustentava que ao acreditar que César existe estamos aprovando um acordo entre a ideia de César e a ideia de existência, isto é, estamos concordando com a proposição de que ele existe. Hume pensa que aí não temos uma ideia de existência separada da ideia de César, mas sim que temos apenas uma ideia, a ideia de César (*Tratado*: I i: 6). Esta é também a única ideia que temos em mente quando pensamos se ele existiu (ou não passa de mera ficção histórica); portanto, a diferença entre acreditar e imaginar deve estar na qualidade da ideia.

Hume pode ter tirado essa ideia de Berkeley. Este, como vimos, sustentava que a diferença entre uma coisa real e uma coisa imaginada é que a ideia de uma coisa real se nos impõe e a de uma coisa imaginada, não. De qualquer forma, a ideia de existência é uma ideia abstrata. Se sustentarmos que todas as ideias são imagens e que não há ideias abstratas, teremos dificuldade em explicar crenças existenciais.

A primeira explicação clara das proposições de existência vem da lógica de C.S. Peirce (1839-1914) e Gottlob Frege (1848-1925) no século XIX. Eles afirmam que a proposição "*F* existe" pode ser analisada como *Alguma coisa é F* ou, de modo equivalente, *Há um F*, ao passo que a proposição "*Fs* não existem" pode ser lida como *Nada é F* ou *Não se dá o caso de alguma coisa ser F*. Acreditar que há *Fs* é aceitar a proposição de que há, ao passo que nos perguntarmos se há é considerar a proposição sem aceitá-la (entretê-la, como se diz). Isso ainda não explica a noção do que é aceitar proposições não explicadas. Uma concepção preliminar útil é de que aceitar uma proposição é estar disposto a usá-la como premissa de raciocínio ou como razão para agir. Isso explica a aceitação em termos de suas consequências para o comportamento, mas não é exatamente uma teoria behaviorista[2]. Considera a crença um estado mental que tem certos efeitos

---

2. *Behaviour*, comportamento [N.T.].

sobre nosso comportamento "lógico" como seres racionais e sobre nosso comportamento explícito enquanto agentes. É preciso mais para torná-la uma teoria aceitável, mas isso é tarefa para a filosofia da mente e para a psicologia. Independente dos detalhes, ela não explica a diferença entre acreditar que César existe e se indagar se ele existe: acreditar é ter uma certa disposição que não temos quando simplesmente consideramos.

> *"Não sou epicurista"*
> Mais tarde na vida, Hume orgulhava-se de suas habilidades culinárias e tinha uma vasta coleção de receitas francesas. Seus jantares eram tão famosos na Escócia que alguém fez um trocadilho dizendo que os *literati* de Edimburgo deviam ser chamados de *eaterati*[3]. Mas Hume sempre insistiu que não era um *gourmet*. Certa vez disse a um amigo: "Você sabe, não sou epicurista, mas apenas um glutão" (MOSSNER, 2001: 560-561).

Hume tem mais sucesso lidando com proposições universais. Ele diz que acreditar que o pão alimenta é associar a ideia de pão à ideia de nutrição, isto é, ter um hábito de associar as duas ideias. Ao contrário de "César existe", onde há apenas uma ideia, temos aí duas ideias distintas que associamos. Assim, se percebemos pão, esperamos nos alimentar se o comermos ou, na linguagem de Hume, a impressão do pão será seguida pela ideia de nutrição. Um exemplo mais simples é "Todos os vinhos borgonha são tintos". Se todos os borgonha que você experimentou eram tintos, você vai acreditar nisso por *indução*. Então, se pedir um borgonha, você espera que lhe sirvam um vinho tinto e se as pessoas na mesa ao lado estiverem bebendo vinho tinto você pode inferir que se trata de um borgonha. No primeiro caso temos uma dedução e no segundo, uma inferência hipotética. Se

---

3. De *eat*, comer [N.T.].

a proposição for causal, *dedução* é uma inferência da causa para o efeito e *hipótese* (ou abdução) é uma inferência do efeito para a causa. A primeira é válida, ao passo que a segunda apenas oferece uma probabilidade de que a hipótese seja verdadeira. O processo psicológico correspondente à dedução e à hipótese pode ser chamado de *sugestão*, ao passo que o processo pelo qual se forma o hábito é a *associação*. Falaremos mais sobre esses três modos de inferência no capítulo 5.

A natureza da causalidade

Hume sustenta que não há ligação necessária entre causa e efeito. Se houvesse, "*A* causa *B*" seria uma relação de ideias e seríamos capazes de dizer pelo exame da causa que o efeito ocorrerá. Mas é sempre possível negar uma sentença causal sem cometer contradição. Considere-se o exemplo das bolas de bilhar. Se houvesse uma ligação necessária entre causa e efeito, poderíamos dizer o que aconteceria simplesmente observando a bola a mover-se em direção à outra parada. Mas não podemos; de modo que a afirmação de que a bola que se move vai parar e transferir o movimento à bola estacionária não pode ser uma relação de ideias e a lei segundo a qual isso acontecerá não pode afirmar uma ligação necessária entre os eventos. Tudo o que sabemos, de acordo com Hume, é que a suposta causa precede o efeito, é contígua a ele e que os eventos ocorrem juntos quando os observamos repetidamente. Ele conclui que a ideia de causa contém apenas estas três ideias: prioridade, sucessão e conjunção, mas não uma conexão necessária. E apresenta duas definições de causa.

C1: "[...] podemos definir uma causa como sendo *um objeto seguido por outro e onde todos os objetos semelhantes ao primeiro são seguidos por objetos semelhantes ao segundo*". Acrescenta que isso significa: "*onde, se o primeiro objeto não tinha existido, o segundo nunca existiu*".

C2: Também podemos definir uma causa como *"um objeto seguido de outro e cujo aparecimento sempre leva o pensamento a esse outro"* (*EHU*: VII ii: 76-77).

C1 reduz a suposta conexão necessária entre causa e efeito a uma ligação constante. C2 explica-a pelo nosso hábito de inferir da causa o efeito quando já experimentos a conexão entre os dois no passado. C1 é a *condição de verdade* de *A* causar *B* e C2 pode ser chamada de *condição de asserção*. C1 nos diz que "*A* causa *B*" é *verdadeiro* quando os eventos estão constantemente ligados e C2 que nós *afirmamos* que *A* causa *B* quando a experiência nos levou a associá-los de tal modo que quando experimentamos uma ocorrência de *A* esperamos que *B* também ocorra.

Hume acha que C2 explica por que pensamos na causalidade como uma forma de necessidade. Depois que um homem viu o que acontece com as bolas de bilhar, ele dirá que os eventos no caso estão conectados. A razão é que "agora ele *sente* que os eventos estão *ligados* na sua imaginação". Quando dizemos que um evento está ligado a outro, "queremos dizer apenas que eles adquiriram uma ligação em nossa imaginação" (*EHU*: VII ii: 76-77). Hume coloca a questão psicologicamente, mas ela também pode ser colocada em termos lógicos. Se associamos pão a nutrição e vemos pão, inferimos que é algo nutritivo e dizemos que *deve* sê-lo. O argumento é o seguinte:

Pão alimenta.

Isto é pão.

Logo, Isto alimenta.

Isto é válido e a conclusão necessariamente se segue às premissas: dadas as premissas, a conclusão *deve* ser verdadeira. A necessidade não é uma conexão entre pão e nutrição, mas entre as premissas e a conclusão. Necessidade reflete o caráter lógico do argumento, mas não uma afirmação de realidade. Experimentamos apenas a constante ligação e "como *sentimos* uma conexão costumeira entre as ideias, transferimos essa sensação aos objetos". Hume acrescenta que nada é mais usual do que "aplicarmos aos corpos externos cada sensação interna que eles ocasionam" (*EHU*: VII ii: 78ss.).

Isso sugere que Hume pensa que a conexão necessária é uma ilusão, mas ele também diz que é a componente central da ideia corriqueira de causalidade e às vezes escreve como se houvesse conexões necessárias na natureza. Várias teorias foram desenvolvidas para explicar essa sua concepção.

A interpretação dominante no século XX foi a de que ele nega completamente a necessidade com base em que não podemos observar qualquer conexão. Temos impressões de eventos, mas não de conexões. Portanto não podemos ter ideia do que seja e deve ser algo sem sentido. Segundo essa interpretação, Hume sustenta que a alegação de uma conexão necessária não pode ser verificada e não tem sentido. Os positivistas lógicos de meados do século XX defendiam essa interpretação e consideravam Hume um dos fundadores do positivismo lógico. Podemos dar ao filósofo assim interpretado o nome de *Velho Hume*.

Mais recentemente, Hume tem sido lido de outro modo, como sustentando que há uma conexão necessária, mas que só podemos conjeturar que existe, sem poder fazer uma ideia clara de sua natureza. Essa leitura coincide com o ressurgimento do realismo no final do século XX, criando o que se tem chamado de *Novo Hume*.

Ambas as interpretações procuram explicar a visão de Hume de que falta conteúdo à Teoria da Conexão Necessária. A primeira sustenta que ela não tem conteúdo algum e é inútil para entender a causalidade, uma vez que é inverificável. A segunda sustenta que ela tem conteúdo suficiente para presumirmos que há uma conexão, ainda que não possamos explicá-la em detalhe. Talvez tenhamos uma ideia relativa dela (como a ideia relativa de Locke para substrato), mas não podemos dar a respeito uma explicação coerente e plenamente satisfatória.

Uma terceira interpretação é a de que Hume rejeita a conexão, como diz a interpretação verificacionista, mas não por ser inverificável. Ao contrário, sua concepção seria a de que postular a conexão é uma não teoria irremediavelmente obscura, porque não podemos explicar como difere da conjunção acidental, por um lado, e de uma relação logicamente necessária, por outro. Ele não a rejeita por razões epistêmicas, isto é, por não podermos observá-la ou conhecê-la, mas por ser metafisicamente inconsistente. Segundo essa visão, Hume afirma que só os particulares existem e que não há nenhuma possibilidade ou necessidade reais nas coisas; as únicas noções modais aceitáveis são a possibilidade lógica e a necessidade lógica, que dependem da convenção e de relações estipuladas entre conceitos. Podemos chamar isto de a interpretação *normalista*.

O princípio da cópia que Hume formula é evidência para a interpretação verificacionista. Ele afirma que toda ideia deve se assemelhar a uma impressão correspondente ou, então, ser uma ideia complexa, que consiste de componentes que se assemelham a impressões. Uma vez que as impressões são percepções forçosas decorrentes da experiência sensória ou da introspecção, palavras que não retratam ideias decorrentes da experiência não têm sentido. Algumas passagens sustentam essa interpretação, mas não são decisivas segundo os intérpretes do Novo Hume. Em escritos posteriores, Hume usa o princípio da cópia como método de esclarecer ideias: se não temos clareza sobre o significado de uma palavra, deveríamos procurar a impressão correspondente. (Recorde-se o uso que faz do exemplo das bolas de bilhar como modelo de relação causal.) Se não há impressão, isso apenas significa que não podemos esclarecer o conceito, não que não exista nenhum conceito em absoluto. O fato de Hume nunca sugerir que não há conceito de Deus, ainda que não possamos verificar sua existência, é também evidência de que ele não é um verificacionista.

Para a interpretação nominalista, pode-se encontrar evidência nos detalhes da discussão de Hume sobre causalidade. Hume argumenta que nossa ideia de poder ou potência (i. é, das possibilidades *de re* ou nas coisas) é relativa como a própria ideia de causa. Um poder ou potência é "a circunstância *desconhecida* de um objeto pela qual o grau ou quantidade de seu efeito é fixado e determinado" e "o efeito é a medida do poder" (*EHU*: VII ii: 77ss.). Em outras palavras, não temos ideia de um poder além do fato de algum aspecto do objeto estar constantemente ligado ao efeito. Se os filósofos "tivessem alguma ideia de poder tal como é em si mesmo, por que não poderiam medi-lo em si mesmo?" O poder causal nutritivo do pão, por exemplo, não é nada mais que o fato de que nos alimentamos quando comemos pão. Não podemos atribuir mais qualquer realidade a ele do que a que se revela nos eventos a ele ligados.

O que é interessante nessa interpretação é que ela tem a mesma consequência da leitura verificacionista, mas em bases diferentes. Se Hume é um nominalista, ele sustenta que falar de conexão necessária é inaceitável, porque é uma teoria sem conteúdo. Pode parecer informativo, mas é uma ilusão. O máximo que podemos dizer sobre a conexão é que é (i) *mais que* uma simples conjunção de eventos e (ii) *menos que* uma conexão logicamente necessária tal como a que se encontra numa relação de ideias. O nominalista sustenta, assim como o positivista, que essa é uma não teoria vazia, mas não devido a nossa incapacidade de verificar a conexão. A falha é teórica, não derivada da falta de conhecimento. Apenas indicamos que a necessidade na natureza não é nem (i) nem (ii) e que a filosofia pede esclarecimento positivo e não por negação. Mas esse debate está em curso atualmente e não pode ser resolvido aqui.

Resumo

Os principais tópicos discutidos neste capítulo:

• A tentativa de Hume de desenvolver no *Tratado* uma ciência da natureza humana.

• A defesa do empirismo na *Investigação sobre o entendimento humano*, de Hume.

• O problema da indução e a afirmação de Hume de que ele não pode ser resolvido.

• A teoria de Hume sobre a causalidade e as três interpretações que lhe dão: a verificacionista, a realista e a nominalista.

À exceção do último tópico, tratam-se de questões epistemológicas. Discutiremos no capítulo 6 se a alegação de Hume de que não podemos justificar a confiabilidade da indução, da percepção e da memória implica ceticismo. No capítulo 7 examinaremos o uso que Hume faz do empirismo para criticar a racionalidade da crença religiosa.

4

Fundamentos e empirismo

O conhecimento empírico tem sido visto tradicionalmente como uma estrutura de teorias e hipóteses assentadas em um fundamento ou alicerce que é fornecedor de dados do mundo. Essa visão é chamada de *fundacionismo*. Este capítulo abordará as principais versões dessa teoria e suas alternativas, além da crítica de Wilfrid Sellars de que as versões tradicionais da teoria repousam num mito.

Fundamentos e suas alternativas

Hume subscreve uma teoria dos fundamentos ou alicerces. Ele diz que nossas crenças nos levam além da memória e dos sentidos, "mas algum fato tem que estar sempre presente aos sentidos ou na memória do qual possamos partir para tirar conclusões". Para aprender sobre eras passadas da história temos que ler livros e inferir um testemunho de outro "até chegarmos às testemunhas oculares, aos que presenciaram esses eventos distantes". Se não chegássemos a algum fato presente aos sentidos, "nossos juízos seriam meras hipóteses e, ainda que se estabelecessem laços específicos", a cadeia de inferências não teria "nada a sustentá-la" e não poderíamos por meio dela "chegar ao conhecimento de nenhuma existência real" (*EHU*: V i: 45-46).

Essa exigência provém dos antigos céticos, que sustentavam haver quatro maneiras possíveis de justificar as crenças. Elas podem repousar:

- em um *fundamento* ou alicerce sem mais justificação, como argumenta Hume;
- em crenças que por sua vez repousam em outras *ad infinitum*, ou seja, a justificação tem que levar a uma *regressão* de razões;
- em outras crenças que são em última instância justificadas pelas crenças originais, o que gera uma situação *circular*;
- em crenças que aceitamos como *pressupostos* ou com base em convenção.

Os céticos pensavam que a primeira alternativa, o fundacionismo, era a única com alguma plausibilidade. A teoria regressiva produz raciocínios "meramente hipotéticos", como diz Hume, e é colocada em questão pelo recurso à justificação circular. Não podemos justificar uma crença com outras crenças que a pressupõem; ninguém que duvide da crença aceitaria um argumento que a pressupõe. Nem podemos justificar crenças com pressupostos que não são eles mesmos justificados. Se as premissas são simplesmente suposições, o argumento permanece hipotético. Apenas mostramos que ele será seguro *se* o pressuposto for verdadeiro, mas não apresentamos evidência de que o pressuposto é verdadeiro.

Tais argumentos favorecem o fundacionismo, mas os céticos afirmavam que este também não pode ser defendido, uma vez que toda proposta para determinar quando uma proposição se justifica em si mesma está aberta a dúvida e pode ser equivocada. O resultado, argumentavam, é que não podemos sustentar adequadamente nenhuma pretensão de conhecimento e devemos evitar qualquer juízo sobre termos algum. Essa visão extrema é o ceticismo, que examinaremos no capítulo 6. Aqui estamos interessados no argumento como moldura para discussão do problema dos fundamentos.

Das alternativas ao fundacionismo, a única que tem grande apoio é a que apela à circularidade, que sustenta que as crenças são em última análise justificadas como parte de um sistema de crenças coerentes ou que se sustentam mutuamente. Um exemplo é o conhecimento de que não estamos sonhando. Uma vez que qualquer teste para mostrar que estamos acordados pode ele mesmo ser parte de um sonho, não podemos provar que estamos acordados. Os defensores da Teoria da Coerência argumentam que podemos saber que não estamos sonhando apenas porque as crenças oníricas não precisam ser coerentes com outras. Acredito que estou trabalhando agora usando o computador e não apenas sonhando com isso (como aconteceu ontem à noite quando tentava *bolar* o que escrever). A razão que apresento é que pareço ver o computador, estou ciente das luzes acesas e vejo as palavras na tela, tudo isso enquanto estou sentado aqui na sala, cercado por livros e ouvindo o chilrear dos pássaros lá fora. Nessa situação, diversas crenças sustentam-se mutuamente, mas nenhuma parece ter qualquer garantia por si mesma. Apenas como grupo é que essas crenças se sustentam. Esse é o argumento da Teoria da Justificação por coerência.

A única forma plausível de teoria regressiva sustenta que a justificação só se exaure porque não temos mais tempo ou paciência para responder aos sofismas e sutilezas dos céticos. O resultado é que a justificação é sem fim, nem circular nem baseada em um fundamento. Isso pode ser defensável, mas recai na Teoria do Pressuposto. Qualquer cadeia de razões que termine arbitrariamente ou por razões não epistêmicas (como nossa impaciência) justifica a conclusão apenas com o pressuposto da razão última e, uma vez que isso é injustificado, temos que concluir mais uma vez que a justificação é "meramente hipotética".

A única tentativa séria de sustentar que enunciados de observação são suposições foi de Karl Popper no início do século XX.

Ele afirmou que enunciados de observação na ciência não podem ser justificados por experiências, pois isso confunde justificação com considerações psicológicas. Só proposições podem justificar crenças. A justificação depende de razões e de relações lógicas entre proposições, não de sentimentos ou sensações. E concluiu que enunciados de observação são aceitos pelos cientistas por convenção. Eles *decidem* aceitar alguns, mas não outros, formando assim a base da nossa aceitação ou rejeição racional de hipóteses na ciência (POPPER, 1968: V, § 25, 29).

Há um problema nas objeções de Popper à justificação das crenças por apelo a estados psicológicos, isto é, ao que chamam de *psicologismo* em lógica, mas ele não diz o bastante sobre a maneira como os cientistas (ou a gente comum) decide aceitar quais enunciados da observação. Se os cientistas decidem quais dados suas teorias devem explicar, é difícil perceber como a ciência difere da teologia ou das ideologias políticas. Não podemos simplesmente aceitar certos enunciados e não outros quando se trata de prover *evidência* para outras afirmações. As crenças devem se basear em fundamentos de autoridade independente de dizermos que têm autoridade. Por conseguinte, a estratégia convencionalista de Popper não dá resposta à questão de Hume.

Examinemos a resposta de Hume. Ele diz que se trata de "uma resposta simples", embora "bem distante" das teorias comuns. "Toda crença em questão de fato ou existência real deriva meramente de algum objeto, presente à memória ou aos sentidos, e numa conjunção costumeira entre esse e algum outro objeto" (*EHU*: V i: 46). Este é o empirismo de Hume. Devemos notar que aí ele não se refere às crenças de um indivíduo em determinado momento do tempo. A justificação baseia-se no que *ele* experimenta no momento e o que lembra de suas experiências passadas ou uma combinação disso com indução. Uma vez que a memória tem que ser de experiências passadas e a indução deve basear-se em exemplos analisados, memória e indução pressupõem experiência, de modo que para Hume o fundamento está na experiência ou percepção. Para usar a sua terminologia, todo conhecimento da realidade deve repousar em impressões. Quando percebo uma maçã, tenho a impressão de um objeto esférico avermelhado, que tomo como evidência de uma maçã e que continua a existir quando não o estou percebendo. Impressões, aqui, podem ser consideradas ideias específicas no sentido de Locke, isto é, imagens, ou, então, como crenças às quais estamos sendo confrontados de certa forma, uma vez que para ele uma crença é apenas uma percepção clara, nítida, e nenhuma percepção é mais nítida que uma impressão. Mas convém distinguir as duas concepções, como fez Locke. Se o fizermos, podemos descrever o processo da aquisição de conhecimento empírico como segue: temos (i) uma ideia ou sensação de um objeto físico, depois (ii) uma crença sobre o caráter dessa ideia e, por fim, (iii) mais uma crença, a crença no objeto físico. Não fica claro se devemos considerar como fundamento a sensação ou a crença sobre ela. Há também questões quanto à natureza da sensação e quanto à alegação de Berkeley de que somos diretamente cônscios do próprio objeto físico ou o inferimos da uma ideia independente dele.

Para esclarecer essas questões convém examinar a Teoria dos Fundamentos que Bertrand Russell lançou em 1912. Russell não é um empirista em sentido estrito (uma vez que afirma termos conhecimento *a priori* de entidades abstratas reais), mas sua Teoria do Conhecimento Empírico pode ser considerada uma elaboração sobre as teorias de Locke, de Hume e, com certas alterações, de Berkeley. Ela também fornece uma base para discutir críticas mais recentes à teoria, feitas por Sellars, e a principal questão que divide as teorias do fundacionismo e da coerência.

Familiaridade, aparência e o dado

Russell diferencia *conhecimento por familiaridade* de *conhecimento por descrição*. Somos familiarizados "com alguma coisa da qual temos consciência direta, sem intermediação de qualquer processo de inferência nem qualquer conhecimento de verdades" e temos apenas conhecimento descritivo de coisas das quais não somos diretamente cônscios (RUSSELL, 1959: 46). Pessoas que viram o papa conhecem-no diretamente, são familiarizados com sua figura; as demais conhecem-no indiretamente através de alguma descrição, por exemplo: "líder espiritual da Igreja Católica". Se o vimos, sabemos diretamente que o papa existe, ficamos familiarizados com sua existência; do contrário, sabemos disso por saber verdadeira alguma proposição do tipo "O líder espiritual da Igreja Católica existe". No primeiro caso, sabemos que ele existe porque o vimos; no segundo, porque conhecemos alguma descrição dele. De modo semelhante, podemos dizer que ficamos familiarizados com a mesa que vemos na sala. Se estamos fora da sala, porém, sabemos que a mesa existe apenas porque sabemos que é verdade que "A mesa na sala ao lado existe".

Esses exemplos pressupõem que percebemos diretamente pessoas e objetos físicos, mas Russell sustenta que aprendemos com a ciência que isso não ocorre. Quando vemos uma mesa de certo ângulo, familiarizamo-nos com uma forma trapezoide amarronzada e, quando a vemos de cima, com uma forma retangular mais clara (RUSSELL, 1959, cap. 1). Trata-se de dados sensoriais distintos, com a mesa propriamente sendo conhecida pela descrição "aquilo que causa esses dados sensoriais". De modo semelhante, aqueles que viram o papa familiarizaram-se com dados sensoriais sobre a figura naquele momento e o conhecem indiretamente como aquilo que causou essas sensações; agora o conhecem como a causa remota dessas imagens lembradas. A razão disso apresentada por Russell decorre da física.

Conhecemos objetos porque ondas de luz produzem imagens na retina e sensações mentais. É com essas imagens ou dados sensoriais que nos familiarizamos. Em linhas gerais é a teoria de Descartes e Locke sobre "existência dupla", segundo a qual temos consciência direta somente de ideias, expressas no entanto na terminologia de dados sensoriais, familiaridade e descrição.

Há ainda outras teorias da percepção. O problema básico da percepção é a natureza da sensação e sua relação com a percepção dos objetos físicos. Às vezes nos equivocamos ao interpretar sensações e às vezes temos sensações sem objetos correspondentes; isto é, as coisas podem não ser o que parecem. A questão é como analisar proposições que descrevem essas aparências. Segue a forma básica de um enunciado de aparência:

(1) O parece F para S.

O é um objeto físico, F é uma propriedade e S é o sujeito que percebe O. Exemplo: "A mesa parece retangular" ou "A maçã parece verde". Há três teorias principais sobre enunciados de aparência: (i) a Teoria do Dado Sensorial; (ii) a Teoria da Aparência; e (iii) a Teoria Adverbial.

(i) A Teoria do Dado Sensorial analisa os enunciados de aparência em termos de dados sensoriais, de modo que (1) é equivalente a (2):

(2) S apreende diretamente de O um dado sensorial F.

De acordo com esse enunciado, se eu percebo a mesa obliquamente, de um dos cantos, apreendo um dado sensorial de forma trapezoide. Isto é, "A mesa parece trapezoide para mim" é analisado como "Estou diretamente apreendendo um dado sensorial da mesa que tem forma trapezoide".

(ii) A Teoria da Aparência considera que (1) expressa uma relação inanalisável entre alguém que percebe, um objeto físico e uma qualidade. Quando olhamos a mesa de certo ângulo, somos diretamente cônscios dela, não de um objeto que se interpõe; é ela que nos parece trapezoide. A aparência está na maneira com que o objeto aparece; não é um dado sensorial que tem a propriedade que se nos aparenta.

Isso apresenta certas vantagens sobre uma teoria do dado sensorial, pois preserva a crença do senso comum de que percebemos diretamente os objetos físicos e não nos compromete com uma teoria da "existência dupla" que Berkeley e outros acham tão ofensiva ao senso comum. Mas também tem dificuldade em explicar ilusões "rasgadas" em que nenhum objeto aparece. Funciona bem com ilusões "ligeiras", como quando a mesa parece trapezoide ou uma folha no caminho parece uma rã, uma vez que nesses casos podemos identificar objetos existentes que nos aparecem. Mas não há objetos existentes nos sonhos, alucinações ou ilusões esquizofrênicas (como as de John Nash no filme *A Beautiful Mind*). Nesses casos, a teoria é levada a afirmar que é um estado mental ou uma imagem que aparece. Quando Nash imaginava o colega de quarto conversando com ele, alguma aberração mental é que parecia conversar com ele. São maneiras de tornar a teoria mais plausível, mas isso levou a uma terceira teoria.

(iii) A Teoria Adverbial interpreta as sensações como *modos de aparecer*. Ela assim analisa o enunciado de aparência (1):

(3) Ocorre a S uma aparência à *maneira de F*.

A propriedade não é tratada como um adjetivo que qualifica um dado sensorial, mas adverbialmente como um modo de aparecer. Fica mais claro se expressamos (3) assim: "Ocorre F-*mente* uma aparência a S". Quando percebemos a mesa, ocorre-nos trapezoidal-*mente* uma aparência; quando se vê a folha que parece uma rã, é uma aparência que ocorre de modo *ranal*. São construções adverbiais esquisitas e gramaticalmente artificiais, mas necessárias para expressar a principal tese dessa teoria, a saber, que uma sensação não é a consciência de um dado sensorial distinto do objeto ou de um objeto efetivo que aparece de certa maneira. O conteúdo da sensação é apenas um modo do ato mental básico de sentir.

Não é necessário optar por uma dessas teorias. Discutir como analisar sensações está na fronteira entre a epistemologia e a filosofia da mente (que é parte da metafísica ou talvez da psicologia). A questão epistêmica importante é a natureza da relação *cognitiva* de sentir. Como normalmente apresentadas, as três teorias consideram o sentir como apreensão direta ou a familiarização de Russell, ou seja, a sensação é conhecimento involuntário imediato e dá margem portanto à justificação do conhecimento empírico.

A teoria de Russell sobre ser apresentado a ou adquirir familiaridade com ajuda a esclarecer isso, uma vez que tem mais a dizer sobre sensações do que os proponentes das outras teorias. De acordo com Russell, os dados sensoriais são os objetos diretos das *sensações*, que são atos de consciência. Ele considera essa terminologia mais clara do que as teorias anteriores, que falam de "ideias" ou "aparências". Examinemos as seguintes proposições:

(1) *S* tem uma sensação de *O*.

(2) *S* é apresentado a um dado sensorial de *O*.

(3) *S* é apresentado a uma ideia de *O*.

(4) *S* é apresentado a uma aparência de *O*.

Russell afirma que (2) é a análise de (1). A proposição (3) é a análise lockeana de (1), onde "ideia" é o objeto da consciência, não a própria consciência. Russell acha que (2) é preferível, pois "ideia" implica que o objeto de uma sensação é uma entidade mental, ao passo que "dado sensorial" é neutro e deixa em aberto o *status* ontológico do dado. Com (2) podemos afirmar que os dados sensoriais são mentais ou que são entidades reais; podemos até afirmar que os objetos físicos são compostos de dados sensoriais sem com isso nos comprometermos com o idealismo de Berkeley. A proposição (4) é a análise kantiana da sensação: seu problema é que "aparência" implica que há *alguma coisa* cuja aparência é apresentada, o que é mais uma questão ainda, segundo Russell. Se usamos a terminologia da aparência, prejulgamos a questão levantada pelo idealismo de Berkeley, ou seja, saber se os objetos físicos são apenas dados sensoriais (mentais, aliás) e se há mais alguma coisa de que são aparência.

Fica claro com isso que Russell quer fazer distinção entre as questões epistêmica e metafísica levantadas pelas sensações. O ponto epistêmico é que uma sensação é uma *forma de conhecimento* de um objeto, ao passo que a condição metafísica desse objeto não é estritamente uma questão epistemológica. Ele sustenta que esse modo de conhecer é direto e existe independentemente de qualquer outro conhecimento ou inferência. Podemos dizer que os objetos conhecidos dessa maneira são *dados* à mente, ao passo que coisas de que temos ciência indiretamente baseiam-se em inferências.

Outro importante aspecto do conhecimento direto de Russell, o conhecimento por apresentação ou familiarização com algo, é que o objeto tem que existir para termos ciência dele. Posso me enganar agora sobre a mesa porque posso estar sonhando, mas não posso me enganar de estar diretamente ciente de dados sensoriais em forma de mesa. Não importa se estou sonhando ou tendo uma alucinação: tenho certeza das minhas sensações e da existência dos meus dados sensoriais. E, por fim, Russell não restringe o conhecimento direto a dados sensoriais: ele acha que também somos apresentados diretamente a universais e relações.

Resumindo, Russell sustenta que (a) sensações são atos de conhecimento direto ou familiaridade com dados sensoriais, que (b) para ser apresentada diretamente a um objeto nossa consciência não deve se apoiar em nenhuma inferência ou outro conhecimento e que, por fim, (c) o objeto do conhecimento direto tem que ser real.

O fundacionismo de Russell baseia-se nessa teoria. Ele diz que juízos percentuais são conhecidos com base na familiaridade ou apresentação direta a dados sensoriais. Sei que há uma mesa à minha frente porque (i) sou apresentado a um dado marrom em forma trapezoidal e, com base nisso, (ii) sei diretamente que esse dado sensorial é marrom e trapezoide. Então, recorrendo a crenças memorizadas e um histórico de generalizações, infiro que (iii) há uma mesa aqui. O fundamento não são atos de apresentação direta, mas crenças sobre dados sensoriais como (ii). Quando sou apresentado a um dado, posso ler nele suas propriedades por inspeção (sem inferência). Essas proposições são conhecidas por intuição e são as *premissas básicas* nas quais se baseia todo conhecimento empírico. Podemos dizer que o fundamento está nas sensações, mas Russell prefere dizer que ele está nas premissas que lemos nelas, uma vez que o fundamento é o ponto do qual se tiram razões, devendo ser expresso em proposições. E, embora Russell não seja um empirista, pode-se ver a sua teoria como um esclarecimento da teoria de Locke e de Hume sobre os fundamentos do conhecimento empírico.

O Mito do Dado

O principal problema das três concepções (a Teoria do Dado Sensorial, a Teoria da Aparência e a Teoria Adverbial) é sua afirmação de que a consciência de dados ou ideias é independente da inferência ou outro conhecimento, isto é, a afirmação de que eles são *dados* à mente. Nesta seção examinaremos a acusação de Sellars de que isso é um mito e na seguinte, sua crítica a uma teoria alternativa dos fundamentos baseada na confiabilidade e a sua defesa de uma teoria da coerência.

Sellars sustenta que os estados mentais, para serem *dados*, têm que ser *não inferenciais* e *sem pressupostos* (SELLARS, 1963, § VIII: 32). Estados não inferenciais ocorrem espontaneamente, não são resultado de raciocínio *consciente*. Estados sem pressupostos não pressupõem crenças, conhecimento ou aprendizado prévios. Ele concorda que nesse sentido as sensações não são inferenciais, mas nega que isso mostre que não se baseiam em processos inferenciais subconscientes. A Teoria do Dado aceita o seguinte argumento:

(1) Há em nós uma capacidade inata de termos consciência de algo, por exemplo, de coisas que são vermelhas ou triangulares.

(2) Essa capacidade é acionada pela experiência, mas não moldada por ela.

Logo, (3) Essa consciência não depende de processamento subconsciente e, portanto, não tem pressupostos.

A premissa (1) afirma que temos disposições inatas para reconhecer qualidades e que (2) essas disposições não têm que ser moldadas pela experiência. O único papel desempenhado pela experiência é apresentar a oportunidade para que ocorra o reconhecimento. Sellars aceita (1), mas rejeita (2). Temos disposições cognitivas inatas, mas elas devem ser estruturadas pela experiência e a educação para serem ativadas.

Essa controvérsia é similar à que ocorre sobre o inatismo. As ideias inatas de Descartes são ideias abstratas, tais como as de perfeição e infinito, ou ideias de entidades não observáveis, tais como Deus. Ele nega que sejam adquiridas por abstração da experiência sensória ou introspecção e que, portanto, são inatas. A Teoria do Dado afirma que temos uma faculdade inata de reconhecer objetos físicos e nossos estados mentais que é ativada ou desencadeada pela experiência, mas não moldada por ela. Nos dois casos a questão é saber se a mente tem habilidades que não decorrem da natureza e da experiência, tendo que ser implantadas em nós por agente sobrenatural.

> *O dado para Price e Sellars*
>
> [...] quando digo que [algo] está "diretamente" presente a minha consciência, quero dizer que minha consciência disso não é obtida por inferência nem por um processo intelectual como a abstração ou indução intuitiva ou outro processo intelectual qualquer que vai do signo ao significado. Obviamente deve haver algum tipo de presença na consciência que pode nesse sentido ser chamada de "direta", do contrário teríamos um infinito retorno (PRICE, 1950: 3).
>
> [...] há várias formas assumidas pelo Mito do Dado em relação a isso, dependendo de outras convicções filosóficas. Mas todas têm em comum a ideia de que determinados *tipos* de consciência – e por "tipos" tenho em mente, antes de mais nada, certas repetições sensórias – são uma característica primordial, não problemática, da "experiência imediata" (SELLARS, 1963: 26).

Sellars tem dois argumentos contra a capacidade cognitiva inata. O primeiro baseia-se na distinção entre sensações como estímulos físicos e como estados cognitivos. Nossos sentidos são com frequência estimulados por objetos físicos dos quais não somos cônscios. Quando olhamos ao redor do quarto, temos estímulos de todos os objetos ali, mesmo que não os notemos. De modo semelhante, quando andamos por um centro comercial, "vemos" pessoas e vitrines que a consciência não registra. Estamos constantemente recebendo informações do ambiente que não conseguem prender nossa atenção, mas na maioria essas sensações não são cognitivas. Sellars argumenta que uma condição necessária para se ter sensações no sentido consciente é que tenhamos os conceitos adequados. Uma criança que não sabe o que é um relógio de parede não o registrará conscientemente, embora possa ter consciência de uma coisa redonda na parede se tiver os conceitos de redondo e de parede.

De acordo com Sellars, a doutrina do dado escorrega entre esses dois sentidos de "sensação". Claramente temos uma capacidade inata para ter *estimulações físicas* do ambiente, mas não está claro se podemos ou não reconhecer cores e formas sem aquisição e experiência prévias. Para ter sensações *cognitivas* nós precisamos ter os conceitos adequados e não há razão para pensar que estes são inatos e não adquiridos. Para ter uma sensação (cognitiva) de um objeto O, o sujeito S tem que ter consciência de O como detentor de alguma qualidade, o que requer que ele tenha o conceito dessa qualidade.

Tal argumento pressupõe que (i) a consciência é sempre conceitual e que (ii) todos os conceitos são adquiridos por experiência. Os defensores do dado geralmente negam (i). A teoria de Russell sobre conhecimento por apresentação ou familiaridade é uma clássica ilustração disso. Ele acha que podemos ter consciência de uma mancha vermelha sem qualquer experiência anterior e, mais, que essa é a maneira pela qual adquirimos o conceito de vermelho. O dado vermelho é diretamente presente e notamos que é vermelho; nenhuma aquisição prévia ou associação se faz necessária. Podemos então julgar que o objeto externo é vermelho. A concepção de Sellars baseia-se na perspectiva de que toda cognição repousa no julgamento. Ser cônscio de alguma coisa é ter consciência dela enquanto submetida a um predicado ou conceito geral. Se isso for correto, não podemos ser cônscios de uma mancha vermelha sem ter consciência dela como vermelha (ou de qualquer outra cor) e, portanto, não podemos adquirir o conceito de vermelho a partir dessa consciência.

Um problema aí é que Sellars pressupõe que o pensamento conceitual (incluindo a crença, o reconhecimento e a consciência) depende da linguagem, o que implica que criaturas sem linguagem não podem ter crenças nem pensar. Pode ser que seja esse o caso, mas não podemos simplesmente supor que seja. Os animais não parecem ser capazes de elaborar argumentos ou ter ideias abstratas, mas ainda assim podem pensar. Os requisitos mínimos para um ser pensante são (i) a capacidade de indicar ou referir objetos e (ii) a capacidade de reconhecer semelhanças, isto é, de discriminar indivíduos e eventos e de classificá-los com outros indivíduos. E alguns animais podem ter essas capacidades ainda que careçam de linguagem. (Considerem, p. ex., como os mamíferos superiores respondem ao perigo.) Pelo menos não podemos descartar isso *a priori*.

Há, porém, um argumento melhor para a visão de Sellars. A principal evidência do dado é a introspecção: quando sentimos um dado vermelho, ele parece ser diretamente percebido de uma maneira que não pressupõe outros estados mentais. Quando uma maçã nos parece vermelha ou o fogo quente, temos uma experiência que parece conter-se em si mesma, com dados diretamente presentes. Isso é bem verdade, mas só mostra que o conteúdo de uma sensação não é resultado de raciocínio *consciente*, o que Sellars admite; não mostra que não tenha pressupostos nem resulte de sugestão subconsciente e inferência. A introspecção, com efeito, restringe-se ao presente e não pode mostrar nada acerca da antiguidade de uma consciência sobre algo. Tudo o que sabemos é sua condição presente. Em segundo lugar, a psicologia mostra que a maioria dos conceitos é baseada em associações nos estágios iniciais, ainda que não tenhamos consciência delas. Por exemplo, temos que aprender a associar dados visuais e táteis para perceber tridimensionalmente, como argumentou Berkeley. A visão que temos de nós mesmos é de que somos observadores independentes e autônomos da nossa experiência, mas isso não significa que a consciência não repouse em experiência prévia.

John Stuart Mill (1806-1873) apresentou um argumento semelhante no século XIX. Ele distingue em psicologia os métodos *introspectivo* e *psicológico* (*Exame*: cap. IX). O método introspectivo considera dados básicos aquilo de que temos consciência como adultos e evita hipóteses sobre estados mentais, tomando os dados introspectivos pelo que parecem e construindo a partir daí. Como disse um contemporâneo de Stuart Mill, "[a] consciência é para o filósofo o que a Bíblia é para o teólogo" (HAMILTON, 1877: 52), isto é, o estudo da mente. Ele queria dizer que devemos encarar a nossa vida mental da mesma maneira que os teólogos encaram a Bíblia: sem examiná-la criticamente. Mill acha que essa é uma abordagem equivocada. A mente tem que ser estudada como extensão de nossas vidas enquanto animais e examinada criticamente por hipóteses da mesma maneira que a física explica os dados observáveis. Esse é o método psicológico.

Pondo de lado essas questões, também não está claro que a introspecção seja suporte para a Teoria do Dado. Supõe-se que as aparências e dados sensoriais descrevem as qualidades dadas das experiências, aquilo que nos "parecem", como as "sentimos", e não a maneira como as interpretamos à luz de associações anteriores. Mas há também enunciados de aparência que têm um forte componente de crença. São as aparências *doxásticas*, que contrastam com as aparências *fenomênicas*. Examinemos o seguinte:

(1) A maçã parece vermelha.

(2) O vestido parece caro.

(3) O incesto parecia aceitável aos egípcios.

(4) Os Yankees parecem a equipe a ser vencida.

A aparência vermelha de uma maçã é um aspecto fenomênico dela e nos parece diretamente presente. Mas "parece" não ter esse significado nas outras sentenças. Em (2) significa que sou *inclinado a crer* que o vestido é caro. Em (3) significa que os egípcios *acreditavam* que o incesto era aceitável. E em (4) indica que a evidência aponta os Yankees como o time a ser vencido. A prova de que são significados diferentes é que os enunciados não podem ser feitos usando-se terminologia de dados sensoriais. Pode ser plausível formular assim o enunciado (1): "O dado sensorial da maçã é vermelho". Mas não faz sentido formular o enunciado (2) da mesma forma: "O dado sensorial do vestido é caro". Dados sensoriais não podem ser caros, eles só podem ser qualidades sensíveis como cor e forma. Comentários semelhantes aplicam-se a (3) e (4).

A Teoria do Dado sustenta que apenas aparências fenomênicas são dadas ou presentes diretamente. Aparências doxásticas pressupõem experiência prévia, uma vez que os conceitos de ser caro e de time a ser vencido não se podem adquirir por apresentação. O mesmo pode ser dito do conceito de aceitação moral no enunciado (3). Só uma gama limitada de qualidades é dada na experiência sensorial, tais como cor, sabor, cheiro, tamanho, forma e temperatura. As outras são interpretações doxásticas e têm que ser aprendidas, adquiridas.

O problema é que essa distinção não é tão nítida quanto requer a teoria. A teoria sustenta que um vestido não pode literalmente parecer caro, pois isso pressupõe outro conhecimento. Mas um vestido caro pode de fato parecer caro da mesma maneira que parece branco, ainda que isso se baseie em associação. Afirmar que ele não pode parecer caro e que se trata apenas de uma crença é interpretar mal a experiência.

Um exemplo menos controvertido é o que segue. Experientes apreciadores dessa bebida podem muitas vezes dizer, pelo sabor, de que região é determinado vinho. Um Bordeaux pode ter sabor de Saint Emilion ou de Medoc. Dizer que um vinho parece

Saint Emilion ou Medoc não é meramente uma questão de crença, embora esses vinhos possam inspirar crenças. Os sabores são diferentes, ainda que aprendamos a distingui-los por experiência. A introspecção não consegue nos dizer que eles não têm pressupostos e temos que recorrer ao método psicológico de Stuart Mill para descobrir que pressupõem outra experiência. De modo similar, compositores diferentes fazem música em geral com sons fenomênicos distintos. Mozart soa diferente de Beethoven e de Wagner, ainda que isso não seja discernível para ouvintes sem experiência de música clássica.

O problema com a doutrina do dado é sustentar que apenas uma pequena gama de qualidades pode se apresentar a nós fenomenicamente: cor, forma, gosto, temperatura, aspecto tátil e cheiro. Estas são qualidades adquiridas por apresentação e todas as outras são conhecidas por descrição. Só há qualidades sem pressupostos em dados sensoriais. Mas não é o que nos diz a introspecção. As qualidades associativas também parecem não ter pressupostos quando obviamente têm. Isso sugere que a teoria é apenas outra hipótese psicológica sobre a condição das qualidades sensoriais e, sem uma clara distinção introspectiva a apoiá-la, nada mais que um dogma... ou um mito. O caso mais provável é que *todas* as qualidades se baseiam no aprendizado e na experiência, como afirma Sellars.

Confiabilidade e a Teoria da Coerência de Sellars

Supõe-se por vezes que rejeitar o dado implica uma rejeição do fundacionismo. Embora Sellars ache que em última instância isso está correto, ele também sugere uma maneira de defender a Teoria dos Fundamentos sem o dado. É o que geralmente se chama de *confiabilismo*. Vejamos como ele explica isso e examinemos depois a sua Teoria da Coerência da Justificação.

Confiabilismo e fundamentos

Um dos problemas que defrontam uma teoria da coerência é que ela não permite uma conexão entre as crenças e o mundo. Se a justificação depende apenas de relações inferenciais entre crenças, o sistema parece não ter ligação com a realidade e não pode provavelmente dar conhecimento dela.

Sellars tem uma resposta para isso. Ele sustenta que, mesmo se a justificação repousar apenas na coerência, há ainda uma relação causal entre nossas crenças e o mundo. Se temos os conceitos necessários e somos capazes de reconhecer qualidades observáveis, os estímulos físicos vão fazer com que, sob condições favoráveis, tenhamos crenças espontâneas. São interpretações baseadas em associações, mas não envolvem raciocínio consciente. Há pois um fundamento psicológico para o conhecimento empírico. Premissas de observação não são pressupostos ou resultado de acordo, mas impõem-se a nós. E mais: embora justificá-las possa levar a retorno ou circularidade, continuam sendo um claro ponto de partida para outras inferências.

Sellars diz que adultos normais têm a capacidade de reconhecer cores e formas e mesmo se vestidos são caros ou se a música é ou não de Mozart. Suas crenças são indicadores confiáveis do que os cerca. Uma condição mínima para a frase "Isto é verde" ter autoridade epistêmica é que algum enunciado do tipo *X é um sintoma confiável de Y* seja verdadeiro de quem a disse, ou seja, a pessoa deve ser um guia confiável das cores das coisas. Isso sugere o seguinte princípio epistêmico:

> Se S é um juiz confiável das cores em condições padrão, suas crenças espontâneas sobre as cores dos objetos ao redor traduzem a verdade e têm garantia.

Há várias maneiras de colocar isso. Uma pessoa de percepção confiável é análoga a um termômetro confiável ou, de maneira mais geral, um *medidor confiável*. Ela nos dá informação acurada sobre o mundo, assim como um termômetro nos dá sobre a temperatura. Podemos também dizer que ela é uma *fonte de evidência* sobre o mundo. Para ter a capacidade de medir o ambiente, um ser cognitivo deve adquirir um mecanismo cuja alimentação são estímulos físicos e cuja produção são crenças. Se uma proporção significativa dessa produção for verdadeira, a pessoa é uma fonte confiável de evidência sobre o mundo e suas crenças espontâneas podem servir de premissas para outras crenças.

Sellars chama isto de "a visão do termômetro" e a rejeita, mas ela é também uma alternativa confiabilista à Teoria do Dado. A teoria afirma que crenças que resultam da estimulação de mecanismos perceptivos confiáveis têm alguma credibilidade e oferecem um insumo epistêmico para o resto das nossas crenças empíricas.

A Teoria dos Fundamentos tem duas vantagens. Primeiro, ela explica o sentido no qual percebemos diretamente os objetos físicos. O estímulo dos órgãos sensoriais desencadeia um processo que causa produção cognitiva sob a forma de uma crença acerca do objeto. Uma vez que esse é o primeiro passo cognitivo no processo, podemos dar um sentido claro à afirmação de que percebemos os objetos físicos imediatamente. Há outros passos no processo, mas do lado físico não cognitivo. Em segundo lugar, a teoria não intelectualiza demais a percepção fazendo parecer que estamos constantemente a ler informes de observações dos dados sensoriais. Uma melhor descrição da percepção é a de que somos processadores inconscientes de informação, recebendo dados e produzindo estados mentais que são premissas para inferência e razões para a ação. Isso torna a percepção humana contínua com a percepção animal. Os animais superiores não têm linguagem, mas mesmo assim podem ter crenças a partir da percepção que influenciam seu comportamento. O resultado é uma concepção naturalista da percepção.

A defesa da Teoria da Coerência por Sellars

Embora seja um fundador do confiabilismo, Sellars não aceita a teoria. Ele acha que os seres humanos não são meros medidores e usa ironicamente a expressão "visão de termômetro". Para ter crenças e evidência, a pessoa deve ser mais que um medidor do ambiente, deve também ser capaz de fazer inferências, ter conceitos e decidir entre crenças opostas – capacidades que para Sellars só se podem adquirir aprendendo uma língua, isto é, aprendendo a fazer o que ele chama de conexões palavra-palavra além de conexões palavra-mundo. Mais, é preciso ser capaz de refletir sobre as próprias capacidades e avaliá-las. Isso leva-o além de uma teoria dos fundamentos, para uma teoria da coerência.

A Teoria do Termômetro (ou seja, o confiabilismo) que examinamos sustenta duas teses:

(i) A percepção não é inferencial, mas não se autentica por si nem dispensa pressupostos.

(ii) Ser confiável é suficiente para dar autoridade epistêmica a crenças da percepção.

A primeira tese é uma rejeição do dado e a segunda faz das crenças da percepção a base última do conhecimento empírico. Sellars argumenta que (ii) é falsa. A autoridade da percepção não pode decorrer unicamente de sermos confiáveis nisso. Temos também que ter consciência de que o somos, isto é, ser capazes de refletir sobre nossas capacidades e *mostrar* que elas são confiáveis. Para isso temos que ter uma visão de nós mesmos e de nossa relação com o ambiente, o que implica que a base última do conhecimento é a coerência.

A razão apresentada por Sellars é que só podemos avaliar uma capacidade de percepção recorrendo à percepção. O procedimento padrão seria investigar os juízos que a própria pessoa faz e compará-los com a realidade. Mas, se o empirismo estiver certo, a única maneira de obter informação sobre a realidade é pela percepção. Isso significa que só podemos avaliar um mecanismo da percepção pressupondo que a percepção é confiável. Para ser um juiz confiável de fatos de tipo T, todos ou a maioria dos nossos juízos de percepção sobre fatos de tipo T devem ser verdadeiros; mas só podemos saber isso através da percepção. Daí que só podemos avaliar essa capacidade supondo-a, o que é andar em círculo. Sellars acha que isso obriga a uma teoria da coerência. Só justificamos crenças quando temos um grande número delas e vemos que formam um sistema coerente. Até chegar aí somos termômetros. Outros podem usar-nos como fontes confiáveis de informação sobre o mundo se souberem que somos confiáveis, mas nossas crenças não são justificadas enquanto nós mesmos não percebermos isso. Quando as crenças se mostram coerentes, adquirem todas em conjunto condição epistêmica positiva.

A obra de Sellars teve larga influência. Primeiro, sua crítica do dado levou ao virtual desaparecimento das teorias tradicionais dos fundamentos, tais como a de Russell, e gerou diversas teorias *confiabilistas*. Segundo, sua teoria positiva reavivou o interesse nas teorias da coerência que Russell e outros haviam rejeitado no começo do século XX. Terceiro, deslocou a epistemologia do estudo dos dados sensoriais e da natureza da sensação para questões sobre as fontes da evidência e a natureza da confiabilidade. Não podemos abordar aqui os intrincados meandros desses debates, mas uma discussão da questão básica entre as teorias do fundamento e da coerência pode servir de introdução ao tema.

Fundamentos e coerência

Tentemos estabelecer de modo mais preciso a diferença entre a Teoria dos Fundamentos e a Teoria da Coerência. O fundacionismo é por vezes tido como que exigindo que as premissas básicas do conhecimento devem ser absolutamente certas ou irretocáveis, mas isso é um exagero. Sua tese principal é que não basta a coerência para justificar as crenças; algumas crenças devem ter a garantia que decorre da experiência e não de outras proposições. As partes de um romance podem estar amarradas de forma perfeita e mesmo assim o resultado não passa de ficção, não nos dizendo coisa alguma sobre o mundo, ao passo que uma obra de história costura um enredo baseado em fatos que se estabelecem de modo independente. Outra concepção equivocada é a de que uma teoria dos fundamentos não dá qualquer papel à coerência no conhecimento empírico, com as proposições sendo justificadas unicamente por sua relação com as proposições básicas. Versões mais sofisticadas sustentam que o conhecimento é um sistema de crenças justificado por premissas básicas *e* suas relações internas.

Isso sugere que uma teoria mínima dos fundamentos sustenta que algumas crenças são garantidas por sua relação com a experiência, independentemente das relações com outras crenças. Tradicionalmente as premissas básicas foram consideradas enunciados de aparência (ou de dado sensorial) dos quais decorrem proposições de percepção sobre objetos físicos tais como "Lá está o carro" ou "Vejo João ao lado da árvore", mas para simplificar podemos considerar básicos os enunciados sobre objetos físicos. Uma teoria sustenta que uma crença de percepção é justificada se tivermos uma experiência adequada. Suponhamos que eu ouça o que acho ser o ônibus escolar lá fora na rua. Estaria justificado se fosse sábado e eu sei que não há aulas nos fins de semana ou se eu fosse incapaz de distinguir entre o barulho de um ônibus e o de um caminhão de entrega. A justificação é *prima facie* porque pode ser sobrepujada por contraevidência ou se eu não puder fazer discriminações precisas o bastante nas experiências. A questão central do ponto de vista do fundacionismo é que minha capacidade de interpretar a experiência na ausência de evidência sobrepujante ou decisiva é *suficiente* para a crença ser justificada; eu também não tenho que ter evidência de que sou confiável, como argumenta Sellars. Uma teoria dos fundamentos ainda mais fraca sustenta que ser um intérprete confiável da experiência não produz crenças justificadas, mas apenas *alguma* garantia, que deve ser suplementada pela coerência com outras crenças para se tornar plenamente justificada. Ambas as teorias são fundacionistas, uma vez que negam que a coerência possa por si só fornecer evidência, algumas crenças precisando de garantia derivada da própria experiência.

Podemos dizer, à luz disso, que uma teoria mínima dos fundamentos sustenta que algumas crenças têm credibilidade ou garantia inicial independentemente de suas relações com outras proposições, enquanto uma teoria da coerência nega isso e alega que só a coerência é capaz de explicar a evidência. Podemos também distinguir duas amplas categorias gerais de teorias dos fundamentos: as que baseiam a credibilidade inicial em alguns fatos que nos são dados e as que baseiam essa credibilidade em mecanismos de percepção confiáveis. Ponhamos de lado as teorias que se baseiam no dado e nos concentremos nas teorias baseadas na confiabilidade e na coerência (cf. ponto-chave "Uma classificação das teorias").

Essas teorias oferecem diferentes concepções do conhecimento empírico. Os fundacionistas sustentam que ele é uma estrutura que repousa sobre uma base de proposições que tira autoridade epistêmica da capacidade do conhecedor de mensurar o ambiente, ao passo que os adeptos da coerência afirmam que ele é um sistema de proposições que dão suporte umas às outras de modo que as partes integrantes adquirem garantia como grupo e não individualmente. Diz-se por vezes que o fundacionista só reconhece sequências *lineares* de justificação passíveis de rastrear até as premissas básicas que forneceram o ingresso epistêmico, ao passo que o adepto da coerência acha que a justificação é *holística* e funciona como que por saltos quantitativos, isto é, uma hora nenhum elemento do conjunto tem garantia, mas depois cada elemento tem.

A principal dificuldade da Teoria da Coerência é essa noção de justificação holística. Se nenhuma crença tem justificação individualmente, como é que um conjunto de crenças adquire justificação de repente? A teoria diz que isso acontece, mas não diz como, o que permanece um mistério. É o mesmo que dizer que, se colecionar um número suficiente de caixas vazias de doces, você terá de repente alguns doces em cada uma delas. Falar em justificação holística é apenas acenar com uma explicação. A Teoria dos Fundamentos, por outro lado, pode explicar a justificação linear. Ela sustenta que, quando você se torna um leitor confiável de certo tipo de fatos, suas crenças espontâneas sobre eles tornam-se inicialmente críveis. Algum estado do mundo estimula os órgãos sensoriais e uma crença se forma porque você tem a capacidade de interpretar fatos desse tipo. Daí há alguma probabilidade de que a crença é verdadeira e tem uma garantia que pode passar a outras crenças. Apesar de vaga, essa explicação faz um relato inteligível de como obtemos informação epistêmica do mundo, o que não acontece com a justificação não linear dos teóricos da coerência.

A Teoria dos Fundamentos, como dissemos, ainda confere um importante papel à coerência. Uma vez possuído um conjunto de crenças críveis, a coerência então assume e leva algumas delas a um nível mais elevado. Suponhamos, por exemplo, que meu índice de sucesso em localizar tordos a média distância e sob boas condições de luminosidade seja de 0,3. É uma confiabilidade muito baixa, pois significa que a crença de que há um tordo na relva em dado momento tem uma chance menos que razoável de ser verdadeira. Mas se eu observar por cinco segundos e chegar quatro vezes à conclusão de que há um tordo lá, a chance de que uma dessas conclusões seja verdadeira aumenta para cerca de 0,75 e se eu olhar o dobro de tempo a chance aumenta para 0,87. (O cálculo é o seguinte: a chance de que uma crença seja falsa é de 1 − 0,3 = 0,7. A chance de que todas as quatro crenças sejam falsas é de 0,7 x 0,7 x 0,7 x 0,7 ou aproximadamente 0,25. Daí a chance de que pelo menos uma delas seja verdadeira é de cerca de 0,75.) Ainda que pequena a probabilidade de qualquer uma das crenças ser verdadeira, o processamento contínuo de informações rapidamente produz crenças que são altamente prováveis. E daí a coerência e as relações inferenciais entre crenças assumem o comando e produzem crenças com níveis de credibilidade mais elevados.

Em segundo lugar, essa teoria é consistente com a afirmação de que a justificação em níveis mais elevados depende de outras crenças (justificadas) e de nossa capacidade de apresentar argumentos. É uma *teoria da confiabilidade com base na percepção* e não nos obriga a versões mais comuns do confiabilismo que sustentam que toda justificação se baseia em mecanismos confiáveis, não importa quão distantes as crenças estejam dos fundamentos. Essas teorias da confiabilidade podem ser defensáveis, mas nunca fica claro como alguém pode ser justificado ao aceitar por um mecanismo confiável uma crença teórica como a Teoria Física do *Big-bang*. Mas essas questões estão além da controvérsia entre as teorias da justificação com base nos fundamentos ou na coerência.

O principal problema que enfrenta o confiabilismo é que a condição epistêmica das crenças por percepção depende de uma circunstância externa ao crente. Ele pode ter crenças críveis, mas sem consciência disso, pois depende para tê-las de ser um medidor confiável, mas não de estar cônscio disso. Nem pode checar a percepção para verificar sua confiabilidade, pois a única maneira de dizer que uma crença anterior é verdadeira é examiná-la de novo. Isso não é problema se pressupomos outras capacidades cognitivas. Uma pessoa que está aprendendo a identificar pássaros pode descobrir que está adquirindo essa habilidade consultando um guia com imagens e descrições de aves. Nesse caso, está aprendendo uma capacidade especializada de perceber contra um pano de fundo de outras capacidades de percepção. (As crianças aprendem a perceber dessa maneira, sendo corrigidas pelos pais e experimentando por conta própria.) Mas isso não funciona em nível global. Não podemos aprender pela percepção que somos medidores confiáveis do ambiente quando a questão é a confiabilidade da própria percepção. Por conseguinte, a confiabilidade da percepção é uma condição externa que não podemos justificar de maneira não circular. Isso é análogo ao problema da indução em Hume e gera uma questão similar para a memória. Quer dizer, o conhecimento empírico apoia-se em pressupostos de confiabilidade que não podemos descartar de modo não circular. Mesmo que tenhamos um fundamento para crenças empíricas sobre coisas específicas, os próprios princípios epistêmicos não podem ser justificados e eis-nos de novo ante o argumento cético do retorno. *Externalismo* é um nome útil para teorias segundo as quais o conhecimento pode ser efetivo mesmo que se apoie em condições que o conhecedor não pode justificar, enquanto *internalismo* designa as que exigem que se tenha alguma razão para crer que essas condições se explicam. Voltaremos a isso no capítulo 6.

Essa confiança em condições não justificadas pode ser o que Sellars tinha em mente quando chamou de Teoria do Termômetro o apelo à confiabilidade sem uma justificação por trás. Ela reduz os conhecedores a medidores que podem monitorar fatos no mundo, mas não podem saber que estão tendo sucesso. Se esse é o ponto-final da questão, o conhecimento não passa de uma sombra do que supomos, pois é relativo a condições que não

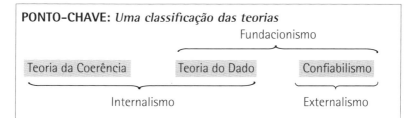

> **PONTO-CHAVE:** *Uma classificação das teorias*
>
> - *Fundacionismo*: Algumas crenças têm credibilidade independentemente de todas as outras crenças.
> - *Teoria da Coerência*: Nenhuma crença tem tal credibilidade.
> - *Externalismo*: O conhecimento baseia-se em pressupostos que não podemos justificar.
> - *Internalismo*: O conhecimento não pode apoiar-se em tais pressupostos.
>
> As teorias da coerência e dos fundamentos excluem-se mutuamente, mas o fundacionismo inclui a Teoria do Dado e o confiabilismo.
>
> O internalismo e o externalismo excluem-se mutuamente, mas tanto a Teoria da Coerência quanto a Teoria do Dado são versões do internalismo, ao passo que o confiabilismo é uma teoria externalista.

podemos provar que entendemos. Não importa quão cuidadosos sejamos, podemos terminar na situação da galinha de Russell, que confia por indução no dono da granja e acaba na mesa de jantar (RUSSELL, 1959, cap. 6).

Alguns críticos acharam isso intolerável e buscaram refúgio na coerência. Bonjour argumenta que essa confiança externalista viola um dos requisitos tradicionais da crença justificada (BONJOUR, 2000: 267). Os filósofos têm sustentado que a justificação deve (i) conduzir à verdade e (ii) ser defensável. O confiabilismo reconhece (i), mas rompe com a tradição no tocante a (ii). Infelizmente, esse não é um argumento persuasivo contra o confiabilismo, uma vez que seu adepto acha que há razões positivas para se opor à tradição. A objeção, no entanto, também se equivoca sobre a visão tradicional de justificação. Além de (i) e (ii), a noção tradicional requer que (iii) ela não seja circular. A

Teoria Confiabilista dos Fundamentos opta por (i) e (iii) e rejeita (ii), ao passo que a Teoria da Coerência aceita (i) e (ii) e rejeita (iii). Assim, o apelo à tradição é inconclusivo. Não podemos prosseguir nesse debate agora, mas teremos mais a dizer sobre o requisito da defensibilidade no capítulo 6.

Resumo

Neste capítulo discutimos:

• O argumento cético de que a justificação das crenças ou apoia-se num fundamento ou é circular ou conduz a um retorno ou repousa em premissas tomadas como pressupostos.

• A Teoria do Dado e sua relação com o conhecimento por apresentação de Russell e a crítica de Sellars de que ela é um mito.

• Os méritos do confiabilismo na percepção como alternativa.

• A controvérsia entre as teorias dos fundamentos e da coerência e suas relações com a oposição entre externalismo e internalismo.

5

Empirismo e o *a priori*

O *a priori* coloca problemas especiais para o empirismo. A matemática e a lógica são os melhores exemplos que temos de conhecimento, os mais certos e precisos, mas não parecem se basear na experiência. Proposições como "5 + 2 = 7" e "Nada pode ser verdadeiro e falso ao mesmo tempo" também parecem necessárias e são verdadeiras não importa quais sejam nossas experiências. Como é que podem essas verdades se basear na experiência? Curiosamente, o *a priori* coloca também um problema para o racionalismo, pois não há explicação clara do que é ser conhecido independentemente da experiência. Este capítulo vai mostrar algumas das abordagens que os empiristas fizeram do problema e por que foram levados ao ceticismo sobre a existência mesma do conhecimento *a priori*. Mas primeiro temos que deixar mais claras as diferenças básicas sobre as quais se assenta o debate.

Necessidade, o analítico e o *a priori*

Necessidade e contingência

Verdades necessárias são proposições cuja negação implica uma contradição. Uma proposição desse tipo é o "5 + 2 = 7". Afirmar que o resultado da soma não é sete, mas por exemplo seis ou oito, é contraditório. De modo similar, "O que é" não pode ser negado sem contradição. Se João foi ao armazém, ele foi ao armazém. Não podemos afirmar que ele foi e não foi no mesmo sentido, pois isso é contraditório. Argumenta-se por vezes que ele pode ir ao armazém e não ir, uma vez que pode ir lá e também ao salão de bronzeamento artificial. Mas nesse caso não é uma contradição. "João foi ao mercado" não significa que ele foi *apenas* ao mercado. O enunciado deixa em aberto se ele parou em outros lugares. Também não implica que ele não foi ao salão.

Outros exemplos contrários foram apresentados. Às vezes se diz que há exceções ao princípio da não contradição. Maria pode ser alta em relação aos colegas de turma, mas não em relação ao time de basquete, de modo que pode ser ao mesmo tempo alta e baixa. Mas não é isso que afirma a lei da não contradição. Como assinalou Aristóteles, ela sustenta que a mesma coisa não pode ter e não ter uma qualidade *ao mesmo tempo* e *no mesmo sentido*. Maria pode ser alta em relação a determinado padrão e não em relação a outro, mas ninguém pode ser alto e baixo em relação ao mesmo padrão.

Uma outra explicação para necessidade é que uma verdade necessária é verdadeira em qualquer mundo possível ou concebível. Se João diz à mãe que estará em casa ou não por volta de meia-noite, não dá a ela qualquer informação. Não importa a hora em que chegue em casa, estará em casa à meia-noite ou não, pois é uma verdade necessária que toda proposição seja verdadeira ou não, isto é, *Ou p ou não p* é uma proposição necessária, pois é verdadeira em qualquer mundo que se imagine. A mãe quer saber a que horas João estará em casa *neste mundo*. Mas não lhe diz nada uma resposta que sustenta qualquer coisa que aconteça.

É por razões desse tipo que Leibniz afirmou que as verdades necessárias falam da estrutura de qualquer mundo possível; são verdadeiras não importa qual mundo existe ou, como diria Leibniz, não importa o mundo criado por Deus. Ele distinguia três tipos de proposições:

- *Verdades necessárias*: proposições verdadeiras em qualquer mundo possível ou concebível.
- *Contradições*: proposições falsas em qualquer mundo possível ou concebível.
- *Proposições contingentes*: proposições verdadeiras em algum mundo e falsas em outros mundos possíveis.

Leibniz chamou o último tipo de proposições *contingentes* porque dependem da opção de Deus sobre qual mundo criar, isto é, seu valor de verdade depende de qual dos mundos possíveis é o mundo efetivo.

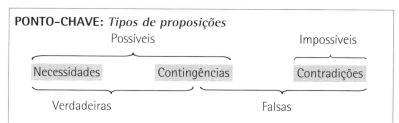

- Proposições necessárias e contingentes são possivelmente verdadeiras, ao passo que contradições são impossíveis.
- Proposições necessárias são verdadeiras e as contradições são falsas, ao passo que as contingências podem ser verdadeiras ou falsas.

Os princípios lógicos são uma categoria especial de verdades necessárias. Montaigne conta a história de um duque que deu um jantar em homenagem a um bispo. Antes de o bispo chegar, o duque gabou-se de como o conhecia bem e disse que tinha sido o primeiro fiel a se confessar com ele. Mais tarde no jantar o bispo falou aos convivas de sua longa e variada carreira e disse que o primeiro homem a se confessar com ele, quando ainda era um jovem sacerdote, admitiu ter matado alguém. Se duque e bispo falavam ambos a verdade, conclui-se que o duque era um assassino. A razão disso é que as proposições de que (1) o duque fora o primeiro a confessar-se e (2) o primeiro penitente tinha assassinado alguém implicam juntas que (3) o duque era um assassino. O princípio que rege essa inferência é também uma verdade necessária e pode ser expressa assim: *Se A é B e B é C, então A é C*, cuja negativa é uma contradição. Isso significa que se você quiser negar a consequência de que *A é C*, você precisa negar que *A é B* ou que *B é C* (ou ambas as proposições).

Analítico e sintético

A diferença entre verdades necessárias e contingentes corresponde à diferença que Hume estabelece entre relações de ideias e questões de fato. Como vimos, Hume sustenta que relações de ideias podem ser conhecidas com base apenas nos conceitos, ao passo que questões de fato sempre exigem experiência. Isso introduz outra diferença a que já aludimos: aquela entre proposições analíticas e sintéticas. Uma proposição *analítica*, segundo Kant, é aquela cujo termo sujeito contém o termo predicado. Exemplo: "Todas as mães são fêmeas". Todo mundo que sabe o que é uma mãe sabe que o conceito de mãe contém o de ser fêmea. Outros exemplos: "Triângulo é uma figura de três lados" e "A lógica estuda argumentos". Também é analítica a proposição "Nenhuma mãe é macho", pois ser macho exclui ser fêmea. Se sabemos o que "mãe" e "macho" significam, sabemos que essa proposição é verdadeira. As proposições *sintéticas* vão além dos significados dos termos e, portanto, não são trivialmente verdadeiras. "Todas as mães amam seus filhos" é um exemplo. Isso pode ser verdadeiro, mas não podemos afirmá-lo unicamente pelo significado dos termos. Nada no conceito de mãe implica que elas amam seus filhos. Ainda que todas os amem, não podemos estar tão seguros de que a próxima mãe que encontremos o fará quanto estamos seguros de que será uma fêmea.

Kant argumenta que há também proposições matemáticas sintéticas. "Os ângulos internos de um triângulo equivalem a dois ângulos retos" e "5 + 2 = 7" são, por exemplo, proposições sintéticas, diz ele. E a razão disso, explica, é que conhecer os significados de seus termos sujeitos não é suficiente para estabelecer se são ou não verdadeiras. Pode-se saber o que é um triângulo e que dois ângulos retos são iguais a 180 graus sem saber que essa é uma propriedade dos triângulos. De maneira similar, pode-se saber o que significam "5", "2", "+" e "=" sem saber que cinco e dois somam sete. De acordo com Kant, precisamos de um ato especial da mente para saber isso, um ato que sintetiza os elementos do termo sujeito e percebe que são iguais a sete. No caso da primeira proposição, precisamos provar que os ângulos de um triângulo somam 180 graus recorrendo a outras verdades geométricas.

Um problema da explicação kantiana de analiticidade é que se aplica apenas às proposições sujeito-predicado e não às verdades lógicas. Se as proposições analíticas são o que Locke chamou de insignificantes e não passam informação,

(1) João ou é padeiro ou não é

parece analítica ainda que não seja uma proposição do tipo sujeito-predicado e não se encaixe no critério kantiano. Uma maneira de lidar com isso é rever a noção de sentenças analíticas, como reviu Frege no século XIX. Para Frege, uma proposição é analítica se e apenas se (i) for uma verdade lógica ou (ii) puder tornar-se uma verdade lógica pela substituição de alguns dos seus termos gerais por sinônimos. Por esse critério, (1) é analítica porque tem a forma *Ou p ou não p*, que é uma verdade lógica. E usando os dois critérios podemos transformar "Todas as mães são fêmeas" em uma verdade lógica. Uma vez que uma mãe é por definição genitora e fêmea, isso equivale a "Toda genitora é fêmea", que tem a forma "Tudo que é F e P é F", que é uma verdade lógica.

Tanto para Kant quanto para Frege, "Um triângulo é uma figura de três lados" é proposição analítica e "Os ângulos internos de um triângulo equivalem a 180 graus" é sintética. Esta é sintética na teoria de Frege porque os conceitos de um triângulo ou de seus ângulos (ou das duas coisas juntas) não mostram que sua soma dá 180 graus. Por conseguinte, a primeira seria considerada insignificante ou não informativa, ao passo que a segunda seria informativa. Mas Frege torna "5 + 2 = 7" um enunciado analítico, enquanto Kant não. Suponha-se que "7" seja definido como 6 + 1, "6" como 5 + 1 e "2" como 1 + 1. De 7 = 7, que é verdadeiro por identidade, podemos então derivar 6 + 1 = 7, do qual se pode deduzir 5 + 1 + 1 = 7 e, finalmente, 5 + 2 = 7.

O *a priori*

Os conceitos de necessidade, possibilidade e impossibilidade são noções modais e conceitos metafísicos (porquanto descrevem tipos de verdades), ao passo que o conceito de analiticidade é semântico (pois repousa na noção de significado). O conceito de *a priori* é epistemológico. No seu sentido primordial, não se aplica em absoluto a proposições, mas a como elas se justificam ou são conhecidas. Presumivelmente, Deus conhece *a priori* toda proposição verdadeira independente de sua condição modal ou semântica, isto é, Ele sabe que é verdadeira apenas pelo pensamento, sem necessidade de experiência. Por extensão, podemos dizer que uma proposição é *a priori* se puder ser justificada *a priori* por um conhecedor finito. Mas isso ainda toma a noção básica como epistêmica e não a explica em termos não epistêmicos. Além do mais, não nos diz o que o *a priori* é em si mesmo, apenas explica-o negativamente com a justificação de que *não* é empírico. Sabemos o que é conhecer algo por experiência sensorial e uma coisa sabida *a priori* é descrita como conhecida (ou justificada), mas não por experiência sensorial. As únicas explicações positivas apoiam-se em metáforas geralmente ligadas à percepção. Russell diz, por exemplo, que *vê-se* que um conhecimento *a priori* é verdadeiro, sabemos disso por *visão interior*, é algo que *se capta*. Se a proposição é evidente em si mesma, temos uma *percepção interior* direta de que é verdadeira, mas sabemos se não é evidente em si mesma por passos em si mesmos evidentes de axiomas evidentes em si mesmos. A evidência de algo em si mesmo é geralmente caracterizada como visão ou captação direta da verdade ou, como coloca Locke, uma proposição é evidente em si mesma se e apenas se percebemos de imediato que é verdadeira tão logo a entendemos. Como todas essas metáforas decorrem da percepção sensorial, não nos levam muito longe. Voltaremos a isso mais adiante, na seção "A noção de *a priori*" (p. 162).

O problema colocado pelo *a priori* para o empirismo pode ser descrito como segue. O empirista sustenta que nenhum conhecimento de existência real é *a priori*. E o racionalista oferece este argumento:

(1) O conhecimento matemático e lógico é *a priori*.

(2) Ele nos informa sobre existência real.

Logo, (3) Há um conhecimento *a priori* de existência real, i.e., o empirismo é falso.

Para rejeitar essa conclusão o empirista tem que rejeitar uma das premissas. Locke aceita a proposição (1), mas rejeita a (2) e nisso é seguido por Berkeley e Hume. Essa é também a posição dos positivistas lógicos no século XX. A abordagem mais radical é rejeitar a afirmação de que a matemática é *a priori*. É a visão de John Stuart Mill, assim como dos lógicos e pragmatistas americanos C.S. Peirce e W.V. Quine. Examinemos mais de perto as concepções de Locke, Mill e Quine e voltemos depois ao conceito do *a priori* e alguns dos seus críticos, especialmente Peirce.

Variedades de empirismo
A resposta nominalista de Locke

Já aludimos à explicação de Locke para o *a priori*. Ele sustenta que a aritmética e a geometria são *a priori* (embora evite essa expressão), mas afirma que se baseiam em definições, que por sua vez se baseiam em convenção. Não há um reino de entidades matemáticas independente do qual são expressão da verdade.

A interpretação padrão é de que Locke sustenta que as verdades matemáticas são analíticas e banais, insignificantes, mas sua visão não é essa. Ele acredita que definições absolutas tais como "Um triângulo é uma figura de três lados" são banais, mas que "Os ângulos internos de um triângulo são iguais a dois ângulos retos" é informativa. É também a visão de Hume. Usando a terminologia de Kant, eles sustentam que as proposições matemáticas podem ser analíticas ou sintéticas *a priori*. Muitos críticos acharam isso confuso. Seguindo Kant, eles sustentam que as verdades matemáticas informativas devem retratar um reino de verdades necessárias independente e não podem ser puramente nominais. Isso, no entanto, é anacrônico. Locke não trabalhava com a tradição kantiana, mas com uma tradição do final da Idade Média. Para Kant, proposições analíticas afirmativas tais como a definição de "triângulo" são verdadeiras porque o significado do predicado está incluído no significado do sujeito. A visão de Locke parece ser a de que isso é verdadeiro sobre proposições insignificantes, mas que as proposições matemáticas significativas, informativas, são baseadas nos significados de *todos* os termos e não apenas daqueles presentes na proposição. Sabemos a verdade de "Os ângulos internos de um triângulo são iguais a dois ângulos retos" por refletir sobre os significados de cada um dos termos em relação a outras proposições geométricas e seus significados. Essa reflexão produz novo conhecimento e não é insignificante, mas ainda se baseia nos significados dos termos e nossas convenções. Para usar terminologia medieval, a proposição é conhecida como *ex vi terminorum*, isto é, a partir dos seus termos, e não descreve um reino de objetos matemáticos independente. Pode-se considerar essa uma concepção expandida de analiticidade semelhante à de Frege, embora não colocada de maneira tão precisa.

A principal afirmação de Locke é que os objetos matemáticos são ficções. Ele sustenta que apenas particulares concretos são reais. Objetos como a triangularidade e os números são abstrações, assim como as invenções humanas. Berkeley coloca a questão desta forma:

> Em aritmética, portanto, consideramos não as *coisas*, mas os *sinais*, que no entanto não são considerados por si mesmos, mas porque nos orientam como agir em relação às coisas e dispor corretamente delas. [...] [A]s coisas que passam por verdades e teoremas abstratos sobre números não falam, na realidade, de nenhum objeto distinto de coisas específicas numeráveis, exceto apenas nomes e algarismos, que originalmente não foram vistos senão como *sinais* ou capazes de representar de modo conveniente quaisquer coisas específicas que os homens tinham necessidade de computar (*PHK*, § 122).

Essa é uma explicação nominalista de entidades abstratas e contrasta nitidamente com a visão realista de Platão segundo a qual elas existem (e também qualidades morais tais como a justiça e o bem) independentemente do pensamento e das coisas particulares, visão que Russell abertamente defendia (cf. a Introdução deste livro) e também Frege de forma menos óbvia. A diferença entre Locke e os realistas nessa questão é metafísica e não estritamente epistemológica. Os dois lados aceitam o conhecimento *a priori* e diferem ao afirmar ou negar que é sobre objetos reais. Locke é empirista porque rejeita a explicação platônica da natureza das verdades matemáticas, não por negar que sejam *a priori*.

Diz-se por vezes que o desgosto por uma visão metafísica extremada motiva os empiristas. Pode haver alguma verdade nisso, mas não deve obscurecer o fato de que sua principal motivação é rejeitar qualquer conhecimento da realidade que não seja baseado na experiência. Como vimos no capítulo 1, Locke está disposto a sustentar que as leis da natureza que governam as essências reais, ou seja, as configurações dos corpúsculos imperceptíveis, são verdades necessárias e que poderíamos conhecê-las como conhecemos as leis da geometria se tivéssemos visão microscópica. A maioria dos empiristas concorda com Hume que leis são verdades contingentes e não podem ser necessárias. Locke acha, porém, que a principal dificuldade do racionalismo está no seu alegado modo de conhecimento suprassensorial da realidade, não em postular verdades necessárias. Com olhos mais poderosos deveríamos conhecer os princípios necessários de interação dos objetos físicos. O ponto aqui nessa concepção é mostrar que o empirismo é no geral consistente com necessidades reais da natureza. Podemos aceitá-las e continuar empiristas se rejeitarmos o conhecimento não empírico delas.

Isso levanta um ponto com frequência subestimado nas discussões sobre o empirismo e o conhecimento matemático. A natureza exata das verdades matemáticas e como explicá-las são questões para a filosofia da matemática, não para a Teoria do Conhecimento. A questão epistemológica é como chegamos a conhecer essas verdades. Os filósofos da matemática discutem com frequência essa questão, mas geralmente lidam com questões não epistêmicas tais como saber de que modo analisar enunciados da aritmética e da geometria e sua relação com os princípios lógicos. As respostas a essas questões podem ou não ter implicações para a Teoria do Conhecimento. Se a sua inclinação é por uma teoria empírica do conhecimento que sustente que elas se referem a entidades reais, você *tem que* negar que nosso conhecimento delas seja *a priori*. A filosofia da matemática, assim como a metafísica, é de interesse em si mesma, mas não é uma seção da Teoria do Conhecimento.

Teoria da Indução, de Mill

O empirismo de John Stuart Mill é mais radical que o de Locke (*Sistema*: III xxiv: 5, 6). Ele aceita as seguintes teses:

- As proposições matemáticas não são analíticas ou insignificantes, mas sobre entidades reais.

- Os princípios básicos da matemática, por exemplo os axiomas da geometria e as verdades aritméticas elementares, não são *a priori*, mas conhecidos com base na indução.

- As proposições matemáticas são necessárias, mas não no sentido comum; para Stuart Mill, necessidade é consistente com contingência.

Examinemos essas teses mais detalhadamente.

Os termos usados por Stuart Mill para indicar proposição "analítica" e "sintética" são "verbal" e "real". Ele diz que as proposições aritméticas e geométricas são *reais*. Com isso entende que não são proposições analíticas ou insignificantes, como Kant e Locke as chamaram. A aritmética é sobre números e estes são sempre números de algo, diz ele. Por conseguinte, $2 + 1 = 3$ não é verdadeiro por definição, mas sobre coisas no mundo. Não conseguimos ver isso porque a proposição é abstrata e não menciona uma matéria tema. Não é sobre vacas ou seixos, mas sobre agregados de coisas reais. Similarmente, Stuart Mill afirma que a geometria é sobre ângulos e linhas na natureza. Além disso, elas são conhecidas por indução com base na nossa experiência dos conjuntos de coisas e na observação das propriedades das linhas, triângulos e círculos. A matemática é, portanto, uma ciência empírica, diferindo das outras ciências empíricas apenas por lidar com propriedades mais abstratas de coisas particulares e suas disposições.

Stuart Mill às vezes escreve como se cada um de nós criasse a aritmética e a geometria a partir de nossa experiência pessoal, a começar das brincadeiras com objetos no berço, mas ele não está comprometido com isso. Sua visão é de que aprendemos matemática com os pais e professores e a aceitamos inicialmente pela autoridade deles, mas em última instância ela se baseia em evidência empírica acumulada muito tempo atrás por exploradores e mercadores e facilmente confirmada agora. As ciências naturais começam com induções brutas corrigidas por observação e inferência posteriores e, segundo Mill, o mesmo ocorre com a aritmética e a geometria. Nos seus estágios mais avançados, a física e a astronomia parecem ciências dedutivas organizadas em níveis de leis universais que são tão familiares e óbvias que parecem *a priori*, embora sejam ainda indutivas. O mesmo ocorre com a matemática: a familiaridade faz com que pareça conceitual e *a priori*, não um tipo especial de percepção interior. A única fonte de evidência em qualquer ciência é empírica e a justificação independente disso é uma ilusão.

Ler Stuart Mill dessa maneira também permite evitar uma acusação que seus contemporâneos frequentemente lhe fizeram: a de que ele nega que as ciências dedutivas sejam efetivamente ciências, uma vez que reduz os princípios científicos a verdades desconexas que carecem tanto de certeza quanto de precisão. Mas Mill sustenta que o fato de ser indutivo não impede que um corpo de conhecimento seja organizado em uma teoria com axiomas e teoremas por meio de dedução. Ele pode também refutar assim a acusação de que, mesmo se verdades aritméticas elementares – por exemplo, $2 + 1 = 3$ – possam ser aceitas como induções, não é plausível afirmar que somas mais complicadas, como $21 + 33 = 54$, são também indutivas. Uma vez que estas são deduzidas de verdades indutivas mais elementares (tais como 3 + 1 = 4 e 3 + 2 = 5), elas também são indutivas.

Isso explica uma famosa objeção de Frege. Ele se pergunta o que pode ser o fato físico ou de observação "afirmado na definição do número 777.864" e considera Stuart Mill comprometido com a absurda suposição de que toda verdade aritmética é conhecida por generalização de casos específicos (FREGE, 1960: 9). Mas não é o que Stuart Mill pensa. As verdades sobre 777.864 são deduzidas de proposições mais simples que, sustenta Mill, são conhecidas diretamente por indução. Toda a aritmética assenta-se, portanto, numa base empírica e pode ser considerada como algo que trata de aspectos gerais da realidade física.

Outra objeção de Frege é que Mill "confunde as aplicações que podem ser feitas de uma proposição aritmética, que são com frequência físicas e com efeito pressupõem fatos físicos, com a pura proposição matemática em si mesma" (p. 13). Stuart Mill baseia sua argumentação em exemplos do tipo *Se adicionarmos dois volumes de um líquido a outros cinco, temos sete volumes*, o que, para Frege, não é parte do significado de "2 + 5 = 7", mas aplicações dessa proposição. Isso é correto, mas não fica claro se de fato Stuart Mill confunde os significados dos enunciados aritméticos com suas aplicações. A lógica sustenta que os fatos (e sensações) físicos são o que ele chama de *base* a partir da qual fazemos atribuições aos objetos, mas ele nega que isso obrigue o lógico a identificar os fatos com os atributos. Ele pode identificá-los ou considerá-los como tendo uma existência independente, mas são questões metafísicas, que escapam à lógica. De modo semelhante, quando dizemos que dois volumes de líquido adicionados produzirão sete volumes, não estamos confundindo o enunciado físico com a proposição aritmética 2 + 5 = 7, mas citando a base para isso. Enunciados sobre agregados físicos (que são indutivamente justificados) justificam proposições aritméticas abstratas, que por sua vez podem ser aplicadas a outros enunciados acerca de objetos físicos (cf. *Sistema*: I iii 9: 41-42; I v: 7, 69).

Um aspecto mais problemático da teoria de Mill é sua defesa da necessidade das proposições matemáticas. Ele nega que sejam necessárias no sentido padrão, isto é, aquele pelo qual *p* é uma verdade necessária se e somente se sua negação for uma contradição. Elas são necessárias pelo fato de que decorrem necessariamente de verdades matemáticas mais básicas. Examinemos isso mais detidamente.

Quando deduzimos uma proposição a partir de premissas, podemos dizer que ela é necessária ainda que seja uma verdade contingente. Por exemplo, podemos dizer que é necessário que Sócrates seja mortal porque ele é humano e todo ser humano é mortal. Mas "Sócrates é mortal" não é uma verdade necessária em si mesma; ao dizer que é uma proposição necessária, queremos dizer apenas que ela decorre de forma válida de outras crenças. Essa é uma *necessidade condicional*, em oposição a *necessidade absoluta*. Uma proposição é necessária no sentido absoluto se sua negação for uma contradição; e condicionalmente necessária se decorrer necessariamente, nesse sentido, de outras verdades. Infelizmente, a concepção de Mill só obscurece a questão. Exatamente como argumentam os críticos, ele sustenta que a necessidade no sentido padrão é uma ilusão produzida pelo fato de que ao aceitarmos certas premissas somos compelidos a aceitar certas conclusões. Tomamos equivocadamente essa compulsão inferencial e psicológica como sendo necessidade metafísica. Mas ele prossegue falando da matemática como necessária. Teria sido mais claro se simplesmente tivesse negado que existam quaisquer necessidades metafísicas.

Outro problema com a teoria de Stuart Mill é sua afirmação de que a lógica é indutiva. Ele acha que a lei da não contradição é uma generalização da experiência. Quando aprendemos o que significa "é vermelho", aprendemos por experiência que nada pode ser vermelho e não vermelho ao mesmo tempo. Também aprendemos que tudo é vermelho ou não vermelho, o que, generalizado e corrigido por outras observações, torna-se a lei da exclusão do meio-termo. E o principal princípio da inferência dedutiva é também indutivo. Trata-se do princípio do silogismo que Mill expressa como a lei segundo a qual "toda marca de uma marca é uma marca do objeto", isto é, o princípio segundo o qual se x é F e F é G, então x também é G. O silogismo sobre Sócrates é um exemplo disso. De (1) Sócrates é um ser humano e (2) todo ser humano é mortal, podemos com validade inferir que (3) Sócrates é mortal.

Isso cria dois problemas para Mill. Primeiro, ele não pode defender sua concepção de que a geometria e a aritmética passam de generalizações isoladas a ciências por meio da dedução se a própria ciência dedutiva é indutiva. Como é que a lógica pode se tornar um corpo sistemático de conhecimento se os princípios que governam seu desenvolvimento são princípios da lógica? A lógica deve ter uma base independente para poder controlar a indução nas outras ciências. Em segundo lugar, a lógica silogística não é poderosa o bastante para ser a criada da matemática e das outras ciências. A principal utilidade do silogismo é ampliar o conhecimento ao fornecer regras para a subsunção de instâncias sob proposições universais. Ele não explica inferências mais complicadas.

O mais sério desses problemas é o primeiro. O segundo torna implausível a teoria de Mill, mas ele não pode ser acusado de não ter uma lógica mais forte que a do silogismo. Era a única lógica ao seu dispor e ele não tinha como saber que uma lógica mais poderosa se encontrava em estágio de incubação no momento em que escrevia. Seu *Sistema da Lógica* foi publicado em 1843, quatro anos antes de George Boole aplicar a álgebra à lógica e dar início à lógica moderna. O primeiro problema, no entanto, é fatal para a sua teoria. Como definiu Aristóteles, lógica é uma teoria das regras do pensamento convincente implícitas em nossos juízos sobre o mundo ou, como às vezes se diz, lógica é a crítica da convicção. É, portanto, uma disciplina de segunda ordem sobre as regras do pensamento correto nas disciplinas de primeira ordem. Como a Teoria do Conhecimento, ela estabelece os padrões para argumentos aceitáveis e não trata diretamente do mundo. Esse parece ser, com efeito, o motivo para sustentar que a lógica é *a priori*. Uma vez que todo pensamento, indutivo ou dedutivo, pressupõe a lógica, parece que ela não pode ser empírica: tem que ser *a priori* ou, se rejeitamos isso, tem que ter alguma outra base que não a indução.

Peirce e Quine

Peirce, escrevendo uma geração depois de Mill, discordou dele nesse ponto, afirmando que os princípios lógicos estão implícitos nos juízos sobre o mundo, mas não são *a priori*. Ele distingue três modos de inferência básicos: dedução, indução e hipótese ou abdução (PEIRCE, 1955, cap. 11). Indução é a generalização a partir de ocorrências específicas e tem a seguinte forma: *Isto é A, isto é B, logo Todo A é B*. A dedução tem outra forma: *Todo A é B, isto é A, logo isto é B*. Para a hipótese a forma é: *Todo A é B, isto é B, logo isto é A*. A indução fornece evidência para generalizações universais e estatísticas e, de acordo com Peirce, é a fonte básica de toda evidência. A dedução elabora o conhecimento e nos permite sistematizá-lo, ao passo que a abdução fornece explicações.

Assim como a indução, as inferências hipotéticas são formalmente inválidas e podem não produzir conclusões verdadeiras a partir de premissas verdadeiras. Isso fica claro se examinarmos um exemplo. Vejamos os seguintes argumentos:

- *Indução*: Sócrates é grego e ama Homero. Logo, todos os gregos amam Homero.

- *Dedução*: Todos os gregos amam Homero. Sócrates é grego. Logo, Sócrates ama Homero.
- *Abdução*: Todos os gregos amam Homero. Sócrates ama Homero. Logo, Sócrates é grego.

O primeiro argumento é claramente inválido. Um único exemplo de grego que ama Homero não indica que todos os gregos amem o poeta; e mesmo que façamos amostra de largo número de gregos, não há garantia de que todos amem Homero. No entanto, se uma proporção de gregos escolhidos ao acaso o ama, podemos concluir provisoriamente, em linhas gerais, que a mesma proporção de gregos não examinados também o ama. O segundo argumento é válido. Quem aceita as premissas é compelido a aceitar a conclusão. Já o terceiro argumento não o é. A conclusão é verdadeira, mas as premissas não provam que Sócrates é grego, pois muitos que não são gregos também amam Homero.

Peirce afirma que as teorias lógicas são hipóteses para explicar as regras de julgamento da validade de certo tipo de argumentos, por exemplo, argumentos que se baseiam em relações sujeito-predicado, relações entre proposições, argumentos relacionais em geral ou mesmo características modais. Se são aceitáveis ou não depende de quão bem explicam e esclarecem nossos juízos espontâneos sobre os argumentos. Não são justificadas *a priori*, mas pelos mesmos critérios que utilizamos para avaliar teorias nas ciências naturais, por exemplo força explicativa, simplicidade e coerência com outras crenças. As lógicas também têm poder de previsão, mas não se apoiam diretamente na observação, pois não são teorias de primeira ordem.

Peirce também diz que a geometria e a aritmética são teorias, que nos dizem o que pode ser deduzido de pressupostos. Na geometria, os pressupostos são os axiomas e os teoremas são as consequências. Na aritmética, são as regras de somar e subtrair e como formar números maiores a partir dos dez dígitos de 0 a 9.

Peirce também diz que os números são propriedades de classes. (O exemplo que dá é de que o número de estados da Nova Inglaterra é igual ao número de lados de um cubo, a saber, seis, pois as classes são similares em certo sentido.) Peirce, assim como Mill, rejeita a justificação *a priori*. A diferença é que para Mill, ao contrário de Peirce, os pressupostos são indutivos e não hipóteses. O resultado é uma teoria das ciências dedutivas que nega tanto que elas sejam *a priori* quanto indutivas. Examinaremos seu argumento contra o *a priori* na seção que segue.

A teoria de Quine é uma extensão da teoria de Peirce, embora sua filosofia da matemática e sua Teoria da Relação entre lógica e aritmética reflitam avanços mais recentes da lógica e da matemática. Ele sustenta que os enunciados não podem ser justificados individualmente ou mesmo em teorias, mas que toda a ciência deve ser avaliada como uma unidade. É a doutrina chamada *holismo*, que requer explicação.

O empirismo tradicional sustenta que as teorias da ciência natural e o senso comum se movem entre dois níveis de proposições não revisáveis. Acima estão as verdades necessárias, que são conhecidas *a priori*, e embaixo as afirmações derivadas da observação ou da aparência. As verdades necessárias dão o arcabouço de toda a ciência e são imutáveis e certas. Incluem proposições como "5 + 2 = 7", "A soma dos ângulos dos triângulos euclidianos é igual a 180 graus" e "Nada pode ser F e não F ao mesmo tempo". No nível inferior estão proposições sobre a aparência dos objetos e relatos de dores e sensações. Estas são contingentes, mas podem também ser conhecidas com certeza, porque estão abertas a nossa inspeção direta. Nosso acesso a verdades nos dois níveis é imediato e sem pressupostos, ou seja, é dado no sentido discutido no capítulo 4. O senso comum e a ciência se movem entre esses níveis, moldando teorias, fazendo deduções com apelo a verdades *a priori* e testando-as com apelo às sensações.

Algo semelhante a essa teoria é aceito por Descartes, Locke e Hume, como também pelos positivistas lógicos do século XX. Para ser consistente com o empirismo, deve-se afirmar que as verdades necessárias não têm qualquer base na realidade, sendo ao contrário ideais, como sustentaram Locke e Hume. Já discutimos o argumento de Sellars segundo o qual não há dado empírico, uma vez que todas as crenças empíricas baseiam-se em processos inconscientes e pressupõem outras crenças empíricas. Mill sustentava uma teoria similar com base psicológica, ao passo que Peirce estendeu-a argumentando que o que parece ser conhecimento direto com dados sensoriais é na verdade abdução. Por exemplo, quando percebemos um tordo, parece que estamos apreendendo diretamente um objeto no espaço, mas estamos na verdade interpretando certos indícios sensoriais com base em crenças de fundo inconsciente sobre os tordos. O modo de inferência é a abdução e pode ser expresso como segue: se isso é um tordo, deve ter determinada aparência; isso tem essa aparência, então é um tordo. A primeira premissa é uma crença que tem um pano de fundo do qual podemos estar conscientes ou não; a segunda é também geralmente inconsciente (ou imediata, no sentido que Sellars dá ao termo), mas a conclusão não o é.

Quine afirma que a aparência de uma percepção interior *a priori* no nível mais alto é também ilusória (outra vez seguindo Peirce, embora em bases diferentes). Primeiro, ele rejeita as verdades necessárias com base em que a afirmação de que são imutáveis e não revisáveis não pode ser suficientemente esclarecida para servir aos propósitos de uma filosofia científica. Em segundo lugar, rejeita a noção de verdade analítica com base em que nenhum critério plausível para isso pode ser apresentado quando uma sentença é verdadeira unicamente em virtude do seu significado. As teorias são verdadeiras em virtude do significado e da experiência, mas não podemos separar esses componentes no nível das sentenças. É nesse ponto que o holismo se torna um fator. Sem um critério aceitável de análise, sinonímia ou similitude de significado, temos que sustentar que nossas crenças confrontam a experiência como uma *teoria total*, qualquer parte da qual pode ser aceita ou rejeitada através de mudanças adequadas em outros pontos. Nossa teoria total, diz ele, é "um tecido artificial que se impinge à experiência pelas beiradas". Quando há conflito com a experiência, temos que rejeitar alguns enunciados e limitar o escopo de outros para incorporar a mudança devido às relações lógicas entre as partes. Além disso, as próprias leis lógicas são parte da teoria e estão sujeitas também à mudança, embora estejam mais próximas do núcleo teórico e mudem mais lentamente. Por conseguinte, "é um equívoco falar dos elementos empíricos de um enunciado específico" e um erro procurar uma linha divisória entre enunciados analíticos e sintéticos ou entre aqueles que se sustentam em qualquer caso e os que se baseiam na experiência. "Qualquer enunciado pode ser dito verdadeiro não importa o que aconteça se fizermos ajustes suficientemente drásticos em outros pontos do sistema" e, "da mesma forma, nenhum enunciado é imune a revisão" (QUINE, 1961, § 6).

Se isso for correto, a ciência e o senso comum não operam entre um reino fixo *a priori* e um reino de certezas sensoriais. A diferença entre os três reinos é uma questão de grau, com a matemática e a lógica no centro e os enunciados de observação na periferia. A única ligação com a natureza é pela observação e, em princípio, qualquer enunciado é passível de revisão.

Isso levanta questões que não podem ser examinadas aqui. A rejeição da analiticidade tem implicações para o conhecimento, uma vez que as verdades analíticas têm sido tradicionalmente os principais exemplos da justificação *a priori*. Mas a analiticidade é um conceito semântico e sua rejeição integral é controvertida (embora ninguém tenha rebatido com sucesso as objeções de

Quine). Além do mais, defensores do *a priori* continuam a aceitar o *a priori* e a analiticidade argumentando que ambos são indispensáveis, apesar dos problemas envolvidos. E as afirmações de Quine sobre holismo e conhecimento são sobretudo programáticas. Há problemas importantes, mas a questão aqui é a condição do *a priori* como fonte de evidência.

A noção de *a priori*

Como vimos, um conhecimento *a priori* é presumivelmente adquirido apenas pelo pensamento. Além disso, quando sabemos algo *a priori*, sabemos que *tem que* ser verdadeiro. Ao pensar sobre a proposição "5 + 2 = 7", temos a percepção interior de que é verdadeira e não pode ser falsa. Em casos simples, afirma-se que essa percepção interior é evidente em si mesma se e apenas se for percebida como verdadeira tão logo a compreendemos. Relatos da experiência imediata são evidentes em si mesmos. Quando vejo uma maçã, sei diretamente que algo me parece vermelho se eu tiver o conceito de vermelho. E se eu tiver o conceito de verde saberei que ela não parece verde. Ambas as proposições são evidentes em si mesmas, mas não são conhecidas unicamente pelo pensamento: dependem da experiência e são, portanto, empíricas. Quando examino a proposição "5 + 2 = 7", sei imediatamente que é verdadeira se eu tiver os conceitos que a compõem, independente da minha experiência no momento. A consciência é análoga à minha consciência das sensações, mas é uma percepção do intelecto, não dos sentidos.

Dois pontos devem ser observados sobre essa explicação. Primeiro, ela não está comprometida em afirmar que todo conhecimento *a priori* é imediato e evidente em si mesmo. Posso saber imediatamente que 12 x 6 = 72 ou posso ter que calcular isso mentalmente: 6 vezes 2 dá 12 e 6 vezes 10 dá 60 e 60 mais 12 dá 72. Se calculo isso, meu conhecimento de cada passo é imediato, mas o conhecimento da conclusão não o é. (Lembrem a discussão de Locke sobre a demonstração na seção "Conhecimento e existência real", p. 39.) Mas, ainda, todo o processo é de pensamento e meu conhecimento é *a priori*, uma vez que nenhuma das premissas é empírica.

Em segundo lugar, a teoria ainda permite que a experiência desempenhe um papel causal. Não se exige experiência para justificar uma verdade necessária, mas ela pode ainda ser necessária para direcionar nossa atenção a essa verdade. Russell diz que todo conhecimento é causado pela experiência, mas que alguns são *a priori* porque "a experiência que nos faz pensá-lo não basta para prová-lo, porém meramente dirige de tal modo nossa atenção que vemos a sua verdade sem requerer qualquer prova da experiência" (RUSSELL, 1959: 74). É nesse sentido que a justificação *a priori* é independente da experiência; a condição epistêmica da proposição não depende da experiência, baseia-se numa percepção interna positiva independente dela. *Vemos* essa verdade, como diz Russell, sem que se exija evidência experimental.

Objeções ao *a priori*

Examinemos agora algumas das objeções ao *a priori*. Uma é a de que apelar ao *a priori* não dá certo. Os geômetras acreditaram por dois mil anos que linhas paralelas não se encontram, não importa quão longe se prolonguem, mas as geometrias não euclidianas negam isso sem cair em contradições, de modo que estavam equivocadas as afirmações de que era uma verdade necessária. Esta, porém, não é uma séria objeção. A questão é saber se há uma fonte de justificação independente da experiência. O fato de que são falíveis os apelos ao *a priori* não dá conta disso. Podemos ter um conhecimento *a priori* ainda que todo juízo seja passível de revisão, como afirma Quine.

Um problema em avaliar essa objeção é que falibilidade e necessidade são com frequência confundidas. Se alegações *a priori* são afirmações necessárias, há um sentido no qual não podem ser equivocadas se são verdadeiras. Como uma verdade necessária não pode ser negada sem que isso implique contradição, se acreditamos numa verdade necessária, nossa crença não pode estar equivocada. Isso é verdadeiro acerca de necessidades simples como 2 + 1 = 3 e outras complicadas como 126 x 3 = 378. Elas são igualmente necessárias e não podem ser falsas, ainda que poucos pudessem afirmar ter certeza de que a segunda proposição é verdadeira. Isso fica ainda mais claro em se tratando de verdades matemáticas mais complexas, como 12.324 ÷ 12 = 1.027. Essa é também uma verdade necessária (eu acho) e não pode ser falsa, mas daí não se segue que eu sei com certeza que ela é verdadeira. O que mostra que há dois sentidos de infalibilidade. Num, uma proposição não pode estar equivocada se for uma verdade necessária, não importa qual seja a nossa situação epistêmica em relação a ela. Este é o *sentido modal* de "não pode estar equivocada". O outro sentido é *epistêmico*. Uma proposição não pode estar equivocada, neste sentido, se eu souber com certeza que ela é verdadeira. Podemos neste sentido estar equivocados sobre complicadas verdades necessárias (como 12.324 ÷ 12 = 1.027), uma vez que nossa evidência para elas não é perfeita; podemos ter cometido um erro de cálculo. Neste sentido podemos até nos equivocar sobre verdades matemáticas simples, uma vez que não se pode descartar a possibilidade de um diabinho estar nos enganando. O mesmo pode se aplicar à visão tradicional do conhecimento *a priori* por inferência. Podemos nos equivocar quando acreditamos na conclusão de uma prova ao (presumivelmente) intuir as premissas e cada passo da dedução. Em algum ponto podemos equivocadamente tomar um erro como sendo uma intuição e nos convencermos de que a conclusão se segue necessariamente, quando na verdade não é esse o caso.

A confusão entre esses sentidos levou filósofos a vários caminhos falsos. Descartes sustenta que 7 + 5 = 12 quer ele esteja sonhando ou não; daí a possibilidade de que esteja sonhando não mostrar que ele não sabe com certeza que isso é verdadeiro. Mas isso supõe que 7 + 5 = 12 é de fato necessário e verdadeiro quer ele esteja sonhando ou desperto, isto é, que ele não pode estar equivocado sobre isso no sentido modal. Mas como ele sabe disso? Ele pode estar sonhando no momento em que examina a proposição. E, como os sonhos toldam o nosso julgamento, é possível que ele esteja equivocado no sentido epistêmico. De fato, uma vez feita a distinção, é plausível argumentar que podemos estar equivocados no sentido epistêmico acerca de *qualquer* proposição, uma vez que não podemos descartar a possibilidade de que um demônio está a iludir-nos. O ponto nessa discussão é que, se um falibilismo tão extremo é ao menos admissível, então dificilmente podemos encontrar falha na afirmação de que os juízos *a priori* não são conhecidos com certeza absoluta.

A segunda objeção é que os matemáticos às vezes apelam para o *a priori* para dar suporte a opiniões contraditórias e não parece haver maneira de resolver o conflito. A isso geralmente retrucam que, se os dois lados examinarem a questão sem preconceitos, pelo menos um vai ceder. Como colocou Ewing:

> bem podem existir argumentos que, sem propriamente provar que um dos lados está errado, colocam um dos contendores em condições de ver melhor por si mesmo se está certo ou errado ou pelo menos parcialmente confirmar ou lançar dúvida sobre a verdade de seu ponto de vista (1962: 57).

Pode ser perfeitamente esse o caso, mas pode também não ser. O problema é que resolver disputas depende da boa vontade dos contendores e talvez, em última análise, do surgimento de um consenso sobre a questão, mas o fato, como assinalou Peirce, é que o método *a priori* ainda não tem uma maneira confiável de resolver disputas. Mesmo que seja assim, porém, daí não se segue que uma percepção interior *a priori* não seja fonte de justificação; segue-se apenas que não é um guia perfeito para a crença.

A terceira objeção é que o principal problema é a inteligibilidade da percepção interior *a priori*. Como vimos, os aprioristas sustentam que esse *insight* é comparável à percepção comum; é um "ver" com a mente. Outros termos também se baseiam na percepção: captar, apreender, intuir. Mesmo a "intuição" e a "autoevidência" sugerem analogias com a visão. Brentano afirma que sabemos que $3 = 2 + 1$ é necessário porque descobrimos por reflexão que é *impossível* que três não seja igual a dois mais um, mas ele não tem uma teoria sobre como sabemos disso, dizendo apenas que é um *insight* (BRENTANO, 1969: 112). A réplica usual é que, apesar do que há aí de obscuro, não podemos passar sem o *a priori*. Examinaremos isso na próxima seção e vamos nos concentrar aqui nas objeções levantadas por Mill e Peirce.

Ambos sustentam que o apriorismo confunde fatores psicológicos com evidências ou, como se diz frequentemente, que o culpado aí é o *psicologismo* (PEIRCE, 1955, cap. 8, 20). "Psicologismo" é um rótulo para duas tendências que os lógicos consideram erros de lógica: (i) a de achar que os princípios lógicos são leis psicológicas ou se baseiam na psicologia; e (ii) a de achar que os significados dos termos são ideias consideradas no sentido psicológico como estados mentais. A primeira tendência dá um caráter psicológico à lógica e a segunda à Teoria do Significado. Pode-se acrescentar uma terceira tendência: (iii) a de considerar que a evidência e a justificação se fundam em estados psicológicos. As duas primeiras correntes foram dominantes na tradição lógica alemã do século XIX e sofreram forte oposição de Brentano, Husserl e Frege, ao passo que a terceira foi enfatizada por empiristas de caráter mais naturalista como Stuart Mill e Peirce e, de forma implícita, por Quine. Nos casos de Brentano e Husserl, por exemplo, ambos rejeitaram o conceitualismo e a visão psicológica da lógica, mas continuaram apelando à intuição. Frege resistiu a isso no início da carreira, mas acabou igualmente por aceitar a intuição.

Examinemos essa terceira versão do psicologismo. Uma de suas formas sustenta que a inconceptibilidade é uma marca da impossibilidade e necessidade lógicas (como afirmou Brentano), isto é, se não podemos conceber que uma proposição seja falsa, sabemos então que ela é necessária. Mill afirma que podermos ou não conceber algo é um fato psicológico sobre nós e não evidência de impossibilidade lógica. Para que desempenhe um papel epistêmico, deve haver evidência independente de que é um indicador confiável de impossibilidade e só podemos saber isso com base em evidência empírica. Por conseguinte, nossa capacidade ou incapacidade de conceber que uma proposição é verdadeira não é evidência de seu valor de verdade.

A objeção de Peirce é à intuição. Ele afirma que apelos à inconsciência não têm caráter de evidência a não ser que possamos distinguir entre autênticas intuições e firme convicção. Sem tal critério, não há razão para pensar que esse estado conduza à verdade. Quando concordamos com uma proposição, dizemos que ela retrata algo "real", isto é, que seu valor de verdade independe do que qualquer um pense a respeito dela. Há, pois, dois aspectos na crença: o estado mental subjetivo daquele que acredita e o objeto referido, que pode ser ou não parte da ordem objetiva das coisas. Peirce pensa, assim como Mill, que não importa o nível de clareza do nosso *insight*, essa percepção interior não é comprobatória a não ser que tenhamos mais evidência de que traduz a verdade. Tal evidência será ou *a priori*, levando a questões similares em nível mais elevado, ou empírica, caso em que a condição epistêmica da crença se fundará na experiência e não será *a priori* (cf. o ponto-chave "Sellars e a 'visão' intelectual").

> **PONTO-CHAVE:** *Sellars e a "visão" intelectual*
> Muitos que usam a metáfora "ver" em contextos intelectuais desprezam o fato de que, no seu sentido literal, "ver" designa uma atividade conceitual bem-sucedida que contrasta com "parecer ver". Empilhar metáforas adicionais (p. ex., "pegar", que implica pegar um objeto) não obscurece esse fato. Agora, a distinção entre *ver* e meramente *parecer ver* implica um critério. Depender das metáforas sobre "apreensão" ou "presença do objeto" é encobrir a necessidade de critérios para distinguir entre "saber" e "parecer saber", que em última análise definem o que significa falar do conhecimento como um *pensamento correto* ou bem fundado de que algo é assim (SELLARS, 1975: 339).

Peirce também tem um segundo argumento. Supostas intuições não são sem pressupostos, mas influenciadas pelo aprendizado da linguagem e pelo pano de fundo de crenças, ainda que possamos não ser capazes de detectar sua influência por meio da introspecção. Como os que aceitam o que é dado na percepção, o racionalista supõe que temos uma faculdade intelectual que não pressupõe estruturação pela experiência. Num trecho famoso, Peirce diz que o método *a priori* aconselha-nos a guiar nossas crenças pelo que é "agradável à razão", mas que isso é por sua vez sujeito a influências da moda e do contexto e, portanto, não é fonte independente de evidência (PEIRCE, 1955: 15-18).

A crítica de Peirce pode ser exposta como segue. Os defensores do *a priori* afirmam que podemos intuir certas proposições como verdadeiras independentemente da experiência, onde intuição implica que a proposição é verdadeira e que a verdade é independente do que qualquer um pensa acerca da proposição. Intuição, nesse sentido, difere da crença, uma vez que crer não implica verdade, ou seja, "S intui que p" implica p, mas "não acredita" que isso ocorra. A objeção de Peirce é que não há como distinguir entre uma intuição de boa-fé e uma mera crença. Se perguntado por que acha que intui que $5 + 2 = 7$ e não simplesmente acredita que isso é verdadeiro, o apriorista não pode argumentar que está vendo que é verdadeiro. Isso coloca a questão de saber se ele vê a verdade da proposição, ou seja, se a intui. Também não pode responder que intui que a intui, pois a mesma questão se coloca sobre essa metaintuição. O resultado, argumenta Peirce, é que alegações de intuição se reduzem a alegações de uma crença firme. As crenças podem ser tão fortes que você não consegue sequer imaginar que está errado (no sentido epistêmico), mas do ponto de vista epistemológico são apenas firmes convicções sem nenhum valor de evidência. A conclusão geral de Peirce é que todas as alegações de conhecimento de algo por percepção interior são abduções, isto é, hipóteses, e só têm garantia por coerência com outras proposições ou por resultarem de mecanismos causais confiáveis. Mais pode ser dito sobre o argumento, mas temos que suspender o assunto neste ponto.

O *a priori* é indispensável?

Muitos filósofos argumentam que abandonar o *a priori* tem um preço alto demais. Dizem que ele é necessário: (i) para explicar nosso conhecimento da necessidade; (ii) para responder objeções céticas ao conhecimento; e (iii) para a própria filosofia.

(i) Como vimos, a percepção interior *a priori* difere da sensação por resultar num juízo de que algo *deve ser* assim e assim. Ela nos diz que é necessária e não pode ser de outra forma. Ao discutir isso, temos que distinguir entre saber que p é verdadeiro e saber que p é necessariamente verdadeiro. Podemos vir a conhecer a verdade de proposições matemáticas por experiência, mas, de acordo com a objeção, isso não pode nos dar conhecimento de que elas são necessariamente verdadeiras. Parece claro que a indução não nos dirá isso, mas não se segue daí que não possamos ter razões teóricas não indutivas para achar que as proposições são necessárias. Podemos argumentar, por exemplo, que as verdades matemáticas e lógicas (p. ex. $2 + 1 = 3$ e o princípio do silogismo) são necessárias porque permanecem verdadeiras não importa o conteúdo, ainda que nossa evidência para elas seja empírica, como diz Quine. Para dar um exemplo extremo, um platônico pode argumentar que as verdades éticas são necessárias porque afirmam relações entre conceitos morais que existem eternamente, ainda que nossa única evidência para elas seja hipotética e baseada em nossas crenças morais pré-analíticas. (O Sócrates histórico pode ter tido essa concepção.) O resultado é que não fica claro se o *a priori* é necessário para explicar o conhecimento da necessidade.

(ii) A alegação de que o *a priori* é necessário para responder aos céticos repousa no argumento de que a indução, a percepção sensorial e a memória não podem ser justificadas de modo não circular com base em si mesmas. Não podemos justificar a indução generalizando a partir da experiência, uma vez que toda generalização já pressupõe a indução, e a percepção sensorial e a memória não podem ser justificadas sem que se suponha sua confiabilidade em outra área. Discutiremos essas questões no capítulo 6, mas mesmo que não possam ser respondidas apelando-se ao *a priori*, isso provavelmente não satisfará um cético competente. O *a priori* é sujeito a suas próprias charadas céticas, as quais, parece, só podem ser solucionadas afirmando-se que uma percepção interior *a priori* se justifica por si, o que coloca tudo em questão.

(iii) Por fim, o que dizer da acusação de que a própria argumentação filosófica seria impossível sem o *a priori*? À parte a aparência de desespero que carrega, isso pressupõe uma certa visão da filosofia que o empirismo sem *a priori* repudia. Se não há *a priori*, a principal tarefa da filosofia não é certificar nosso conhecimento ou alguma visão de mundo específica, mas ampliar nosso entendimento sobre e nossas relações com ele por meio da montagem de hipóteses e sua sustentação com argumentos do senso comum e da ciência. A objeção pressupõe que a filosofia não pode ser puramente abdutiva como as outras ciências, devendo ser algo mais, e é exatamente a isso que nos compromete a rejeição do *a priori*. À objeção ulterior de que esses próprios argumentos são *a priori* e de que negar o *a priori* é derrotar a si mesmo, a resposta é que de modo algum se supõe que sejam *a priori*, mas meramente traçam as obscuridades da justificação *a priori*. Se toda interpretação, entendimento e construção teórica for hipótese, a própria análise e crítica filosófica é hipótese. O que implica que as conclusões filosóficas não podem ser certas e que são passíveis de revisão, mas, como vimos, mesmo os defensores do *a priori* abandonaram isso.

Resumo

Neste capítulo examinamos:

• A distinção entre proposições necessárias e contingentes e entre proposições analíticas e sintéticas.

• O problema que as proposições matemáticas colocam para o empirismo e as respostas de Locke, Stuart Mill, Peirce e Quine.

• As principais objeções ao *a priori*, especialmente as de Mill e Peirce.

6

Empirismo e ceticismo

Ceticismo, falibilismo e empirismo

Os críticos argumentam com frequência que o empirismo não pode dar conta de casos óbvios de conhecimento e por isso acarreta o ceticismo. Em geral, quem é cético sobre certas crenças (p. ex., o mundo exterior, a indução, a crença religiosa) nega que tenhamos conhecimento nessas áreas. Esse cético não precisa negar que as proposições envolvidas sejam verdadeiras, mas apenas afirmar que não podemos saber se o são. Ele também não tem que dizer que não deveríamos acreditar nisso ou naquilo. O ceticismo é puramente um juízo epistêmico sobre a qualidade da nossa evidência. O que poderia ser chamado de "ceticismo geral" é a visão de que não temos qualquer conhecimento em absoluto, nem mesmo o conhecimento de que não temos nenhum conhecimento.

A questão do ceticismo obviamente gira em torno do significado de "conhecimento". Tradicionalmente, conhecimento tem sido entendido como implicando que não podemos estar equivocados, no sentido de que nossa evidência deve ser mais forte até do que a maior probabilidade de erro, de modo que falar num "provável conhecimento" é contraditório. Como não aceitamos mais essa expressão, é melhor usar "certeza absoluta" (ou simplesmente "certeza") para passar o sentido tradicional e usar "conhecimento" como termo mais inclusivo. Estar seguro de algo é estar justificado acima de toda dúvida possível (i. é, imaginável), ao passo que ter conhecimento é estar justificado acima de uma dúvida razoável.

Podemos então distinguir quatro doutrinas: o *falibilismo* (a tese de que nada é absolutamente certo), o *ceticismo* (a de que não se conhece nada como verdadeiro) e suas negações, o *infalibilismo* (algo é certo) e o que podemos rotular de *senso comum* (algo é conhecido como verdadeiro). Uma vez que certeza implica conhecimento, embora não o inverso, essas doutrinas podem ser relacionadas num quadrado de oposições (cf. o ponto-chave "Um quadrado de oposições"). As teses diagonalmente opostas são contraditórias ou negações e o ceticismo implica falibilismo, embora não o inverso. De modo similar, se pudermos mostrar que algo é certo, então o senso comum é verdadeiro e o ceticismo, falso. O importante aqui é que não podemos mostrar que o empirismo implica ceticismo em certo domínio porque isso implica que não estamos certos acerca de proposições nesse domínio.

PONTO-CHAVE: *Um quadrado de oposições*

Ceticismo: Infalibilismo:
Não se conhece nada   *Alguma coisa é certa*

Falibilismo: Senso Comum:
Nada é certo   *Alguma coisa se conhece*

- Os cantos opostos são contraditórios: os dois não podem ser verdadeiros e não podem ser ambos falsos.
- Ceticismo implica falibilismo; infalibilismo implica adesão ao senso comum.

Neste capítulo vamos examinar três problemas céticos que o empirismo enfrenta: o problema do mundo externo, o problema de justificar as fontes básicas do conhecimento empírico com princípios empiristas e o problema mais geral de mostrar que nossas categorias correspondem à realidade.

Locke e o véu da percepção

O problema do mundo externo pode ser colocado em termos do seguinte argumento:

(1) Todo conhecimento de objetos físicos baseia-se na experiência.

(2) A experiência não dá conhecimento dos objetos físicos.

Logo, (3) Não temos conhecimento de objetos físicos.

A primeira premissa decorre do empirismo. A segunda baseia-se em três argumentos interligados.

• Primeiro, quando percebemos o mundo somos cientes apenas de vários conteúdos de experiências como formas, cores, sons e impressões táteis e não há uma boa razão para crer que não sejam idênticos às superfícies dos objetos. Daí não podermos saber diretamente se uma experiência presente é uma percepção de um objeto real e não fruto da imaginação.

• Segundo, não podemos deduzir o objeto a partir das sensações, uma vez que é possível ter experiências similares quando não há quaisquer objetos presentes, por exemplo nos sonhos e alucinações.

• Terceiro, não podemos saber por indução se uma experiência é causada por um objeto de fato, uma vez que a indução se restringe ao que podemos experimentar e somos apenas cientes de nossas ideias ou sensações.

Se queremos evitar a conclusão cética, temos que rejeitar uma dessas premissas. Temos que rejeitar a premissa (1) e desistir do empirismo ou rejeitar a premissa (2) e descobrir uma maneira dentro da experiência de mostrar como podemos ter conhecimento de objetos externos.

O problema é esse. Se partirmos do pressuposto de que a mente percebe diretamente ideias ou dados sensoriais causados por objetos físicos, como podemos ir além deles para o conhecimento das coisas exteriores? O que pode ser ilustrado como segue:

A Mente $\xrightarrow{\text{percebe diretamente}}$ a Ideia (dado sensorial) $\xrightarrow{\text{causada pelo}}$ Objeto Físico

A mente percebe diretamente ideias, que são causadas por objetos físicos, mas não podemos deduzir delas os objetos. Também não podemos inferi-los por indução, pois somos apenas conscientes dos dados da relação e nunca do objeto propriamente. Por conseguinte, o mundo físico é incognoscível com base nos princípios empíricos. Com frequência isso é expresso dizendo-se que as ideias, ou seja, as sensações e seus conteúdos, formam um véu de percepção entre nós e o mundo, o que faz do mundo um mistério, se é que de fato existe um mundo.

Geralmente considera-se que isso é fatal para o empirismo de Locke. Ele afirmava que as ideias representam objetos físicos reais, mas, segundo a interpretação padrão, também considerava as ideias como entidades que se colocam entre nós e eles; daí o problema do véu. Embora claramente sustentando que percebemos diretamente as ideias que representam objetos externos reais (visão que podemos chamar de *realismo representativo*), não fica claro se Locke aceitava essa teoria das ideias. Para haver um véu da percepção (ou uma cortina de ferro, para usar outra imagem), as ideias têm que ser existências, algo como imagens por trás das quais se escondem os objetos, e não fica claro se Locke sustenta isso. Ele pensa que as ideias são percepções quando consideradas como existências, mas ficções quando vistas como representações de objetos físicos. Percepções são atos mentais com certo conteúdo, mas os conteúdos não são existências separadas. Só as percepções são entidades reais. Quando vemos uma maçã, percebemos uma forma redonda avermelhada, mas Locke acha que é um erro coisificar essa forma. "Vermelha" e "redonda" descrevem o tipo de percepção que temos, não um objeto com existência independente entre nós e a maçã. A ontologia de Locke reconhece apenas particulares (quer sejam mentes ou objetos materiais) e suas modificações. Uma percepção é uma modificação da mente de quem percebe e tem seu próprio caráter peculiar em que podemos pensar sem pensar no próprio estado mental; é a ideia enquanto conteúdo ou pensamento-objeto. Se a maçã existe, a percepção não é uma ilusão e seu objeto é um particular real além de objeto de pensamento; mas se a maçã não existe, há apenas a percepção, não há ideia existindo distinta da percepção. Falamos de ideias (enquanto modificações de percepções) como se fossem entidades reais, mas, de acordo com Locke, é apenas uma maneira de falar.

Isso pode ser explicado com uma analogia. Um jogador faz um *home run* no beisebol quando alcança em segurança e toca as quatro bases sem a ajuda de um erro. Quando faz isso três vezes num jogo, dizemos que ele fez três *home runs*, mas *home runs* não são coisas como a bola e o bastão. Falar de *home runs* é uma maneira abreviada de descrever certas jogadas do batedor. Elas não existem separadamente do batedor rebatendo a bola e percorrendo as bases em segurança. De modo semelhante, falar de ideias como pensamentos-objetos é apenas uma maneira conveniente de falar sobre certos tipos de percepções que os animais experimentam e não nos compromete a sustentar que elas são existências que formam um escudo isolando de nós os objetos físicos.

Essa concepção das ideias era comum no século XVII e remonta à Idade Média. Os escolásticos afirmavam que podemos considerar uma percepção ("intenção" em latim) de duas maneiras: "subjetivamente", como um modo de pensamento ou modificação daquele que percebe, ou "objetivamente", por concentração sobre aquilo a que se refere, ou seja, seu objeto. Mas há apenas uma entidade, a própria percepção, considerada de maneiras diferentes. Isso decorre de uma ambiguidade gramatical do genitivo em latim e em inglês. A expressão "retrato do rei" pode se referir a um retrato que o rei possui ou a quem é retratado. No primeiro sentido, o genitivo é subjetivo e no segundo, objetivo. De modo similar, o Livro *de* Rute é o livro bíblico *sobre* Rute, ao passo que o Livro *de* Mateus é o livro bíblico escrito *por* Mateus. O conhecimento do contexto é que torna claras as expressões, mas às vezes isso não é possível (como no caso de "a Palavra de Deus"). As percepções consideradas como estados mentais são estados de quem percebe e, portanto, subjetivas, mas são objetivas quando consideradas segundo aquilo a que se referem, a saber, os objetos comuns a muitos sujeitos que percebem. (Essa é a origem da distinção moderna entre "subjetivo" e "objetivo", o primeiro termo referindo-se ao estado particular individual e o segundo ao objeto público que representa.)

As ideias consideradas dessa forma diferem dos dados sensoriais. Como vimos, Russell sustenta que os dados sensoriais são objetos de atos de conhecimento *e* existem independentes desses atos. Por conseguinte, se o realismo representativo estiver correto e os dados sensoriais não são idênticos aos objetos físicos, há então uma barreira entre nós e o mundo.

Pode-se discutir se Locke aceita ou não essa concepção das ideias, mas se trata claramente de uma opção para o empirista.

Este pode sustentar que, quando temos uma percepção exterior, temos uma sensação de *objeto intencional* que pode ou não ser real. Se a percepção é verídica, o objeto é real; se ela é ilusória (como num sonho ou alucinação), então o objeto é uma fixação imanente à percepção. A doutrina da percepção representativa pode então ser reinterpretada como sustentando que, ao ter uma sensação de *O*, aquele que percebe não pode determinar unicamente a partir dessa sensação se *O* é real ou apenas uma ficção. No máximo, a proposição de que *O* existe (p. ex., a de que existe uma maçã) é uma hipótese que é justificada porque tem coerência com outras crenças (ou, se aceitarmos o confiabilismo, porque resulta de um mecanismo perceptivo confiável).

Algumas alternativas metafísicas

Deixemos de lado a teoria de Locke e consideremos o *realismo representativo* como a doutrina de que percebemos diretamente os dados sensoriais, os quais achamos que representam objetos físicos reais. Nesse sentido, a doutrina postula uma "existência dupla" na percepção comum (como Berkeley a descreveu) e é, portanto, mais claramente sujeita à objeção do véu da percepção. Por isso, se somos empiristas, temos que rejeitar a segunda premissa do argumento cético e tornar os objetos físicos acessíveis à evidência empírica. Uma maneira com que os empiristas fizeram isso foi oferecer alternativas metafísicas ao realismo representativo, que reduz os objetos físicos a dados sensoriais que claramente fazem parte da nossa experiência. Outra estratégia foi rejeitar completamente os dados sensoriais e sustentar que percebemos diretamente objetos físicos substanciais. Examinemos cada uma dessas estratégias por vez.

Fenomenalismo, idealismo e realismo direto

As teorias metafísicas que os empiristas apresentaram para resolver o problema são o fenomenalismo e o idealismo. O *fe-*

nomenalismo sustenta que os objetos físicos não são substâncias materiais, mas feixes de dados sensoriais. Uma vez que os dados sensoriais são diretamente percebidos, segue-se que estão na órbita da experiência. Em vez de afirmar que as coisas físicas causam os dados sensoriais, o fenomenalismo sustenta que elas são redutíveis a esses dados, de modo que não há qualquer véu ou escudo entre elas e nós. Não existem três reinos de entidades – mentes, fenômenos (i. é, dados sensoriais) e objetos físicos –, mas apenas mentes e fenômenos. Isso transforma o problema de evitar o ceticismo em explicar a aparência e a realidade dentro do reino dos dados sensoriais. Se não podemos ter contato direto com o mundo, a estratégia é reduzir o mundo àquilo com que temos contato direto. Ou como diz a canção do duende em *Finian's Rainbow*: "Quando não estou perto da moça que amo, amo a moça de quem estou perto".

O *idealismo* de Berkeley pode ser considerado uma versão do fenomenalismo. A característica essencial das teorias fenomenalistas é a tese reducionista, mas outra questão é a condição ontológica dos próprios fenômenos. Berkeley sustenta que eles são ideias e, portanto, que os objetos físicos são sistemas de pensamentos-objetos que não têm existência independente das mentes. Um fenomenalista não precisa ir tão longe. Ele pode aceitar a tese reducionista sem se comprometer em afirmar se os dados sensoriais são ideais ou reais, considerando esta uma questão separada. O resultado é uma alternativa empírica ao ceticismo que permanece agnóstica sobre a questão do idealismo. Ou então o fenomenalista pode rejeitar o idealismo e considerar os dados sensoriais como entidades reais, isto é, entidades independentes do que se pensa sobre elas. O resultado, nesse caso, seria um realismo fenomenalista. Usando a terminologia dos dados sensoriais, podemos distinguir duas teses:

(i) Os objetos físicos podem ser reduzidos a dados sensoriais (*tese reducionista*).

(ii) Os dados sensoriais são dependentes do pensamento de alguma mente (i. é, são ideias berkeleyanas).

O idealista aceita tanto (i) quanto (ii), o fenomenalista realista aceita (i) e rejeita (ii), o fenomenalista puro e simples aceita (i) e não se compromete quanto à verdade ou não de (ii). Berkeley sustentava (i) e (ii), John Stuart Mill afirmava (i) e rejeitava (ii), enquanto outros (talvez A.J. Ayer no século XX) aceitaram (i) e evitaram (ii).

O que essas teorias têm em comum é a *tese da percepção direta*. Todas sustentam que apreendemos diretamente os objetos físicos nas experiências perceptivas comuns e que, portanto, sabemos diretamente quando eles existem onde a apreensão direta é uma forma de conhecer por apresentação, ou seja, quando S apreende diretamente um objeto, ele sabe diretamente que o objeto existe. Por conseguinte, a percepção direta permite o conhecimento não inferencial de que os objetos físicos existem.

Podemos expor a resposta fenomenalista ao problema do véu da percepção no seguinte argumento:

(1) Os objetos físicos são redutíveis a dados sensoriais.

(2) Os dados sensoriais são diretamente percebidos.

Logo, (3) Os objetos físicos são diretamente percebidos.

A premissa (1) é a tese reducionista e (3) é a tese da percepção direta, enquanto (2) é considerada uma tese óbvia aceita por todas as partes, inclusive os céticos. Mas, como seria de esperar em filosofia, o que uma parte considera óbvio outra considera irremediavelmente equivocado. Isso nos leva à terceira alternativa empirista ao véu da percepção: o *realismo direto*, que seus defensores gostam de chamar *realismo do senso comum* (e seus críticos chamam de *realismo ingênuo*). O realismo direto sustenta que (3) é verdadeiro (percebemos diretamente os objetos externos), mas que ambas as premissas são falsas, uma vez que não há dados sensoriais. Enquanto o fenomenalismo resolve o problema reduzindo o dualismo dados-objeto aos dados sensoriais, o realismo direto derruba esse dualismo afirmando que não há dados sensoriais. Thomas Reid, contemporâneo mais jovem de Hume, e seus seguidores argumentam dessa forma, sustentando que a percepção direta dos objetos físicos é um princípio básico do senso comum. As ideias e os dados sensoriais são ficções criadas pelos filósofos e o problema cético não decorre da inacessibilidade dos objetos físicos, mas da postulação filosófica equivocada que faz intervir entidades entre nós e os objetos. A pessoa comum (dizem Reid e seus seguidores) sustenta que as coisas físicas são objetos materiais substanciais e acha ridículo que sejam vistas como sistemas de dados sensoriais ou separadas de nós por uma tela de entidades intervenientes.

O problema da percepção direta

Como lidar com essas duas teorias? Como nosso foco são questões epistemológicas, podemos evitar os problemas metafísicos acerca do reducionismo e do idealismo. Mas todas as teorias enfrentam problemas quanto à percepção direta. A pessoa comum pode achar que é diretamente ciente dos objetos físicos, mas isso não responde tão facilmente ao cético.

O problema é que uma única experiência não mostra que um objeto físico existe. A maioria dos objetos externos que nos interessam têm o que Hume chamou de "existência contínua": não existem apenas quando os percebemos, mas pelo menos por um curto espaço de tempo antes e depois. Uma única experiência, no entanto, só estabelece que o objeto existe naquele momento. Se existia um momento antes é algo que fica na memória de uma percepção passada ou, quando desviamos o olhar e então olhamos de novo, reside na elaboração da hipótese de sua existência no intervalo entre os olhares. E se vai existir um momento depois só se pode saber quando esse momento chega ou quando o inferimos de uma percepção passada. A percepção direta mostra, no máximo, que os objetos existem no presente e não que existem antes ou depois. Quando diretamente percebo O em t_1, sei que O existe em t_1, mas isso não mostra que existia em t_0 ou que existirá em t_2, uma vez que sua existência em t_1 não implica que exista em qualquer outro momento no tempo.

Pode-se objetar que uma experiência única justifica que se pense que o objeto é real. Como J.L. Austin notou (1962: 48-49), todos podemos ver a diferença entre ser efetivamente apresentado ao papa e sonhar com isso. A percepção tem uma clareza de vida que ultrapassa o sonho, diferença que imediatamente captamos. Mas isso não indica que a crença na existência contínua não seja por inferência. Interpretamos a experiência como não sendo um sonho devido a sua nitidez e essa interpretação é uma hipótese, não algo que diretamente sabemos ser verdadeiro. O juízo tem que ser uma hipótese porque uma experiência única não *garante* que o objeto persista, por mais vivo e claro que se nos aparente.

Isso é confirmado pelo que diz o senso comum sobre os objetos físicos: que eles têm quatro características, a saber: (i) são *individuais*, com determinadas propriedades (massa, forma e cor específicas), (ii) têm lados, partes de trás e de baixo, sendo portanto *espacialmente completos*, (iii) têm *propriedades causais* que lhes permitem interagir com outros objetos e nos fazer percebê-los e, por fim, (iv) *perduram* por certa extensão de tempo. Claro, não podemos imediatamente saber, a um simples olhar, que um objeto diante de nós tem todas essas qualidades. O máximo que podemos saber é a sua aparência naquele momento e naquela perspectiva. O resto formulamos por hipótese: que são substanciais, têm parte de trás, propriedades causais e duração. A clareza da experiência mostra, no máximo, que essa hipótese é justificada e não mero palpite.

Se isso está correto, o problema não é que há um véu da percepção, mas que os objetos físicos transcendem o que podemos saber em qualquer dado momento a partir da percepção. O problema cético persiste, quer consideremos que o objeto está "por trás" dos nossos dados dos sentidos ou o alcemos à presença direta da mente, quer o tomemos por um sistema de dados ou como coisa física substancial. Seja qual for a nossa concepção, tudo o que podemos saber numa única percepção é que há uma entidade naquele momento; o resto é inferência. O problema também existe se interpretarmos a teoria de Locke sobre as ideias como sugerido na seção anterior. Segundo essa visão, uma sensação tem um objeto intencional que pode ser ideal ou real e não podemos saber se uma coisa ou outra unicamente examinando a sensação. Como os objetos físicos reais têm existência contínua, a crença de que o objeto é real é no máximo uma conjetura. É o que Locke tinha em mente quando argumentou que o conhecimento sensório é uma inferência não demonstrativa a partir de nossa intuição sobre a aparência de realidade do objeto. É sempre possível que a premissa seja verdadeira e a conclusão, falsa.

O problema da transcendência é uma praga em todas as casas e não apenas uma objeção ao realismo representativo. Nem é problema exclusivo do empirismo. Também infesta o racionalismo. Examinaremos se o problema indica que não temos qualquer conhecimento dos objetos externos depois de analisarmos os outros argumentos que os céticos apresentaram contra o empirismo.

O problema geral do mundo exterior

Estivemos até aqui concentrados no problema do conhecimento de objetos físicos específicos, dado que apenas percebemos diretamente dados sensoriais. Mas há também um problema mais geral do mundo exterior, ou seja, como podemos saber que há algum mundo externo a nós. Há, portanto, duas questões:

- Como posso saber que minha experiência presente é de um objeto físico real?
- Como posso saber que existem quaisquer objetos físicos?

A primeira questão indaga como podemos saber se determinada experiência é verídica ou ilusória. A segunda indaga como podemos saber se *quaisquer* experiências são verídicas: Nossa experiência como um todo é um sonho ou não? São questões diferentes. Podemos ser capazes de responder a segunda sem conseguir responder a primeira, isto é, podemos saber que há objetos externos sem saber que agora estamos percebendo um. Por outro lado, se pudéssemos responder a primeira, teríamos também uma resposta para a segunda. Temos tratado da alegação cética de que somos incapazes de responder à primeira questão. Examinemos rapidamente a segunda.

A maioria dos empiristas admite que não podemos estar *certos* de que há um mundo externo, tomando-o então por hipótese, mas há também uma variedade de opiniões sobre o assunto. Num extremo estão os que sustentam que o mundo exterior é um artigo de fé que não pode ser justificado sem que tudo seja colocado em questão. Uma visão mais moderada é a de que o mundo exterior é uma hipótese razoável ou, como por vezes se coloca, é a melhor explicação para a nossa experiência. No outro extremo estão os idealistas e realistas diretos como Berkeley e Reid, cuja visão não é a de que o mundo exterior seja de modo algum uma hipótese, mas algo que podemos ter certeza que é verdadeiro porque o percebemos de forma direta.

A concepção de Hume é típica da segunda visão. Ele diz que "os homens são levados, por um instinto ou predisposição natural, a basear a fé nos sentidos" e que, sem qualquer reflexão, supõem que há um universo externo que continuaria existindo "ainda que nós e toda criatura sensível estivéssemos ausentes ou fôssemos aniquilados". Ele acha que todos os animais são "governados por uma opinião semelhante" (*EHU*: XII i: 151). A expressão que George Santayana usa para expressar isso é "fé animal" (1955, cap. XI). Não sabemos disso por argumentação, mas acreditamos e agimos com base nisso por instinto. Santayana e presumivelmente Hume concordam que não podemos refutar um cético decidido, pois não podemos provar de forma conclusiva que há um mundo externo. Por conseguinte, trata-se de um artigo de fé cega sem qualquer autoridade intelectual, mas que não podemos evitar.

A visão de Russell em 1912 era menos extrema. Ele concorda que a crença num mundo exterior é instintiva, mas acha que é uma explicação mais simples para nossa experiência do que outras teorias (p. ex., o fenomenalismo, o idealismo e a crença mística de que toda vida não passa de um sonho). Ao postular entidades substanciais, o realismo oferece um lugar e uma causa às aparências: são diferentes visões de um único sistema de coisas num espaço comum. As teorias fenomenalistas veem os objetos físicos como sistemas de dados sensoriais com "um buraco no meio", ao passo que as teorias realistas postulam um núcleo imperceptível que causa os dados. Não temos conceitos detalhados da natureza desse núcleo. Só podemos conhecê-lo por descrição como "a causa dos nossos dados". Russell não diz explicitamente tal, mas isso sugere que considera o realismo mais racional que outras teorias (RUSSELL, 1959, cap. 2).

As teorias mais radicais de Berkeley e Reid de que o mundo exterior não é uma conjetura podem ser inicialmente mais plausíveis, mas, como vimos, a percepção direta não se sustenta com as alegações em sua defesa. O que é especialmente danoso por basearem nisso a racionalidade da crença em um mundo exterior.

Berkeley chega a afirmar que a percepção direta dá uma garantia absolutamente certa ao senso comum contra o cético. Examinemos mais detalhadamente sua explicação.

Ele diz que o adepto da representação é forçado a concluir que "não podemos alcançar nenhum conhecimento demonstrativo evidente das coisas sensíveis", mas que essa dúvida desaparece tão logo as tomemos como diretamente presentes à mente. "Posso igualmente duvidar tanto do meu próprio ser quanto do ser das coisas que efetivamente percebo", uma vez que é contraditória a possibilidade de independência dos objetos da percepção direta em relação ao pensamento (*PHK*, § 88). Isso é afirmar que sabemos com certeza que os objetos físicos existem. Mas o argumento para tal não é claro. Ele pode querer dizer que sabe disso com a mesma certeza evidente que tem de sua própria existência porque é capaz de intuir quando está sendo apresentado a uma coisa real, mas trata-se claramente de um equívoco. Como vimos, o máximo que pode afirmar é que o objeto presente *parece* ser uma coisa real e não um fantasma.

Por outro lado, pode estar baseando sua certeza no argumento idealista geral de que objetos físicos não concebidos são impossíveis, mas isso também falha. O máximo que isso mostra é que o realismo é falso, ou seja, que não há objetos não percebidos. Mas não mostra que os objetos percebidos que permanecem sejam reais no sentido dado por ele, isto é, sejam impostos a ele por um poder superior. Tudo o que sabe pela experiência presente é que não pode se livrar voluntariamente de algumas ideias. Como Hume assinalou mais tarde, nossas percepções podem ser causadas por um poder interior, por uma mente superior ou por objetos físicos não mentais, mas não podemos saber qual é o caso por elas não estarem em nosso controle. Outros defensores da percepção direta (p. ex.: Reid) fizeram afirmações semelhantes de que sabem com certeza que há um mundo externo, mas parecem ter confundido a certeza (absoluta) com uma forte convicção e não precisam ser considerados aqui.

Os racionalistas em geral acharam isso um escândalo e buscaram refúgio no *a priori*. Kant argumentou que podemos inferir, do próprio fato de sermos cientes de aparências, que deve haver um mundo de coisas em si mesmas, uma vez que "aparência" implica alguma coisa da qual é aparência. Mas não é um argumento convincente. Ele acaba descrevendo como aparências os objetos intencionais de nossa experiência e não temos como usar essa terminologia carregada. Se usarmos uma expressão neutra como "dados sensoriais", não podemos fazer qualquer inferência de objetos externos, uma vez que dado sensorial não implica que haja qualquer coisa da qual seja um dado.

Um argumento mais famoso (e interessante) é o de Descartes. Apelando a sua ideia de Deus e a princípios *a priori*, ele argumenta que nossa inclinação natural para crer num mundo externo não pode ser equivocada, pois a perfeição de Deus é inconsistente com o engano. Infelizmente, esse argumento é frágil, mesmo se aceitarmos a Teoria Racionalista do Conhecimento formulada por Descartes. Ele considera evidente em si mesmo que o ser perfeito não o enganaria sobre a realidade exterior. Mas quem sabe Deus tenha senso de humor e ache que iludi-lo é uma forma de lhe ensinar humildade. Seria sem dúvida uma boa piada se apenas Deus e Descartes existissem. Também é possível indagar como Deus poderia não ter senso de humor, uma vez que é perfeito e nos criou à sua imagem. Podemos até argumentar, usando princípios cartesianos, que o fato de termos senso de humor *mostra* que o criador também deve ser bem-humorado, pois um chato azedo só poderia criar chatos azedos semelhantes. Mais uma vez Descartes faz uma suposição e a confunde com um princípio *a priori*.

Há também algo de humor no argumento. Como observou Hume, apelar à veracidade de Deus para provar a veracidade de nossos sentidos é "fazer com certeza um circuito bem inesperado", pois quando colocamos o mundo em questão "ficamos perdidos sem encontrar argumentos" para sequer provar a existência de Deus (*EHU*: XII i: 153). Partindo de pressupostos empíricos (e do senso comum), Hume acha inacreditável que alguém pense que a existência de Deus é mais certa que a existência de um mundo externo, por exemplo que seja mais duvidoso que há um carneiro assado na mesa do que Deus existe.

Parece, por conseguinte, que não podemos "satisfazer a nossa razão" de que a crença num mundo externo é verdadeira, como coloca Hume. É um pressuposto inevitável para o qual não há qualquer bom argumento e o melhor que podemos esperar é que não seja uma grande ilusão. Teremos mais a dizer sobre isso posteriormente.

Indução, percepção e memória

Outro problema que confronta o empirismo é a validação das fontes básicas de evidência. Se indagado como sabe de algo, você pode responder que seu médico lhe contou, que você aprendeu isso na escola, que leu no jornal ou que um médium lhe disse. São fontes específicas que você indica para conferir credibilidade à sua crença. Também pode responder de forma mais genérica, dizendo que sabe por experiência (ou pela razão). Uma das tarefas da epistemologia é avaliar essas fontes. Uma lista preliminar das fontes de regras informativas gerais pode incluir:

- percepção externa;
- introspecção (o "senso interior" de Locke);
- testemunho;
- memória;
- indução, dedução, abdução;
- razão (a fonte do conhecimento *a priori*).

Pode-se considerar as três primeiras como constituintes da experiência, mas o testemunho parece derivativo. Você tem que ser capaz de ouvir ou ler o que a testemunha ou especialista lhe diz e além disso, ao que parece, ter evidência de que são confiáveis. A memória também não é uma fonte original. Quando se lembra de alguma coisa, ou você se lembra ao vê-la ou então soube dela a partir de alguma outra fonte. A memória preserva as crenças do passado e amplia o que pessoalmente sabemos, mas não fornece evidência básica. A indução, a dedução e a hipótese nos levam de um conjunto de crenças para outro e são fontes inferenciais. Pode-se considerar que a razão inclui a dedução e a intuição *a priori* de premissas básicas. As fontes básicas de evidência empírica, então, parecem ser a percepção, a memória e a indução. A percepção fornece as premissas básicas, a memória preserva-as e a indução é o método de generalização.

Chamá-las de fontes de evidência ou conhecimento sugere que são causas de conhecimento. É verdade, mas também nos fornecem princípios epistêmicos básicos cuja aplicação aumenta o *status* de evidência das crenças. Podemos dizer, por exemplo, que parecer lembrar uma proposição aumenta sua garantia sob certas condições. Princípios similares podem ser construídos para as outras fontes. O resultado são dois conjuntos de problemas para o epistemologista:

- Quais são as bases para considerar esses princípios verdadeiros?
- Quais as exatas condições sob as quais parecer lembrar, perceber, captar por introspecção ou inferir uma proposição de outra aumenta o *status* dessa proposição?

Já discutimos o *a priori* e discutiremos o testemunho de milagres no capítulo 7, mas uma discussão da segunda questão está fora do nosso escopo neste livro. A primeira questão, no entanto, é pertinente para o problema do ceticismo e sua relação com o empirismo.

O problema central é a circularidade. Para justificar uma fonte temos que apelar a outra fonte que supomos, justificando-a então com uma terceira ou proceder a um raciocínio circular. Exemplificando com um caso simples, se indagado como sabe que está acordado, você pode se beliscar ou perguntar a alguém por perto se você está acordado, mas uma e outra coisa levam a um questionamento. Você pode estar sonhando de se beliscar ou de falar a alguém. O problema é mais complicado quando você tenta justificar um princípio epistêmico em vez de uma crença específica, mas em princípio é o mesmo. Para justificar a percepção, a linha mais promissora seria mostrar que suas crenças espontâneas com base na percepção resultam de um mecanismo perceptivo confiável, mas isso só pode ser feito com outros apelos à percepção, o que incorre novamente no esquema circular. O argumento também faz apelo à indução e à memória e isso levanta novas questões. Uma é o problema de justificar a indução. Mas a indução também pressupõe dados para começar e isso, parece, tem que vir da percepção. Além do mais, para ter dados suficientes precisamos da memória, que só podemos mostrar que é conducente à verdade por meio de novos apelos à percepção, à indução e a dados lembrados. O melhor que se pode fazer, parece, é pressupor a confiabilidade da percepção, da memória e da indução e esperar pelo melhor.

Os racionalistas costumam argumentar que o *a priori* pode fazer o serviço na linha proposta pelo argumento cartesiano do Deus da perfeição, mas de fato não consegue, como vimos. Podemos tentar outras estratégias *apriorísticas*, mas o conceito de *a priori* é obscuro demais para satisfazer sequer o mais modesto dos céticos. Sem uma teoria de como a percepção conceitual interior difere da crença firme ou de uma vaga sensação de obviedade, o racionalista fica apenas com notas promissórias, mas sem uma solução efetiva.

Kant sugeriu solução mais modesta numa linha racionalista. Em vez de afirmar direto que a percepção, a memória e a indução (e outras fontes) são confiáveis, ele argumenta que sua confiabilidade é pré-condição necessária do conhecimento. Com isso quer dizer que se os fatos exteriores não forem justificados, não temos qualquer conhecimento deles. O problema é que isso resulta em uma ambiguidade sobre a justificação. Mostrar que se requer um método para o conhecimento não mostra que ele seja confiável, mas o justifica apenas no sentido mais fraco de que não temos outra opção senão aceitá-lo. O cético pode concordar com isso e ainda assim razoavelmente duvidar que produza conhecimento. No máximo, Kant mostra que não devemos ser condenados por aceitar essas fontes. O epistemologista quer saber se elas são conducentes à verdade e se levarão a crenças verdadeiras a longo prazo. O argumento de Kant não aborda essa questão.

A solução de Kant de fato não é muito diferente da solução de Hume. Este sustenta que todas as três fontes são baseadas no costume e no hábito e que tendemos a segui-las naturalmente por instinto. São pressupostos do conhecimento, assim como nossa crença em uma realidade exterior. Ele acha que os argumentos céticos têm apenas um efeito momentâneo sobre nós e não nos deixam tranquilos, como os céticos antigos afirmavam, mas agitados e deprimidos, mas isso logo passa, especialmente se nos envolvemos em outras atividades menos intelectuais. Examinaremos mais de perto a visão de Hume no § "Empirismo e senso comum" (p. 195).

Mais problemas: o novo enigma

Um terceiro problema cético para o empirismo é o "novo enigma" da indução proposto por Nelson Goodman (1955: 74ss.).

Acreditamos que as esmeraldas são verdes porque todas as esmeraldas que examinamos eram verdes, mas Goodman observa que podemos também inventar predicados artificiais que são igualmente bem confirmados por essa evidência. Suponhamos que se defina "verdul" assim: x é verdul se e apenas se for verde até certa data, digamos 1° de janeiro de 2050, e azul a partir de então. Todas as esmeraldas que examinamos até agora são verdes *e* verduis e a indução não eliminará a hipótese verdul até chegarmos à metade do século, mas sempre podemos inventar outros predicados do tipo verdul escolhendo momentos diferentes. Podemos também inventar uma gama infinita de predicados azerdes (i. é, azuis até hoje e verdes a partir de amanhã). Goodman diz que há um número infinito de predicados "engraçados" desse tipo que são consistentes com nossa evidência empírica, não importa quantos inventemos, e que não podemos determinar se as esmeraldas e outras coisas que supomos verdes não são na verdade verduis ou algo semelhante. Ele chama de *projetáveis* os predicados que podem ser projetados para *todos* os momentos. A questão que levanta é como determinar se os predicados que estabelecemos são projetáveis ou não.

Goodman chama a isso de "novo enigma" da indução porque introduz um novo conjunto de possibilidades que não podem ser eliminadas por procedimentos indutivos. Em que sentido é novo? Desde o início há dois problemas na indução. Um é o problema de Hume, o de justificar alguma regra indutiva. O segundo é o problema da aplicação da regra. O princípio da indução estabelece que exemplos não examinados assemelham-se aos examinados, mas evidentemente essa não é uma regra universal. No máximo, *alguns* casos não examinados assemelham-se aos examinados. O segundo problema é o problema de ter critérios para quando pudermos extrapolar a partir de casos observados. O novo enigma é um exemplo desse segundo problema. Se tivéssemos critérios para quando um predicado é projetável, saberíamos se é correto generalizar a partir dos dados ou não.

Quando examinamos a questão dessa forma, o problema de Goodman revela-se um problema para o empirismo desde sempre. Como vimos no capítulo 1, Locke distingue entre os conceitos que usamos para investigar o mundo (as essências "nominais") e os tipos naturais no mundo (as essências "reais"). Sua questão é como podemos determinar que essências inventadas (nominais) correspondem a essências reais. Ele acha que essa questão não tem resposta e duvida que jamais venhamos a descobrir as essências reais das coisas. Quer este problema e o de Goodman sejam ou não problemas de indução, o fato é que são claramente problemas para as teorias empiristas, que sustentam que todo conhecimento da realidade repousa na experiência e na indução.

O problema pode ser colocado como segue. Quando investigamos a natureza, sempre começamos com uma teoria de fundo sobre os predicados que se podem combinar para criar leis e também princípios sobre as relações entre os predicados e sua relevância mútua. A cor, por exemplo, não é considerada tão relevante para a herança genética de uma criatura quanto a forma ou o tamanho. O papel da indução é descobrir quais desses predicados estão ligados como leis. Se isso for correto, a indução começa com uma suposição geral sobre a estrutura possível do mundo, que é refinada através da experiência. Mas, como sustentou Locke e o novo enigma mostra, ela não pode justificar essa teoria geral. O máximo que pode fazer é eliminar hipóteses sobre as correlações entre os predicados.

O que fazer com esse problema? Uma das soluções propostas é a Teoria Cartesiana das Ideias Inatas. Descartes acha que temos ideias inatas que representam a estrutura geral do mundo (incluindo sua geometria) e que a veracidade de Deus garante sua correspondência com a realidade. Algumas observações de Hume sugerem que ele pode ter sustentado uma teoria similar. Ele diz que há "uma espécie de harmonia preestabelecida entre o curso da natureza e a sucessão das nossas ideias". Embora "os poderes e forças" da natureza nos sejam desconhecidos, "descobrimos que mesmo assim nossos pensamentos e concepções ainda foram no mesmo rumo das outras obras da natureza" (*EHU*: VII ii: 54-55). Ele está falando do seu problema da indução, mas suas observações podem ser estendidas ao novo enigma e ao problema de Locke. Mas ele não acha que essa harmonia, se é que há uma harmonia, seja resultado direto da ação de Deus; ela tem uma explicação natural e não é uma dádiva direta de Deus.

Alguns pensaram que a evolução pode ser a chave do problema. A harmonia de que fala Hume pode ser explicada porque tem valor de sobrevivência. Criaturas sem propensão inata de pensar em harmonia com a natureza não teriam sobrevivido. Essa pode ser a explicação correta, mas não é resposta para o cético que quer uma justificação para pensar que nossos conceitos básicos são adequados. Primeiro, a Teoria da Evolução é ela mesma uma teoria empírica baseada na indução e em outras teorias empíricas, de modo que apelar à evolução é fazer um raciocínio circular. Segundo, mesmo que pudéssemos contornar isso, a seleção natural ainda não mostra que nosso esquema conceitual corresponde à estrutura última da realidade. Ela pode justificar os conceitos que usamos no nível prático (evitar animais perigosos, não comer certas plantas e encontrar parceiros), mas não há razão para pensar que ela nos prepara para lidar com questões últimas, tais como a origem do universo ou a constituição das partículas mais ínfimas. O resultado é que nossa crença de que nossos conceitos são adequados de uma maneira que não são os predicados "engraçados" de Goodman é outra suposição de conhecimento que não podemos justificar. Podemos ter propensões naturais a acreditar no mundo externo, a seguir a indução e a confiar na percepção e na memória e também a moldar conceitos adequados para pensar sobre questões básicas, como argumenta Hume, mas não podemos validá-las sem criar um questionamento ou fazer pressupostos sobre outros pontos.

Empirismo e senso comum

A conclusão a que somos aparentemente levados é que o conhecimento empírico (e talvez todo o conhecimento) repousa em pressupostos que não podemos justificar sem cair na circularidade. Alguns usaram isso para mostrar que o cético, afinal de contas, está certo, uma vez que a principal alegação do cético é que não podemos dar uma explicação plenamente racional do conhecimento. Mas isso não é ceticismo no sentido em que o temos considerado. É preciso distinguir entre o ceticismo como negação do conhecimento (que é o sentido que temos adotado) e como negação de que sabemos ter conhecimento de algo. Esta última é claramente uma tese mais forte. Podemos ter conhecimento mesmo se não conseguimos mostrar que o temos. Hume, por exemplo, sustenta na sua *Investigação* que temos conhecimento, embora negue que possamos prová-lo. No trecho em que afirma haver uma harmonia entre nossas crenças e a realidade, ele diz que, a não ser que haja tal harmonia, "nosso conhecimento" seria "limitado à esfera estreita da nossa memória e sentidos" (*EHU*: VII ii: 54-55). Ele obviamente nega que tenhamos que mostrar que temos conhecimento para tê-lo.

A questão entre esses dois sentidos de ceticismo é o problema do *externalismo* e do *internalismo*. Como vimos, o externalismo sustenta que podemos ter conhecimento contanto que nossos pressupostos básicos sejam verdadeiros, mesmo se não pudermos justificá-los de modo não circular, ou, em outras palavras, o conhecimento pode basear-se em pressupostos que não podemos explicar. Uma teoria internalista nega isso e sustenta que o conhecimento deve ser plenamente validado e não pode basear-se em suposições. A concepção mais forte de ceticismo é internalista e rejeita a teoria de Hume (na *Investigação*) sem argumentar. (Cumpre notar que Hume foi mais simpático à concepção mais forte no *Tratado*.)

O internalista argumenta assim:

> (1) Se nossas crenças não podem ser plenamente justificadas, não temos conhecimento.
>
> (2) Nossas crenças não podem ser plenamente justificadas.

Logo, (3) Não temos conhecimento.

Aí, *plenamente justificar* uma crença ou teoria é justificá-la sem argumentar em círculo nem apelar a pressupostos não explicados. A premissa (1) é a tese do internalismo. Hume com sua crítica internalista deve concordar que a premissa (2) é verdadeira, mas ele rejeita (1). Hume acha que podemos ter conhecimento mesmo que ele se baseie em pressupostos não justificáveis.

Diz-se com frequência que (1) é a noção tradicional de conhecimento, mas isso não é conclusivo, uma vez que a posição externalista é de que a noção tradicional precisa ser substituída. Também não pode ser defendida por contraexemplos, pois se pode argumentar que eles são efetivos apenas na medida em que reflitam a concepção tradicional de conhecimento.

Um argumento mais forte é que o externalismo abre a porta à superstição, pois nos permite ajustar nossos pressupostos para justificar qualquer coisa em que quisermos acreditar. Embora não seja geralmente reconhecida, Hume tem uma resposta para isso. Ele afirma que a racionalidade na "vida comum" é definida pelo que podemos defender apelando às três fontes básicas; supomos que elas sejam confiáveis e exigimos que todas as outras crenças e fontes de evidência empírica (testemunho e autoridade) sejam justificadas com base nelas; e a superstição não pode satisfazer esse teste. Ele não acha que essa concepção da racionalidade seja *a priori*, mas que está implícita em nossa vida social e de interação corriqueira, isto é, na "vida comum" ou cotidiana. O internalista sustenta que *todas* as crenças devem ser justificáveis sem apelo a suposições (embora ele também não esteja em geral preocupado com a circularidade, a não ser que se trate de um cético) e que nada deve ser aceito por fé sem base na razão e na evidência. Hume é simpático a isso, mas isenta a indução, a percepção e a memória (e nossa crença na realidade externa) porque as aceitamos por instinto. Ele acha que devemos restringir ao máximo nossos pressupostos básicos.

Hume chama sua concepção de *ceticismo mitigado*. Sua tese principal é de que temos uma propensão natural a confiar na indução, na memória e na percepção. Os argumentos mais fortes do cético são o problema do véu (que Hume claramente reconheceu), o problema da indução e a impossibilidade de validar a percepção pela experiência. Não podemos retrucar esses argumentos apelando a outra evidência, uma vez que a indução e a percepção são a fonte de *toda* evidência experimental e não temos evidência independente dos objetos externos. O resultado é que não podemos fazer qualquer progresso contra o cético nessas questões. Mas Hume acha que isso não afeta a nossa prática, pois nossa crença nesses princípios básicos não pode ser abalada por argumentos. "A natureza é sempre forte demais por princípio." Mesmo o cético não pode ser convencido por seus próprios argumentos; "o primeiro e mais trivial evento na vida vai pôr em debandada todas as suas dúvidas e escrúpulos" e ele continuará a fazer inferências mesmo que não possa satisfazer-se sobre "os fundamentos dessas operações" ou responder às objeções a elas (*EHU*: XII ii: 160). Um ceticismo excessivo desse tipo não pode ter qualquer efeito sobre nós.

Mas ele acha que há uma forma mais fraca de ceticismo que é instrutiva e útil à sociedade. E faz duas recomendações: primeiro, que não devemos ser "afirmativos e dogmáticos" demais em nossas opiniões, mas defendê-las com "um pequeno verniz de Pirro", percebendo que há sempre argumentos "contrários"; e, segundo, que devemos limitar nossas investigações a temas dentro de nossa capacidade cognitiva, evitando questões que estão além do nosso alcance (*EHU*: XII iii: 161-162). Pode-se acrescentar uma terceira recomendação: todas as crenças sobre questões de fato devem se basear na experiência até onde possível. Essas advertências não são regras morais, mas características do "justo raciocinar" que distingue o sábio do vulgo.

Hume diz que essa é uma versão do ceticismo, ainda que suponha na *Investigação* que temos conhecimento e sustente que não podemos plenamente justificar seus princípios básicos. Como se coadunam essas duas afirmações? A visão dele é que o fracasso em dar justificação plena não implica que não tenhamos conhecimento. Podemos concordar com os outros aspectos do ceticismo mitigado de Hume, mas é incerto que seja intelectualmente respeitável afirmar o conhecimento sem justificação plenamente satisfatória.

Uma tentativa de responder a essa questão foi feita por G.E. Moore. Ele afirma que argumentos para mostrar que temos conhecimento "devem ser da natureza de uma *petitio principii*"[4]. Qualquer um que tentar mostrar que sabe alguns fatos externos deve apelar a "algum exemplo de fato externo que conheça", o que questiona tudo (MOORE, 1959: 159-160). Isso pode ser generalizado. Não podemos contrapor com argumento a alegação de um cético de que não há conhecimento, pois ele não aceitará nossas premissas a não ser que elas sejam conhecidas e esse é o

---

4. Petição de princípios, em latim no original [N.T.].

ponto em questão. Além do mais, se alegarmos que sabemos intuitivamente que temos conhecimento, o cético pedirá uma razão para acreditar que essa é uma intuição autêntica e não apenas uma firme convicção, o que requer um critério para fazer a distinção, critério que deve ser por sua vez justificado. Por conseguinte, não podemos refutar o ceticismo provando que temos conhecimento.

Mas isso não significa que temos que concordar com ele. Pois, seja qual for o argumento do cético, diz Moore, "[s]eria sempre no mínimo tão fácil negá-lo quanto negar que efetivamente conhecemos fatos externos" (MOORE, 1959: 159-160). A questão para Moore é que, ao sermos confrontados com um argumento que leva à conclusão que rejeitamos, podemos rejeitar a validade do argumento ou uma de suas premissas em vez de aceitar a conclusão. No caso dos típicos argumentos céticos, Moore acha que é mais razoável rejeitá-los do que negar o conhecimento. Mesmo que não possamos mostrar que são verdadeiros nossos pressupostos do senso comum, podemos ainda assim rejeitar os argumentos céticos contra eles. Pode-se argumentar que os argumentos céticos repousam em premissas óbvias, mas esse não é um argumento que um cético pode dar. Se o desse, ficaria comprometido com a tese de que tem conhecimento e estaria, portanto, em contradição consigo mesmo. Na verdade, o cético não pode apresentar absolutamente quaisquer argumentos. O máximo que pode fazer é mostrar que o não cético aceita certas alegações inconsistentes com a afirmação de que tem conhecimento (com base em suas próprias regras de consistência). E isso deixa em aberto ao "dogmático" ajustar suas suposições para retrucar à objeção, exatamente como Moore sugere.

Para ver como funciona a estratégia de Moore, examinemos o argumento de que não há conhecimento uma vez que conhecimento implica certeza absoluta e nada é sabido com certeza. Isso pode ser esquematizado da seguinte maneira:

(1) Conhecer *p* implica certeza absoluta em *p*.
(2) Nada é conhecido com absoluta certeza (tese do *falibilismo*).
Logo, (3) Não há conhecimento (= *ceticismo*).

Os falibilistas aceitam (2), mas isso não os compromete com (3), pois podem sempre rejeitar (1), como sugere Moore. Isso parece, de fato, o que aconteceu historicamente. Os antigos céticos argumentavam que a afirmação de estoicos e platônicos (os "dogmáticos", como os céticos os chamavam) de que o conhecimento implica certeza compromete-os com a tarefa impossível de mostrar que nossas crenças são infalíveis. Quando o debate foi retomado no período moderno, os não céticos abrandaram o requisito e aceitaram a possibilidade do conhecimento falível ou provável, em vez de abandonar a afirmação de que temos conhecimento. Uma vez que é senso comum a crença de que temos conhecimento, eles preferiram enfraquecer a concepção de conhecimento do que contradizer a opinião comum.

Também podemos aplicar a estratégia de Moore ao argumento internalista de que o conhecimento não pode se basear em pressupostos não justificados. Podemos rejeitar a exigência de que as fontes básicas devem ser plenamente justificadas, isto é, justificadas não presuntivamente e não circularmente, como faz Hume na *Investigação*. Ele adota uma posição externalista e sustenta que o conhecimento repousa em pressupostos inevitáveis. Embora seja um ponto controverso, parece a forma mais plausível de o empirismo defender-se dos argumentos céticos que examinamos anteriormente. Quando confrontado com o argumento de que sua doutrina implica ceticismo, o empirista deveria buscar alguma falha de raciocínio ou uma premissa (ou suposição fundamental) que possa ser rejeitada em vez de aceitar a conclusão. Se puder fazer isso, poderá evitar o ceticismo sem abandonar o empirismo. Mas devemos ser cuidadosos em não superestimar as implicações disso. Sem argumentos diretos de que temos conhecimento, a crença de que o temos é baseada em suposições e, portanto, é um artigo de fé. A estratégia de Moore é uma tática de dilação: ela nos permite defender o senso comum contra essa crítica, mas nossa aceitação dela é ainda assim presuntiva.

A despeito de sua cautela em outros aspectos, Moore parece superestimar sua própria posição nesse caso. Depois de admitir que não pode contrapor a conclusão cética, diz: "A única prova de que temos conhecimento de fatos externos está no simples fato de que os conhecemos" (MOORE, 1959: 160). Se o externalismo estiver certo, nós de fato os conhecemos *se* nossas fontes pressupostas forem confiáveis, mas é um equívoco dizer que é *simplesmente um fato* que conhecemos fatos externos. Nós acreditamos que os conhecemos, mas Hume sem dúvida teria a cautela de não ser superafirmativo a respeito; podemos não saber isso em absoluto, uma vez que nossas crenças se apoiam em suposições.

A estratégia de Moore também lança luz sobre o problema colocado pelo novo enigma de Goodman (e a doutrina de Locke sobre as essências nominais). Além de pressupor que há um mundo externo e que a indução, a percepção e a memória são confiáveis, nós supomos que as linhas gerais de nossa teoria do mundo são verdadeiras, ainda que possamos imaginar alternativas a ele e admitir que importantes modificações possam ser necessárias no futuro. Goodman está inequivocamente certo de que não podemos justificar nossos conceitos básicos por indução. Nosso sistema classificatório é uma teoria de fundo que trazemos para as experiências específicas e que se baseia na abdução em vez da indução. É também menos essencial que nossa crença num mundo externo ou confiança nas fontes básicas. A história da ciência (e do senso comum) mostra que nossos conceitos mudam de maneiras significativas, de forma que não seria racional tomar o nosso esquema atual como algo fixo.

A razão é que a Teoria de Fundo tem significativamente mais conteúdo que a crença de que há um mundo externo. A afirmação de que há um mundo externo assevera apenas que nossas ideias são causadas por coisas não mentais. Mas não nos dá um quadro detalhado delas nem das leis que as governam. Tudo o que temos é uma ideia relativa com conteúdo mínimo. A teoria de como o mundo é estruturado é dada por nosso esquema conceitual, que opera como a teoria mais geral de seu arcabouço, e sabemos que isso é sujeito a ajustes. É aqui que se mostra pertinente, creio, o conselho de Hume de que devemos proceder "com um verniz de Pirro" (*EHU*: XII iii: 161). Se nossas crenças num mundo exterior e na confiabilidade das fontes básicas são pontos fixos do senso comum, nossa confiança em nossas categorias deve ser mais hesitante.

Resumo

Este capítulo tratou dos seguintes pontos:

• O problema de justificar as afirmações sobre objetos físicos e a existência de um mundo externo em geral com base em princípios empíricos.

• As respostas ao problema apresentado pelo realismo representativo, pelo fenomenalismo (em suas versões realista e idealista) e pelo realismo direto.

• O "novo enigma" da indução apresentado por Goodman e sua relação com a doutrina de Locke sobre essências nominais e reais.

• As implicações externalistas da afirmação de Hume de que o conhecimento repousa em pressupostos que não podemos justificar de modo não circular e o método de Moore para lidar com o problema.

7

Empirismo e crença religiosa

Estivemos examinando alguns dos problemas enfrentados pelo empirismo: a natureza da experiência, o *a priori* e o ceticismo. Neste capítulo voltamos à aplicação do empirismo à crença religiosa. Como vimos, todos os empiristas rejeitam argumentos *a priori* sobre a existência de Deus, como o argumento de Descartes de que Ele deve existir porque é infinitamente perfeito e a existência é perfeição. A resposta de Hume a isso é típica dos empiristas. Ele diz que "há um evidente absurdo em pretender demonstrar uma questão de fato ou prová-la com qualquer argumento *a priori*", pois "[q]ualquer coisa que concebemos como existente podemos também conceber como inexistente" (*DNR*: IX: 189). Mas essa não é a aplicação mais interessante do empirismo a essa questão. A principal questão epistêmica é saber se há base empírica para crenças nas intenções de Deus. Examinaremos três argumentos: (i) o argumento do desígnio, que alega que o universo foi criado por uma inteligência; (ii) o argumento de que podemos conhecer as intenções de Deus a partir dos livros religiosos como a Bíblia ou o Corão, porque eles relatam milagres que podem ter sustentação em evidência empírica; e (iii) argumentos da experiência religiosa e dos estados místicos. As primeiras três seções vão discutir o desígnio, as críticas de Hume e o efeito que teve na questão a teoria de Darwin sobre a seleção natural. As duas seguintes discutem a revelação e a crítica de

Hume à racionalidade dos milagres, com a última abordando a experiência religiosa.

O argumento do desígnio

O argumento do desígnio pode ser resumido assim:

(1) O universo e suas partes evidenciam desígnio e ordem, por exemplo nos planetas, no olho, na reprodução animal.

(2) A ordem resulta ou do acaso ou de um projetista.

(3) Ela não resulta do acaso.

Logo, (4) Resulta do desígnio de um projetista.

(5) Desígnio implica inteligência com metas e planos sobre recursos e meios.

Logo, (6) Há uma inteligência que desenhou o mundo, isto é, Deus.

A primeira premissa é conhecida por experiência. As premissas (3) e (5) são também empíricas: sabemos por experiência que as partes não se combinam ao acaso em objetos complexos, exigindo ao contrário uma inteligência para organizá-las.

O maior expoente desse argumento foi William Paley (1743-1805; PALEY, 1963, cap. 1-3). Ele acha que o argumento tem três vantagens sobre os demais. Primeiro, a evidência de (1) é empírica e cumulativa. À medida que aprendemos mais sobre a natureza, descobrimos mais exemplos de desígnio, fortalecendo a evidência de (1). Ele acha que a complexidade do olho ou do ouvido demonstra por si mesma a conclusão, mas que os múltiplos exemplos a tornam ainda mais convincente (p. 33). Segundo, se isso estiver correto, o progresso científico fortalecerá o argumento e não haverá conflito entre ciência e religião. Por fim, o argumento não apenas prova que há uma causa natural, mas que se trata de um ser com objetivos. Outros argumentos empíricos (como o de Tomás de Aquino) alegam demonstrar que há uma causa eficiente primeira ou um motor imóvel a que chamamos Deus, mas deixam uma lacuna entre o que provam e as características que normalmente são associadas a Deus. Já este argumento fecha a lacuna.

Paley ilustra o argumento comparando o universo a um relógio (cap. 1-2). Ele diz que se você encontrasse uma pedra ao atravessar um brejo facilmente concluiria que ela estivera lá desde sempre. Mas não seria razoável pensar o mesmo se você encontrasse um relógio. As partes de um relógio são montadas para produzir movimento, que é "regulado de modo a indicar as horas do dia". Cada parte tem que funcionar em harmonia para produzir o resultado: a caixa de mola transmite o movimento à corda espiral e daí à balança e ao ponteiro com um intricado sistema de engrenagens. Se qualquer das partes estivesse em lugar diferente, não serviria ao propósito que tem. Paley diz que a natureza é cheia de exemplos de desenhos similares que em conjunto apontam para a existência de um criador de grande poder e sabedoria.

Paley acrescenta várias observações a título de esclarecimento. Primeiro, seria de supor que o relógio foi projetado, mesmo que nunca tivéssemos visto um antes e não soubéssemos como funciona. Sabemos que é um artefato projetado devido a sua complexidade, não por causa do nosso conhecimento de relógios. Além do mais, chegaríamos a essa conclusão mesmo se descobríssemos que ele fora gerado por si mesmo. Na verdade isso tornaria a conclusão ainda mais forte, pois um relógio que gera a si mesmo teria que ser consideravelmente mais complexo que um relógio comum.

Segundo, não podemos evitar de inferir a existência de um projetista postulando uma cadeia infinita de causas. Se o relógio fosse autogerado, poderíamos sustentar que o encontrado no brejo era simplesmente resultado de outros relógios "pais" cuja linhagem remonta à eternidade. Mas isso não explica o fato central, a saber, que as partes do relógio são montadas com um propósito. Queremos saber o que causou o artifício e postular uma cadeia infinita de causas não explica isso. Não é a existência desse relógio que precisa ser explicada, mas como um mecanismo tão complicado pode produzir tal efeito útil, o que requer um projetista fora da série causal. "Uma cadeia composta de um número infinito de elos não pode se sustentar mais que uma corrente com um número finito de elos" (p. 9).

Terceiro, podemos afirmar que não há qualquer talento no projeto do relógio, que as partes simplesmente foram se ajustando em seus lugares ao acaso, assim como se arranjam três pedras num riacho ou as partes de uma pedra. Paley diz que é isso que o ateu afirma sobre a natureza, mas para ele não é uma posição razoável. O acaso pode explicar por que o relógio está emborcado com o mostrador para baixo, mas não como as partes foram montadas daquela maneira para indicar as horas. Além do mais, a afirmação do ateu de que todas as partes da natureza (do movimento dos planetas aos órgãos animais) resultam do acaso espanta as pessoas sadias como algo incrível, especialmente quando levamos em conta os mecanismos internos dos quais dependem as propriedades externas.

Paley acha que todo esse conjunto de razões mostra que deve haver uma causa primeira e que o universo não se poderia produzir por acaso. Ele deve ter sido projetado e criado por uma inteligência.

Nas duas próximas seções vamos examinar em termos lógicos as críticas de Hume ao argumento e o desafio apresentado pela Teoria da Seleção Natural de Darwin, que ameaçou reintroduzir o conflito entre ciência e religião ao explicar em termos naturalísticos do acaso os principais exemplos dados como prova de desígnio.

As críticas de Hume

Hume critica o argumento por três motivos: (i) apesar do que alegam seus defensores, há ainda uma lacuna entre o que o argumento mostra e a conclusão sobre Deus; (ii) se o universo requer uma causa, então devemos indagar também sobre a causa de Deus; e (iii) o argumento nada nos diz, apesar das aparências, sobre as intenções de Deus em relação a nós. O primeiro senão reintroduz o problema da lacuna e o segundo, o do regresso infinito, enquanto o terceiro ameaça minar a importância religiosa do argumento.

(i) A lacuna entre o argumento e a conclusão

Hume diz que o argumento é rápido demais em concluir que o agente organizador responsável pela natureza é Deus. Quando inferimos causas ocultas de efeitos observados, temos que fazer "o poder da causa proporcional ao efeito" e ter cuidado para não atribuir mais à causa do que encontramos no efeito. Por exemplo, se nos mostram uma balança com um peso conhecido num prato erguido enquanto o outro prato é mantido fora do nosso campo de visão, o máximo que podemos razoavelmente inferir é que o peso oculto é suficientemente maior que aquele que vemos para poder erguê-lo. Pode ser muito mais pesado, mas não podemos afirmar isso a partir da observação. Se o peso conhecido é x, o máximo que podemos inferir é que o outro peso é x mais o que for necessário para inclinar a balança. Também não podemos dizer se o prato escondido tem sobre ele uma coisa apenas ou várias nem quais são seus pesos específicos (*EHU*: XI: 136).

Isso mostra, segundo Hume, que o argumento vai além da evidência ao concluir que a causa da ordem é um Deus similar ao das grandes religiões. Primeiro, não podemos inferir que o projetista é de poder ou inteligência infinitos, mas apenas que ele tem poder bastante para criar este mundo finito. O argumento também não mostra que há apenas um projetista e construtor. Até onde sabemos, pode haver um deus que planejou o universo e outro que o construiu, de modo que o argumento não dá suporte ao monoteísmo contra o politeísmo. Filo, o cético dos *Diálogos sobre religião natural* de Hume (*DNR*: V), examina algumas dessas possibilidades.

• Sabemos que navios e prédios são construídos por muitos homens trabalhando em conjunto, de modo que seria razoável supor que muitos deuses obraram o universo. Também não sabemos se este é o único mundo criado. "Muitos mundos podem ter falhado e fracassado, ao longo de uma eternidade, antes que esse sistema fosse alcançado. Muito trabalho perdido, muitas tentativas infrutíferas, e uma lenta, mas contínua melhoria ao longo de infinitas eras se produziu na arte de fazer mundos" (*DNR*: V: 167).

• Podemos admitir que "o universo surgiu em algum momento a partir de algo como um projeto", mas não podemos "asseverar uma única circunstância" além dessa para fundamentar uma teologia. Tendemos a pensar que o universo é perfeito, mas, até onde sabemos, ele pode ser "muito falho e imperfeito comparado a um padrão superior". Pode ter sido "o primeiro esboço rudimentar de alguma divindade infantil que depois o abandonou" ou a tentativa primária de um deus inferior "ridicularizado pelos superiores" ou ainda obra "caduca e senil de alguma divindade antiquada" que logo morreu após a criação, deixando-a continuar a partir do impulso que lhe imprimiu (*DNR*: V: 169).

Podemos multiplicar essas possibilidades. O universo pode ter sido criado por uma comissão de deuses de variada habilidade, semelhante às comissões governamentais, na qual o deus geólogo (no controle dos terremotos) foi menos competente do que o deus anatomista, encarregado das partes do corpo como olhos e órgãos reprodutores. Outra possibilidade é que uma família tenha criado o mundo, e suas imperfeições sejam intervenções das crianças. Como diz Hume, essas possibilidades produzem "sinais de horror" nos fiéis (*DNR*: V: 169). A questão é que o argumento força uma conclusão em apoio das crenças religiosas usuais, mas não resiste a um exame atento. Por conseguinte, há um fosso entre o que ele prova e a concepção de Deus das religiões abraâmicas.

(ii) Se o universo requer uma causa, então podemos também indagar a causa de Deus

Há também um problema de regresso infinito. Filo, o porta-voz de Hume, argumenta nos *Diálogos sobre religião natural* (parte IV) que o cético pode tão razoavelmente perguntar o que causou Deus quanto o teísta indagar o que causou a ordem na natureza. (Deus precisa tanto de explicação quanto a ordem natural.) Cleanto (que defende o argumento) retruca: "Encontrei uma divindade e aqui interrompo minha investigação. Que sigam adiante os mais sábios e empreendedores." A resposta de Filo é que para os naturalistas esse "sistema ideal", isto é, o plano de Deus, "não é em nada mais explicável que um sistema material", ou seja, Deus e o plano de Deus não são mais nem menos autoexplicativos que a própria natureza (*DNR*: IV: 164-165).

Embora a questão seja complicada, há algo na visão de Cleanto. Ele quer explicar a ordem da natureza, mas pedir uma explicação a Deus levanta uma outra questão que ele não é instado a responder. Mas há ainda um problema. Cleanto acha que o mundo precisa de uma explicação, mas Deus não, ao passo que a maioria dos ateus sustenta que o mundo não precisa de explicação. Os dois lados concordam que uma explicação não pode estender-se infinitamente, mas discordam sobre onde deveríamos interrompê-la – e é difícil ver como essa questão pode ser decidida. John Hick diz que para o teísta o mundo precisa de uma explicação para se tornar racional, mas isso supõe que ele requer uma explicação racional e o teísta rejeita justamente isso (HICK, 1983: 23).

(iii) O argumento nada nos diz sobre as intenções de Deus em relação a nós

Hume tem também uma terceira objeção. Na *Investigação sobre o entendimento humano* ele discute o argumento num diálogo imaginário com um amigo que tenta defender a filosofia contra críticos que vêm nela efeitos perigosos. O teísmo argumenta que o desígnio não apenas prova a existência de um criador inteligente, mas que ele criou tendo em mente a nossa felicidade e que vai corrigir as injustiças do mundo recompensando os bons e punindo os maus na vida além-túmulo. O "amigo" de Hume argumenta que isso infere um efeito indevidamente a partir de um aspecto da causa que não é sustentado pela evidência. O argumento do desígnio infere uma causa a partir de um efeito e vai então da causa para a explicação de um novo efeito, mas isso só é razoável se sabemos o bastante sobre a causa para inferi-lo. Explicar um efeito a partir de um aspecto da causa não fundamentado "tem que ser necessariamente um bruta sofisma" (*EHU*: XI: 141). Esta é uma variante do princípio que está por trás do exemplo da balança: não podemos inferir da causa mais do que podemos observar no efeito.

A questão de Hume (colocada na boca do seu "amigo") é que é ilegítimo para o teísta inferir detalhes sobre o plano de Deus (p. ex., como Ele vai lidar com as injustiças desta vida) a partir da ordem do universo, uma vez que nada passível de observação nesta vida mostra isso. O teísta imagina-se no lugar de Deus e aí raciocina que Deus agiria como ele. Mas não há evidência disso. Se não temos prova de suas intenções sobre a matéria, não podemos dizer como Ele agiria.

O princípio por trás da objeção é que se *A* é postulado como causa com base nas características observadas *X* e *Y*, somos autorizados a inferir que *A* tem o poder de produzir *X* e *Y*, mas não podemos razoavelmente inferir que também tem o poder de produzir um efeito *Z* não observado. A evidência pode mostrar que o criador é um projetista e criador, mas não prova que ele também tem um plano mais elaborado que inclui uma vida pós-túmulo.

Hume faz uma possível réplica a isso no diálogo com o "amigo". Se vemos um prédio meio concluído, com argamassa, pedras e ferramentas ao redor, podemos razoavelmente inferir que o construtor planeja continuar a obra e voltará para terminá-la. De modo semelhante, quando percebemos uma pegada humana na areia da praia podemos razoavelmente inferir que um ser humano com duas pernas esteve andando por ali e que a água do mar apagou as outras pegadas. O teísta pode argumentar que o universo é como um prédio meio construído e que o projetista tem em mente "um esquema ou plano mais acabado" ao qual dará sequência mais adiante (*EHU*: XI: 143).

Hume faz duas réplicas a isso, uma apresentada pelo amigo e outra pelo próprio filósofo. Primeiro, é razoável fazer inferências nos casos da pegada e do prédio porque temos evidências de leis causais ligando uma e outra coisa a suas causas, mas não temos evidência de como uma divindade agiria no caso do universo. Sabemos que pegadas humanas são feitas por seres humanos com duas pernas, por isso sabemos que deve ter havido outras que desapareceram. Mas se não tivéssemos nenhuma crença de fundo desse tipo e apenas víssemos aquela única pegada, não poderíamos razoavelmente dizer como ela apareceu ali. Até onde sabemos, ela pode ter sido feita por um pássaro perneta ou por um animal de perna longa que desse um único passo entre uma e outra formação rochosa. Hume diz (por intermédio do "amigo") que o argumento teísta é mais desse tipo. "Conhecemos a divindade apenas por suas produções e é um ser único no universo, não incluído em qualquer espécie ou gênero, a partir de cujos atributos ou qualidades que experimentamos é possível inferir, por analogia, qualquer atributo ou qualidade nela" (*EHU*: XI: 144). Podemos inferir sabedoria e bondade nela apenas na medida em que o universo as exibe. Mas não somos autorizados a inferir "graus ulteriores" desses atributos "por meio de quaisquer regras de raciocínio justo".

A segunda resposta é esta (dada pelo próprio Hume): a única maneira de fazer inferências justas a partir de eventos singulares é examiná-los sob "espécies conhecidas" de fenômenos que sabemos por experiência estarem ligados a outros eventos. Mas Deus e a criação do universo são únicos e não podem ser relacionados a outros seres ou eventos por leis causais. Embora ele deixe o leitor tirar sua própria conclusão, o resultado parece ser que qualquer conversa sobre criação divina não passa de completa especulação.

PONTO-CHAVE: *Os* Diálogos *de Hume*

A principal obra de Hume sobre a existência de Deus, *Diálogos sobre religião natural*, apareceu em 1777, após a sua morte. O tema é o argumento do desígnio divino e as personagens principais representam as três posições principais a respeito:
• Cleanto é um empirista seguidor de Locke que defende o argumento do desígnio;
• Filo é um cético da religião que critica o argumento (presumivelmente representa Hume);
• Demea é um místico que rejeita o argumento baseado em que a natureza de Deus é um mistério.
Filo e Demea unem forças contra Cleanto, que está ciente o tempo todo que Filo não é amigo da religião. Como cético, Filo concorda com Demea que a natureza de Deus é ininteligível; por isso ele rejeita quaisquer crenças específicas sobre a natureza de Deus, ao contrário de Demea. Após uma discussão preliminar do ceticismo e várias seções sobre o desígnio, o diálogo se volta para o problema do mal.

Este último ponto é com frequência tomado como evidência de que Hume acha sem sentido qualquer conversa sobre Deus, uma vez que Ele não pode ser observado. É como os positivistas lógicos e defensores do "Velho Hume" o interpretam, mas temos que ser cautelosos aqui. Se "*p* é sem sentido" quer dizer que *p* não é verdadeiro nem falso, essa não é visão de Hume. Ele sustenta que "Deus existe" e que "Deus criou o universo" têm valor de verdade, mas que não podemos saber qual é. Ele é cético com as afirmações sobre Deus no sentido discutido no capítulo 6: as proposições podem ser verdadeiras, mas jamais podemos saber "apenas raciocinando" se o são ou não. Hume às vezes sugere a concepção mais forte. Diz, por exemplo, que o conceito de Deus é ininteligível, mas não quer dizer com isso que seja completamente desprovido de conteúdo. Para um conceito ser inteligível no sentido de Hume, temos que poder defender das objeções as atribuições dele, ou seja, ele deve ser claro e preciso o bastante para sermos capazes de dizer em que casos se aplica corretamente. É nesse sentido que é ininteligível afirmar que causalidade é conexão necessária, segundo uma interpretação da explicação que Hume dá de causalidade. O conceito não é desprovido de conteúdo, mas é muito pouco claro para ser útil na discussão filosófica.

Acaso e desígnio

O desafio mais sério ao argumento não é filosófico (e lógico), mas científico. A convicção de Paley de que a ciência reforçaria o argumento mostrou-se equivocada. Em 1859, a teoria de Darwin sobre a seleção natural explicou a biologia com base no acaso, sem postular um criador. Em linhas gerais, Darwin afirmou que as espécies mudam com o tempo, mas permanecem no fundamental as mesmas, isto é, os descendentes parecem com os pais, mas não completamente. Tais variações ocorrem ao acaso e as que dão à criatura uma vantagem de adaptação ao ambiente têm mais chance de passar à próxima geração e se espalhar pela espécie. Além disso, a geologia e a arqueologia nos dizem que há vida na terra há vários bilhões de anos, de modo que o acaso teve um tempo enorme para operar. Se a teoria é certa, podemos explicar órgãos complexos e altamente adaptativos, tais como o olho e o ouvido, com base em processos casuais e naturais. A alegação teísta de que apenas uma inteligência projetista pode explicar os exemplos de desenhos biológicos é falsa.

Isso com frequência é tomado em apoio ao ateísmo, mas se trata de um equívoco. A seleção natural mostra que o desígnio não é a única explicação para a complexidade das espécies. Isso sabota o argumento do desígnio, mas não prova que não haja um criador inteligente. A questão pode ser explicada em termos tomistas. Tomás de Aquino afirmou que Deus é a *causa primeira* e que os agentes e processos naturais são *causas secundárias*. A teoria de Darwin explica as espécies e suas características com base nas causas secundárias e no acaso, mas não mostra que não há uma causa primeira. O argumento do desígnio aceita o desenvolvimento dentro das espécies, mas não entre elas, ao passo que a teoria de Darwin explica como novas espécies podem surgir postulando apenas o acaso e causas secundárias. A Teoria da Seleção Natural empurra a agência divina mais para trás do cenário, mas não a nega.

Não discutirei aqui os méritos científicos da teoria de Darwin, focando apenas a objeção de que não é uma alternativa inteligente ao desígnio de uma inteligência criadora, uma vez que o acaso ainda não consegue explicar a vida tal como a conhecemos. Os teístas argumentam que um órgão como o olho só poderia ter sido produzido pela evolução com um grande número de variações casuais ocorrendo em momentos precisos e em ordem exata; e as chances contrárias são incrivelmente altas, tão altas que o resultado só poderia se dar se um agente inteligente estivesse conduzindo todo o processo.

Hume estava ciente dessa objeção e, escrevendo um século antes de Darwin (e da nova geologia), aceitou-a. Na verdade, a formulação que lhe deu é um clássico. Coloca-a na boca de Filo, o cético dos *Diálogos sobre religião natural* e presumivelmente seu porta-voz (*DNR*: XII: 215). Filo diz que, segundo o médico antigo Galeno, há 600 músculos diferentes no corpo humano, cada um dos quais deve ajustar-se em uma das 10 posições diferentes para realizar suas funções. Por conseguinte, somente nos músculos mais de 6.000 "visões e intenções devem ter-se formado e executado" para que funcionassem em conjunto. Além disso, Galeno diz que há no corpo humano 284 ossos com diferentes funções. Filo exclama:

> Que prodigiosa exibição de artifício, mesmo nessas partes simples e homogêneas! Mas se considerarmos a pele, ligamentos, vasos, glândulas, humores e os vários membros do corpo, como crescerá o nosso espanto proporcionalmente ao número e complexidade das partes ajustadas com tanta arte!

Se ampliarmos enormemente essas ocorrências casuais como deve ser se Darwin está certo, a coincidência de todas ocorrendo na ordem temporal adequada é espantosa.

Isso tem uma plausibilidade inicial, mas repousa numa falácia. Pois calcula a probabilidade dos eventos depois de sua ocorrência, ao passo que a probabilidade só pode ser aplicada antes de os eventos se darem. Se você receber treze espadas no bridge, ficará maravilhado com tamanha improbabilidade e achará talvez que algum deus das cartas de jogo estará a protegê-lo, mas seria uma suposição equivocada. Qualquer mão de treze cartas é igualmente única (pois há apenas uma carta de cada valor e naipe num baralho de 52 cartas), de modo que se uma mão perfeita com treze espadas é motivo para maravilhar, qualquer mão de cartas que você receber deveria igualmente maravilhá-lo. Se você previsse que receberia treze espadas (ou qualquer outra mão específica) e acertasse a previsão, isso sim seria maravilhoso. As chances contrárias à previsão são tão grandes que os outros jogadores provavelmente o acusariam de trapaça. Mas como você recebeu aquela mão sem ter feito a previsão, não há por que se maravilhar com a sua improbabilidade. Após o fato, a chance de receber exatamente aquela mão de cartas é 1, não uma fração ínfima de 1.

Outro exemplo é o seguinte. Há mais ou menos 3 bilhões de cédulas de 1 dólar norte-americano em circulação, cada uma com um número de série único. Se encontro uma dessas notas na minha carteira e digo que algum fenômeno maravilhoso ocorreu, seria considerado louco. As chances contra a previsão de que encontraria exatamente aquela nota são de 3 bilhões para 1 e, se de fato a fiz, seria realmente uma maravilha. Mas se eu não previ o número de série, a probabilidade de receber aquela nota com aquele número é simplesmente 1; e, uma vez que a possuo, não é mais apenas altamente provável (no sentido matemático) que a tenha, mas absolutamente certo. O mesmo é verdadeiro sobre a segunda nota de 1 dólar que eu encontrar. Ainda que as chances contrárias a uma previsão correta de que receberia exatamente aquelas duas notas sejam de $1/3.000.000.000^2$, uma improbabilidade impressionante, depois do fato a probabilidade é 1.

A objeção do teísta (e de Filo) comete exatamente esse equívoco. Quando indagamos a probabilidade de os seres humanos e outros animais serem como são agora, a resposta é 1. Se supomos que nosso estado atual foi planejado desde o início, então o fato de que estamos aqui agora não pode ser explicado sem um criador inteligente, mas isso é questionável. Se apenas o acaso operou, somos resultado disso e não passa de superstição e vaidade pensar que algum ser nos quis produzir. É por isso que as pessoas que recebem mãos perfeitas no bridge acham que foram favorecidas pelos deuses: elas acham que seu sucesso no jogo de cartas (e na vida) tem alguma importância no esquema das coisas, mas não há razão para pensar que não foi simplesmente sorte. Da mesma forma, se a teoria de Darwin estiver certa, nossa existência agora é apenas boa sorte (ou azar, dependendo de como você vê as coisas).

Há também um segundo ponto na objeção. Em qualquer estágio da evolução, a probabilidade de algum novo desenvolvimento baseia-se nas opções disponíveis, *dado aquele nível de complexidade*. A probabilidade de que a criatura esteja exatamente naquele estágio naquele momento é 1. Ao calcular a probabilidade de prever o próximo estágio, é um erro incluir probabilidades que teríamos calculado em momentos anteriores para chegar a este estágio. Não consideramos *todas* as probabilidades desde o início dos tempos. Isso seria como considerar a probabilidade de que você tenha exatamente esta moeda dentre milhões em circulação quando se calcula a probabilidade de dar cara ao jogá-la para o alto agora. A probabilidade de que dê cara é de 0,5, uma vez que a probabilidade de que você tenha esta moeda em vez de alguma outra é de 1 e 1 x 0,5 é 0,5. Filo e os críticos da seleção natural cometem esse erro quando enfeixam todas as probabilidades a cada estágio e as multiplicam para mostrar como é absurda a teoria. Se *e* ocorreu, sua probabilidade é 1 e se a probabilidade de o próximo evento ocorrer (antes de ter ocorrido) é *p*, a probabilidade de ambos os eventos ocorrerem é 1 x *p* ou simplesmente *p*. (A questão pode ser ilustrada com uma velha anedota. Uma mulher leva uma bomba num avião. Quando lhe perguntam por que, ela diz: "Estava preocupada com terroristas e quais seriam as chances de haver duas bombas num mesmo avião.")

A objeção também é questionada ao supor que o estado atual do universo foi intencional. Se a hipótese do acaso é correta, o universo não resultou da intenção de ninguém, mas simplesmente aconteceu. Nós, seres inteligentes, estamos aqui para discutir a questão, mas também podia ter acontecido de não haver universo nenhum ou que as criaturas dominantes fossem dinossauros. Num primeiro momento, tudo isso era igualmente incrível e talvez mesmo equiprovável. É por estarmos aqui pensando a respeito e termos a nós mesmos em tamanha conta que achamos que devemos ter sido planejados como resultado intencional do processo. Se a Teoria do Acaso estiver certa, porém, isso não passa de vaidade. Os poetas às vezes exaltam a beleza dos seres humanos, a simetria de seus corpos e rostos, com braços, peitos e pernas que se harmonizam, um nariz e uma boca e pares equilibrados de olhos e orelhas; mas isso não porque satisfazemos alguma forma ideal. Se tivéssemos nariz do lado esquerdo do quadril e olhos nos pulsos, ficaríamos igualmente espantados com nossa maravilhosa e agradável estética, felizes de não sermos bestas deformadas com olhos, narizes e bocas tais como os que temos agora.

Fé, razão e milagres

A clássica definição de fé e de razão é de Tomás de Aquino (1999, pt. 1). Ele afirma que a razão inclui o que podemos descobrir com nossas habilidades naturais, enquanto a fé está acima da razão nesse sentido. A razão pode descobrir que Deus existe, é eterno, bom, onipotente, onisciente e tem um plano para o mundo e para nós. Mas ela não pode estabelecer as verdades específicas da Cristandade, tais como a Trindade (segundo a qual Deus é três seres em um: Pai, Filho e Espírito Santo) e o dogma de que Jesus veio à terra para nos salvar do pecado original. São verdades que só podem ser conhecidas porque Deus revelou-as a nós através da Bíblia.

Visão semelhante é defendida por Locke, mas com algumas diferenças significativas. Ele concorda que a fé está acima da razão, mas discorda sobre qual delas é dominante. Tomás de Aquino afirma que devemos sempre seguir a fé quando há conflito entre a fé e a razão. Locke argumenta que podemos acreditar em alguma coisa por fé quando essa coisa é incompatível com a crença *provável*, mas não quando é incompatível com a razão *demonstrativa*. Ou seja, uma doutrina não é candidata adequada à fé se a razão puder demonstrar com certeza que a doutrina é falsa. Por conseguinte, quando a fé e a razão têm posições diferentes, Aquino acredita que devemos seguir a fé, enquanto Locke afirma que devemos seguir a fé somente quando a evidência em prol da fé é provável. Seu argumento é que se Deus revelasse um dogma contraditório com a razão ele estaria sabotando o dom mais útil que nos deu.

Locke também dá mais ênfase a determinar se a fé é autêntica. O problema central da fé é determinar quando uma doutrina é uma efetiva revelação de Deus e quando é o que Aquino chama de "uma bobagem, uma fábula". Aquino afirma que o critério são os milagres. Os cristãos têm fé verdadeira, enquanto o Islã é apenas uma fábula. Seu argumento é que a sobrevivência da Cristandade contra todas as probabilidades é um milagre, ao passo que o Islã sobreviveu porque Maomé prometeu aos seguidores muitas esposas no paraíso. Locke concorda que os milagres são o critério, mas apresenta uma teoria detalhada de como "a razão guia a fé" e parece fazer da fé um compartimento da razão.

Locke distingue entre a fé e o que chama de "entusiasmo". Fé é a crença *acima da razão, mas guiada por ela*, ao passo que o entusiasmo é crença *acima da razão e não guiada por ela*. As crenças do entusiasta podem ser verdadeiras, mas são irracionais, pois ele não tem evidência de que foram reveladas por Deus. Como diz Locke, as crenças do entusiasta não se baseiam na razão e na evidência, mas decorrem "[d]as presunções de um cérebro esquentado e pretensioso demais"; ele é convicto de estar certo porque Deus as revelou, mas não tem qualquer evidência que demonstre isso. Locke parece estar motivado pelo medo de que o entusiasmo (a fé irracional) leve à intolerância e tenha efeitos deletérios na sociedade (*Ensaio*: IV xix: 7).

O seguinte argumento mostra como a revelação pode indiretamente sustentar um artigo de fé:

> Qualquer coisa que Deus revele é verdadeira.
> Deus revela *p*.

Logo, *p* é verdadeiro.

Podemos garantir a premissa maior baseados em que Deus não mente. O problema surge com a segunda premissa. Como vamos saber se Ele fez a revelação? A maneira tradicional de saber é apelar às escrituras religiosas, que podemos mostrar provirem de Deus por causa dos milagres que descrevem. Um dos exemplos de Locke é:

> (A) Os anjos rebelaram-se contra Deus.

Uma vez que isso não é contraditório, é consistente com a razão demonstrativa e, portanto, candidato à revelação. Também não podemos sustentar isso diretamente com evidência provável, pois não temos testemunhas nem vestígios físicos da rebelião. Mas podemos indiretamente baseá-lo na razão com o seguinte argumento:

> (1) Qualquer coisa que Deus revele é verdadeira.
> (2) A história mostra que os milagres bíblicos ocorreram.

Logo, (3) A Bíblia é revelação de Deus. (A partir de (2))

> (4) A Bíblia relata que (*A*) é verdadeiro.

Logo, (5) (*A*) é verdadeiro. (A partir de (1), (3) e (4))

Locke acha que (1) é verdadeiro *a priori*. Ele também acha que temos boa evidência empírica de (2) e (4), que podemos inferir (3) de (2) e que (1), (3) e (4) implicam (5). É, portanto, racional acreditar por fé que os anjos se rebelaram. Se não pudermos apresentar este argumento ou outro semelhante baseado unicamente na razão, mas assim mesmo acreditamos que os anjos se rebelaram, então somos entusiastas e nossa crença é irracional.

Locke justifica sua posição apelando à própria Bíblia. Ele diz que Deus provou que os Dez Mandamentos vieram dele numa conversa com Moisés através de uma sarça ardente, isto é, operando um milagre. E quando Moisés ainda tinha dúvidas (ele simplesmente não acreditava numa moita em chamas), Deus transformou o cajado de Moisés numa serpente. Daí Locke argumenta que sua definição de fé é avalizada pela própria Bíblia. Ele não acha que a história bíblica prova sua teoria, pois seria andar em círculo apelar à Bíblia para demonstrar sua confiabilidade. Seu objetivo parece antes o de não poder ser razoavelmente acusado de heresia ou ateísmo se está apenas seguindo o exemplo de Moisés e baseando a fé em milagres.

Vários pontos deveriam ser observados aqui sobre as teorias de Locke (e de Aquino). Primeiro, eles supõem que a existência de Deus pode ser provada pela razão independente da fé. Sem essa prova em bases naturais, toda fé seria reduzida a mero entusiasmo ou uma fábula tola, uma vez que milagres pressupõem a existência de Deus. A religião pode contar uma história consistente, mas não haveria como ir além das suas alegações para mostrar que a história tem fundamento em fatos.

Em segundo lugar, a evidência de milagres deve também se basear na razão. Do contrário, eles não podem ser usados para diferenciar entre a autêntica fé e a falsa fé. Não podemos simplesmente apelar à Bíblia como evidência deles e, portanto, como evidência de que são revelações de Deus. Isso seria como acreditar num vendedor que afirma ser honesto. (Groucho Marx disse certa vez que se alguém afirmar que não é um vigarista, pode ter certeza que você está diante de um.) Deve haver bases independentes para mostrar que a Bíblia é a verdadeira Palavra de Deus em contraposição a outras obras religiosas que não passam de falsificações.

Em terceiro lugar, a abordagem de Locke parece destruir a distinção entre fé e razão ao insistir que a fé religiosa seja razoável. Para aceitar algo como testemunho, mesmo o testemunho de Deus, devemos ter evidência (i) de que a testemunha é confiável e (ii) que ela de fato disse o que se alega que disse. No caso de Deus, não há como questionar sua confiabilidade, mas a questão é saber se a Bíblia é de fato seu testemunho. Se acreditarmos que é, mas sem evidências disso, acreditamos no que pode ser uma bobagem. A questão não é confiar ou não confiar em Deus, mas saber qual dos alegados testemunhos concorrentes é de fato dele. Foi por isso, presumivelmente, que Moisés pediu uma confirmação, pois a moita em chamas podia ser o diabo tentando desviá-lo do caminho.

Uma questão final: Por que Locke foi tão rápido em aceitar a Palavra de Deus como verdadeira? Não temos garantias de que o que ele nos diz é verdadeiro, uma vez que não temos como saber suas intenções. Até onde sabemos, enganar-nos poderia ser a maneira de ele levar adiante seu plano geral de forma mais perfeita. Talvez a razão para Locke aceitar (1) foi que, não importa o que digamos sobre essa questão, determinar o que Deus revelou é ainda um problema central.

Hume e os milagres

Se Locke estiver certo, a questão da fé verdadeira reverte ao testemunho humano e aos milagres. A mais famosa discussão disso é o ensaio de Hume sobre os milagres na *Investigação*. Ele afirma que um milagre é uma violação de uma lei da natureza, que podemos saber ter sido causado por intervenção sobrenatural uma vez que as leis naturais não podem ser alteradas pelos seres humanos. Um ser humano pode fazer uma sarça ardente parecer falar através de uma mágica inteligente, mas só Deus ou um agente de Deus poderia de fato fazê-la falar. Como disse Aquino, um milagre é um evento que ocorre "fora da ordem natural", querendo dizer que não pode resultar da natureza ou causas secundárias, mas tem que vir diretamente da causa primeira. Hume define sua posição como segue. Quando confrontado com um milagre,

> Eu peso um milagre contra o outro e, de acordo com a superioridade que descobrir, profiro minha decisão, sempre rejeitando o milagre maior. Se a falsidade de seu testemunho for mais miraculosa que o evento a que se refere, então e somente então poderá pretender o comando da minha crença ou opinião. (*EHU*: X i: 116)

A posição de Hume é a de que sempre é mais razoável rejeitar o testemunho de um milagre do que acreditar que uma lei da natureza foi violada; assim, nunca é razoável aceitar um milagre. Há duas interpretações para isso. A interpretação padrão é de que Hume acredita que, quando pesamos a evidência da lei aplicável contra a evidência de confiabilidade da testemunha, a lei sempre vence, de modo que a conclusão racional deve ser sempre a de que nenhum milagre ocorreu. Uma segunda interpretação é de que Hume afirma que sabemos em regra geral que o testemunho de milagres é falho e, portanto, não temos que pesar as evidências pró e contra a cada caso. Podemos chamar a primeira de *interpretação da balança* ou *do peso* e a segunda de *interpretação pela regra*.

De acordo com a interpretação da balança, Hume acha que deveríamos rejeitar a alternativa "mais miraculosa", aquela para a qual temos menos evidência. Ele afirma que, quando fazemos isso, é sempre mais razoável pensar que a lei não foi violada e rejeitar o testemunho. A interpretação pela regra sustenta que a alternativa mais miraculosa, segundo o argumento de Hume, é sempre a de que a lei falhou, uma vez que é uma lei da natureza e não há lei de que as testemunhas sempre relatam a verdade. Assim, quando examinamos a falha da lei contra a falha do testemunho, é mais razoável pensar que o testemunho falhou, uma vez que a lei sempre vence uma disputa entre lei e o que não é lei.

Essa questão não pode ser examinada aqui em detalhe. À parte a evidência textual, um argumento a favor da interpretação pela regra é de que ela dá uma leitura mais simpática de Hume. Há claros exemplos contrários ao argumento da balança que não se aplicam se ele está defendendo uma regra geral. Portanto, no espírito geral da questão, deveríamos aceitar a interpretação mais generosa.

Um desses exemplos contrários é o que segue. Suponhamos que as chances de ganhar na loteria sejam de 20 milhões para 1. Se o jornal noticiasse que seu amigo ganhou, você acreditaria, ainda que as chances contra ele fossem consideravelmente maiores que a possibilidade de o jornal ter cometido um erro ao anunciar o ganhador. Nesse caso, é mais razoável aceitar a alternativa *menos* provável e considerar falso o princípio geral de Hume de que deveríamos sempre rejeitar a menos provável. Mas esse não é um exemplo contrário à interpretação pela regra, uma vez que nosso amigo ganhar na loteria não é um milagre. Para usar a terminologia de Hume, é um evento maravilhoso, mas não miraculoso. Uma maravilha é um evento incomum ou que não esperamos, mas ele não viola lei alguma. Acreditar que seu amigo ganhou na loteria não é acreditar que ocorreu um milagre, portanto não se aplica o princípio geral de Hume de que devemos sempre aceitar o evento menos miraculoso.

Podemos nos perguntar por que a interpretação pela regra sabota a razoabilidade dos milagres. Dois fatores são relevantes. Primeiro, Hume argumenta que os critérios do bom testemunho repousam na generalização que é pouco menos que lei. Sabemos que as testemunhas nervosas ou não corroboradas são menos confiáveis que as testemunhas firmes e apoiadas por outras evidências. Também desconfiamos de testemunhas que contam exatamente a mesma história ou que têm algum interesse nela. Mas não há leis estabelecendo as condições sob as quais as testemunhas não estão equivocadas. Como diz Hume ao analisar por que nunca acontecem milagres em nossa época: "Não é nada estranho, espero, que os homens mintam em qualquer época" (*EHU*: X ii: 120). Todo tipo de representação equivocada é possível: as testemunhas podem cometer erros de percepção, de memória, ser iludidas por um hábil ilusionista fingindo-se de santo ou, ainda, podem estar mentindo. Isso é verdade mesmo no caso do testemunho de santos. Embora possamos estar seguros de que eles não mentiriam em proveito próprio, os santos podem muito bem fazê-lo por nosso bem. (Com efeito, agir pelo bem do outro é o que se espera dos santos.) Por conseguinte, a falsidade do testemunho nunca é um milagre e é sempre possível em qualquer caso que o testemunho esteja errado.

Em segundo lugar, é um erro pensar que os que acreditam em um milagre estão pesando o testemunho em relação à lei. Por afirmarem um milagre, estão comprometidos em sustentar que o evento viola uma autêntica lei e que só podemos explicar sua ocorrência através de intervenção sobrenatural. Se pesassem o testemunho em relação à lei e optassem pelo testemunho, estariam rejeitando a lei e não afirmando, portanto, que um milagre ocorreu. A visão dos crentes é de que a lei da natureza continua a valer quando o evento ocorre, mas que Deus a suspende para que o evento ocorra. Eles não dizem que o suposto milagre refuta a lei, uma vez que isso implicaria que não há lei e que, portanto, não há milagre. É nesse ponto que se aplica o argumento de Hume. Sua regra geral é de que há sempre uma dúvida razoável sobre o testemunho, mas nenhuma sobre a autenticidade da lei. Assim, é sempre mais razoável acreditar que o testemunho está errado e que nenhum milagre ocorreu.

Hume afirma que essa é uma regra que seguimos no dia a dia. Suponhamos que uma testemunha diga num julgamento que viu um pássaro entrar voando no quarto, transformar-se no réu e matar a vítima, depois virar pássaro novamente e sair voando pela janela. Ninguém acreditaria, não importando a sanidade e credibilidade de seus testemunhos no passado. Só nos contextos religiosos é que rebaixamos nossos padrões para poder aceitar histórias miraculosas que sustentam nossas próprias crenças. Em contextos não religiosos e quando as histórias dão suporte a religiões que rejeitamos, seguimos a regra de Hume. Ao rejeitar a razoabilidade das histórias de milagre, Hume está, com efeito, advertindo seus compatriotas a aplicar aos domingos os mesmos padrões que utilizam ao fazer negócios no resto da semana.

É importante notar que Hume não afirma que os milagres são logicamente impossíveis. A proposição "Milagres existem" não é contraditória e, portanto, é uma questão de fato. Mas também não se pode saber se é verdadeira, pois, segundo o seu empirismo, questões de fato só podem ser conhecidas com base na evidência empírica e o argumento que acabamos de examinar mostra que nunca é racional acreditar em milagres. Um segundo ponto é que o argumento de Hume não é *a priori*, mas empírico. Ele baseia-se no fato de que não há lei governando a confiabilidade do testemunho. Se houvesse tal lei e pudéssemos certificar que testemunhas de milagres são confiáveis segundo essa lei, então seria com efeito uma situação em que teríamos que pesar um milagre contra outro, pois teríamos que confrontar entre si duas violações das leis. Mas não é o que ocorre em nosso mundo.

Uma crítica que se faz com frequência a Hume é que geralmente não temos uma boa explicação de como um testemunho se extravia. O melhor que podemos fazer é conjeturar o que deu errado e isso não é o bastante. Paley diz que se dez testemunhas impecáveis contassem a mesma história de um milagre sem se consultarem mutuamente e mesmo depois de serem torturadas, não poderíamos explicar seu testemunho e de que maneira ele falseava a verdade. Mas Hume diz que devemos rejeitá-lo e negar a ocorrência do milagre. Mas não é uma objeção sólida. O testemunho dessas pessoas não prova que o evento ocorreu, mas apenas que elas *acreditam* que ocorreu. Porém mais importante é que ter uma dúvida razoável não nos compromete em ter que explicar o fato de alguma outra maneira. Isso apenas justifica não aceitarmos a explicação dada. Um júri pode ter uma dúvida razoável sobre a culpa de um réu sem ter ideia nenhuma de quem cometeu o crime. Hume não precisa de uma explicação específica e plausível de como se produziu o testemunho para rejeitá-lo como não sendo razoável. Como escreveu certa vez: "Um homem sério corre atrás de toda história tola de bruxas, duendes e fadas e fica investigando as evidências de cada uma? Nunca soube de ninguém que examinasse e deliberasse sobre tolices e não acreditasse nelas antes de terminar sua investigação" (*DNR*: 49 n. 2). Isso não é dogmatismo, mas senso comum, diria Hume.

O argumento da experiência religiosa

Muitas pessoas alegam conhecer Deus por experiência direta. Elas sentem a presença dele, ela as aconselha ou lhes aparece de forma mais espetacular, como uma luz cegante por exemplo, como supostamente apareceu a Paulo na estrada de Damasco. Tais são experiências religiosas, isto é, *experiências nas quais a pessoa sente a presença de um ser espiritual superior*. Tais experiências (i) têm uma *qualidade noética*, de modo que o sujeito acredita que o ser está presente, mas (ii) não são necessariamente verídicas, isto é, a crença que geram pode estar errada. Também se diz que são experiências inefáveis, especialmente quando seu impacto tem o poder de mudar a vida da pessoa. Mas isso não é essencial, pois geralmente é possível descrevê-las por meio de analogias e metáforas.

Locke tem uma famosa discussão a respeito. Ele chama a essas experiências de *revelações originais*, porque vêm diretamente de Deus, ao passo que revelação através de um terceiro, por exemplo um profeta (como Moisés), um livro (como a Bíblia) ou uma tradição religiosa. Primeiro, tal revelação por terceiro não se autentica por si. Os sujeitos alegam ter uma "clara iluminação" e "sentidos despertos", mas não podem precisar se a causa é Deus, satã ou "um cérebro esquentado e pretensioso demais". Enquanto não conseguem determinar isso, a crença pode estar equivocada, "ainda que possam chamá-la de iluminação ou visão". "Tenho que ver que é Deus que me revela isso, do contrário não vejo nada." A força de sua convicção "não é absolutamente evidência de sua retidão pessoal" (*Ensaio*: IV xix: 10-11). Em segundo lugar, para responder a essa questão o sujeito tem que apelar a "sinais externos" (como fez Moisés) ou a uma revelação tradicional como a Bíblia. Se a crença é consistente com isso, é justificada, mas se não, é entusiasmo e deve ser rejeitada. Aqueles que declaram novas verdades sem um sinal são levados "continuamente a rodar em círculo. É uma revelação porque firmemente acreditam nela e *acreditam nela porque é uma revelação*" (*Ensaio*: IV xix: 9).

Houve nos últimos tempos um ressurgimento do interesse em experiências religiosas. É útil distinguir duas questões sobre essas experiências: O que revelam sobre a natureza de Deus, se é que revelam alguma coisa; e os que têm essas experiências estão sendo racionais em pensar que Deus se comunica com eles?

Quanto à primeira questão, pode-se argumentar que a prevalência de experiências religiosas em que as pessoas falam de um

Deus benevolente é evidência de que tal ser existe. Vista sob essa luz, a experiência religiosa é semelhante aos fenômenos experimentais em ciência (tais como a refração da luz) que pedem uma explicação. Resulta um argumento causal em prol da existência de Deus: a experiência religiosa é um fenômeno melhor explicado quando se postula um Deus benevolente.

Mas esse argumento é fraco. Como assinalou William James (1961: 333-334), as experiências não são uniformemente positivas. Há também o fenômeno do *misticismo diabólico*, em que os místicos vivem a sensação de um ser superior terrível e mau, experimentando terror e sofrimento, não paz nem tranquilidade. James conclui que as experiências religiosas não dão suporte a uma visão teísta do mundo em oposição a uma visão ateísta, uma vez que experiências semelhantes que sustentam hipóteses contraditórias não favorecem uma sobre a outra.

A segunda questão é mais interessante. Embora admitindo que as experiências religiosas não fornecem boa evidência da existência de Deus, recentemente William Alston (1991, cap. 5) argumentou que mesmo assim é racional para os que as têm encará-las como orientação divina. Ele diz que a prática da experiência religiosa é análoga à experiência perceptiva comum e que assim como é racional confiar na percepção, é também racional que os sujeitos confiem em relatos baseados na experiência religiosa. Tanto uma coisa quanto outra pressupõem um fundo de crenças dentro das quais são interpretadas, um fundo que não pode ser justificado de maneira não circular, e ambas resultam em crenças justificadas *prima facie*[5], ou seja, crenças justificadas na medida em que não são sobrecarregadas por condições que a prática reconhece como circunstâncias frustrantes. No caso da percepção, o pano de fundo é a Teoria do Senso Comum sobre

---

5. À primeira vista, em latim no original [N.T.].

as condições em que a percepção permite crenças justificadas, ao passo que no caso da experiência religiosa é a prática religiosa dentro da qual tem lugar a experiência. Por exemplo, uma experiência religiosa que contradiz concepções fundamentais da comunidade religiosa em que ocorre é tão injustificada quanto uma crença perceptiva formada sob fraca iluminação ou a influência de drogas. Alston conclui que não há boa razão para rejeitar a prática da experiência religiosa como irracional. Se as mesmas condições valem para ambas, a honestidade intelectual exige que rejeitemos ambas ou aceitemos ambas.

PONTO-CHAVE: *Empirismo e a base da crença religiosa*
- *Visão tradicional*: A experiência mostra as intenções de Deus de duas maneiras, (i) dando suporte à ciência, que sustenta as leis e a complexidade que só podem ser explicadas pelo desígnio, que por sua vez nos fala de Deus; e (ii) dando suporte ao testemunho de milagres, que sustenta a revelação de Deus. Isto é:

- *Visão de Hume*: O desígnio não nos mostra coisa alguma sobre as intenções de Deus e o testemunho não dá suporte a milagres.
- *Terceira fonte*: A experiência religiosa interpretada por uma tradição religiosa, que (alega-se) mostra diretamente as intenções de Deus.

Essa teoria levanta questões que não podem ser examinadas aqui. Mas deve-se notar que a conclusão de Alston é bem limitada. As experiências religiosas não mostram que Deus existe, mas pressupõem isso uma vez que têm que ocorrer dentro de uma tradição religiosa. No máximo, mostram aos praticantes o que fazer ou não em ocasiões específicas. Alston está consciente disso. Seu objetivo é apenas mostrar que a prática não é irracional, como acusam muitos incrédulos. Isso levanta questões sobre a natureza da racionalidade e sua relação com a justificação e o conhecimento, mas elas não podem ser examinadas aqui.

Resumo

Neste capítulo discutimos algumas maneiras pelas quais o empirismo afetou a discussão da crença religiosa:

- A defesa empírica que Paley faz do argumento do desígnio e as objeções de Hume.
- A teoria de Darwin sobre seleção natural como desafio da afirmação de que o acaso não poderia explicar os principais exemplos de desígnio, como a complexidade do olho.
- A tentativa de Locke de defender a racionalidade da fé apelando à veracidade de Deus e dos milagres.
- A crítica de Hume à racionalidade da crença em milagres e as duas principais interpretações dessa crítica.
- A natureza e condição da experiência religiosa para justificar afirmações sobre o divino e suas intenções.

Conclusão
Naturalismo e empirismo

Vimos que o empirismo defende duas teses: a de que todas as ideias e crenças são adquiridas e a de que todo conhecimento da existência real se baseia na experiência. A primeira é uma alternativa ao inatismo de Descartes e a segunda, uma afirmação sobre a fonte da evidência da realidade. Os três primeiros capítulos focalizaram os grandes empiristas da história: Locke, Berkeley e Hume. Discutimos a defesa das duas teses por Locke e analisamos algumas das críticas de Leibniz à sua rejeição do inatismo. Descartes e Locke reagiram à concepção medieval-aristotélica de ciência à luz da nova ciência inaugurada por Galileu, pelo próprio Descartes e os ingleses Newton e Boyle. No capítulo 2 discutimos a afirmação de Berkeley de que o realismo físico de Locke leva ao ceticismo e tem que ser substituído por uma metafísica radicalmente nova, pelo idealismo ou o que rotulou de imaterialismo. Grande parte da discussão centrou-se na sua crítica a Locke, sendo portanto um prolongamento do capítulo 1. O capítulo sobre Hume fez um esboço da sua tentativa de elaborar a Teoria das Ideias de Locke como fundamento de uma nova ciência da natureza humana em seu livro *Um tratado da natureza humana*, mas se concentrou na sua obra posterior *Uma investigação sobre o entendimento humano*, mais estritamente epistemológica. Examinamos sua defesa da segunda tese do empirismo nos termos da distinção que fez entre relações de ideias e questões de fato, seu argumento de que a indução não pode ser justificada de forma não circular, mas tem que ser pressuposta para ser confiável e sua teoria da natureza da causalidade.

Na segunda parte do livro explicamos o desenvolvimento posterior do empirismo, examinando três dos problemas que precisa enfrentar: a natureza do conhecimento pela experiência; o problema de explicar o conhecimento matemático e lógico, isto é, o *a priori*; e sua resposta às acusações racionalistas de que leva ao ceticismo. No capítulo 4 examinamos a rejeição de Sellars ao dado e defendemos a Teoria Confiabilista do Conhecimento pela percepção contra a sua visão de que a única alternativa defensável ao dado é uma teoria da justificação pela coerência. O capítulo 5 explicou a teoria de Locke segundo a qual os princípios matemáticos e lógicos são *a priori*, mas não se referem à existência real, bem como as teorias mais radicais de Stuart Mil, Peirce e Quine segundo as quais a própria ideia de *a priori* é um equívoco. No capítulo 6 abordamos os principais desafios céticos ao empirismo: o problema de justificar crenças na realidade eterna e as fontes básicas da evidência, isto é, a percepção, a memória e a indução. Finalmente, no capítulo 7, examinamos a aplicação do empirismo à crença religiosa, discutindo o argumento do desígnio, a fé e os milagres e, de forma mais sucinta, a experiência religiosa.

Concluindo, deixem-nos considerar o empirismo de forma mais geral e suas implicações para o entendimento de nós mesmos em relação com o mundo. Descartes e Locke têm visões divergentes da nossa relação com a natureza. Descartes postula um intelecto que é a fonte de princípios inatos e da ciência e que não pode ser explicado por causas naturais, mas que provém diretamente de Deus por criação especial em cada um de nós. Ele sustenta que a imaginação é parte do corpo e inclui o poder de receber e armazenar imagens da percepção, ao passo que o intelecto é uma substância imaterial com ideias e conhecimento inatos independente de associações feitas pela imaginação. Afirma, além disso, que os animais inferiores aos seres humanos têm imaginação e são capazes de pensar na medida em que podem aprender da experiência e responder a estímulos, mas que não têm intelectos. Por conseguinte, ele acha que o pensamento humano se baseia numa substância separada que vê os eventos no corpo de uma perspectiva especial vantajosa, analogamente à maneira como Deus vê os acontecimentos naturais. As únicas concessões de Locke a isso são (i) que a mente pode ser uma substância separada e (ii) que ela tem o poder de justificar proposições baseadas em ideias abstratas (que são ficções) *a priori*. Para Locke, diferimos dos outros animais pelo fato de termos o poder da abstração, mas, assim como ocorre com eles, todo o nosso conhecimento deriva da interação com a natureza. Por conseguinte, Locke pensa que somos parte da natureza de uma maneira que não o somos para Descartes.

Os empiristas posteriores tendem a naturalizar ainda mais nossas faculdades cognitivas. Embora não o tenhamos discutido aqui, isso é verdade mesmo em relação a Berkeley. Ele argumenta que nós não percebemos diretamente a distância, como sugere a introspecção, mas a julgamos com base em indicações visuais e sensações táteis. Ele não encara a introspecção por seu valor aparente, mas a explica postulando inferências inconscientes. Ele também concorda com Locke que os seres humanos estão mais próximos das bestas em termos de capacidade intelectual, embora não fique claro se isso é consistente com o seu idealismo. (Ele não discute, p. ex., em que medida os animais pensam.)

O mais influente empirista, até onde interessa à discussão contemporânea, é Hume. Seguindo a direção apontada por Berkeley, ele argumenta que o raciocínio humano é contínuo à associação animal. Também argumenta que não podemos demonstrar que temos conhecimento de uma forma que "satisfaz nossa razão" e é um precursor do confiabilismo e do externalismo. Além disso, seus argumentos contra o conhecimento religioso continuam a ser discutidos. Os empiristas posteriores fazem eco a essas tendências. Peirce, por exemplo, sustentou que, junto com as teses de que "todo conhecimento é baseado na experiência" e de que a experimentação é a única forma de fazer a ciência avançar, "temos que colocar esta outra verdade igualmente importante, de que todo conhecimento humano, até os mais altos voos científicos, não passa de desdobramento de nossos instintos animais inatos" (PEIRCE, 1955: 215).

Essas tendências são tentativas de naturalizar o conhecimento. O naturalismo tenta, nesse sentido, explicar os fenômenos sem apelar ao sobrenatural, isto é, ele sustenta que a natureza é um sistema causal fechado. Esse é um sentido mínimo do termo, consistente com o teísmo (que afirma que a natureza tem uma causa externa, ainda que seus eventos não). Também não implica o materialismo e é consistente com o dualismo corpo-mente. Locke e Hume são naturalistas nesse sentido, enquanto Berkeley não o é (uma vez que afirma que Deus nos impõe ideias de coisas reais). Mas todos os empiristas explicam o conhecimento da realidade em termos naturalistas.

Quine vai mesmo além e argumenta que temos que abandonar uma epistemologia normativa junto com a ideia cartesiana de uma perspectiva externa. Ele afirma que a única evidência que uma pessoa tem acerca do mundo depende da "estimulação de seus receptores sensoriais" e que não podemos deduzir das observações a nossa visão de mundo. Além disso, não podemos apelar à psicologia ou à biologia, pois são ciências e o resultado seria circular. Mas isso só será um problema, argumenta Quine, se nosso objetivo for justificar em linhas cartesianas. O problema não surge se apenas quisermos "entender a ligação entre observação e ciência". Uma visão de mundo naturalista encara a filosofia como contínua à ciência e não como "uma propedêutica ou alicerce *a priori* para a ciência" (QUINE 1969a: 76; 1969b: 126).

Esse é um grande desafio para o empirismo, mas a visão de Quine não é a única. Há pelo menos duas outras respostas. Primeiro, como vimos, Sellars afirma que devemos rejeitar o fundacionismo e entender a racionalidade em termos de coerência. Ele não acha que o empirismo possa simplesmente pressupor a confiabilidade das fontes básicas – como faz a "visão do termômetro". Se o interpreto corretamente, seu coerentismo não é uma rejeição do empirismo (como argumentam alguns racionalistas contemporâneos), mas uma teoria do papel da normatividade na Teoria do Conhecimento. A racionalidade não se baseia numa faculdade independente, mas na nossa capacidade natural de refletir sobre nós mesmos e nossa relação com o ambiente. Segundo, há também uma resposta confiabilista que deriva de Hume. Como argumentei no § "Empirismo e senso comum" (p. 195), Hume diz que a justificação repousa em pressupostos que não podemos justificar de maneira não circular, isto é, em uma teoria externalista da racionalidade. De acordo com isso, nossa tarefa como seres humanos é justificar nossas crenças e métodos mais avançados a partir dos três mais básicos: a percepção, a memória e a indução, que devem ser tidos como confiáveis. Trata-se de uma concessão especial ao ceticismo, porquanto admite que não podemos demonstrar que temos conhecimento, mas isso não significa que o empirista deva negar o conhecimento ou renunciar à noção de "raciocínio justo". Defendi sumariamente a visão de Hume nesse ponto (na seção "Empirismo e senso comum", p. 195), mas uma discussão mais completa está além do escopo da presente obra.

Questões para discussão e revisão

Introdução – **Empirismo e racionalismo**

1) Explique a diferença entre os dois sentidos de empirismo.

2) Explique a diferença entre existência real e existência ideal. O que um empirista deve sustentar sobre proposições matemáticas tais como "As paralelas nunca se encontram"? As pessoas às vezes dizem que Deus existe na nossa mente – isso é uma forma de crença em Deus?

3) O que é uma proposição sintética *a priori*?

4) Em que sentido uma alucinação depende da mente? Dê um exemplo.

1 Locke, o conhecimento e o inato

1) De que forma a nova ciência minou a Teoria Aristotélico-medieval? De que modo Descartes e Locke tentam resolver o problema?

2) Quais são as principais críticas de Leibniz ao ataque de Locke contra o inatismo? Em que medida Leibniz se equivoca ao interpretar a posição de Locke? Qual a principal questão entre os dois?

3) Explique a teoria de Locke sobre ciência natural. Até que ponto ele acha que podemos descobrir a natureza última das coisas? Em que medida ele é cético?

4) O que Locke quer dizer com "conhecimento sensível"? De que maneira ele defende a alegação de que se trata de conhecimento? Quais problemas isso coloca para ele?

2 A defesa do idealismo de Berkeley

1) Explique e avalie o principal argumento de Berkeley em prol do idealismo.

2) Explique idealismo e realismo. A visão de Berkeley reduz o mundo a uma ilusão? Discuta isso.

3) Por que o idealismo de Berkeley parece inconsistente com seu empirismo? Tal acusação é justa? Por que seu idealismo parece supor a existência de Deus? E supõe mesmo?

4) Qual a relação entre o idealismo de Berkeley e sua crítica da doutrina de Locke sobre a abstração? A teoria de Locke permite ao realista mostrar que podemos conceber alguma coisa que existe sem ser concebida?

5) Explique as teorias de Locke sobre substância e sobre a distinção entre qualidade primária e secundária, com as objeções de Berkeley.

3 Indução e o empirismo de Hume

1) Explique a distinção de Hume entre os tipos de proposições e suas relações com a declaração de empirismo do filósofo. Qual o argumento dele para o empirismo?

2) Explique o problema da indução e a "solução cética" de Hume. Em que sentido ela é uma solução?

3) Explique as duas definições de Hume para causa. Qual é mais básica? Elas implicam que a causalidade seja uma ilusão?

4) Explique o debate sobre o Novo Hume.

5) Qual é a teoria de Hume sobre a crença? A que problemas ela dá margem? Eles podem ser evitados?

4 Fundamentos e empirismo

1) Que problema a Teoria dos Fundamentos pretende atacar? Discuta as alternativas a ela e perspectivas de cada.

2) O que Sellars entende por Teoria do Dado? Explique e avalie os argumentos contra ela.

3) De que maneira o debate sobre a Teoria do Dado se assemelha ao debate sobre conhecimento inato?

4) Explique a diferença entre as teorias da justificação baseadas na confiança e na coerência. Quais são algumas objeções a elas?

5 Empirismo e o *a priori*

1) Explique as distinções entre proposições necessárias e contingentes e entre proposições empíricas e *a priori*.

2) Explique a teoria de Kant sobre a distinção entre sintético e analítico e o problema que apresenta. Como Frege propõe lidar com isso?

3) Em que medida as concepções de Peirce e Quine sobre o *a priori* são extensões da visão de Stuart Mill?

4) Que problema o conhecimento matemático coloca para o empirista? Qual o veio comum, se é que há, nas teorias de Locke, Mill, Peirce e Quine? Como elas diferem?

5) Explique e avalie as principais objeções à noção da justificação *a priori*.

6 Empirismo e ceticismo

1) Explique a distinção entre conhecimento e conhecimento com certeza. Em que medida a distinção esclarece a questão do ceticismo?

2) Explique o problema do mundo exterior. Em que medida é um problema para o realismo representativo, para o idealismo e para o realismo direto?

3) O que é o problema do véu da percepção? Como o realista representativo lida com ele? E o fenomenalista?

4) Explique o problema da justificação das fontes do conhecimento e de que maneiras os racionalistas e os empiristas lidaram com ele. O problema pode ser resolvido? Se não, quais as implicações para a nossa concepção de conhecimento?

5) Explique o "novo enigma" de Goodman. Em que medida se trata de um novo problema de indução?

6) Explique a abordagem de Moore para o problema do ceticismo. Até que ponto ele refuta o ceticismo, se é que o faz?

7 Empirismo e crença religiosa

1) Explique a versão de Paley para o argumento do desígnio. Por que ele acha que o acaso não pode dar conta da complexidade? Seu argumento é sólido?

2) Até que ponto Hume concorda com Paley no argumento? Quais são suas limitações para ele?

3) Explique as concepções de Tomás de Aquino e de Locke sobre fé e razão. Em que medida diferem? São diferenças significativas de um ponto de vista religioso?

4) Explique o argumento de Hume contra os milagres. Quais as duas interpretações do argumento?

5) O que são experiências religiosas? Elas dão suporte à crença em Deus?

Leitura adicional

Introdução – **Empirismo e racionalismo**

Para uma pesquisa introdutória sobre o empirismo e sobre Locke, Berkeley e Hume, cf. COPLESTONE, F. *A History of Philosophy*. Garden City, NY: Image Books, 1964, V, partes I e II.

Boas introduções históricas aos empiristas e racionalistas são: WOOLHOUSE, R.S. *The Empiricists*. Oxford: Oxford University Press, 1988. • COTTINGHAM, J. *The Rationalists*. Oxford: Oxford University Press, 1988.

Para outras abordagens do empirismo, cf. BONJOUR, L. *Epistemology*. Lanham, MD: Rowman and Littlefield, 2002, cap. 5. • NAGEL, T. *The View from Nowhere*. Oxford: Oxford University Press, 1986, cap. 5. Para uma defesa da visão apresentada aqui, cf. MEYERS, R.G. "Was Locke an Empiricist?" *Locke Studies*, I, 2001, p. 63-85. Sobre a visão da questão por Bertrand Russell, cf. RUSSELL, B. *Problems of Philosophy*. Oxford: Oxford University Press, 1959, cap. VII e VIII.

1 Locke, o conhecimento e o inato

O *Ensaio* de Locke (I ii-iv) contém sua famosa discussão sobre o conhecimento inato. Sobre a visão de Descartes, cf. *Meditações* II-III. As críticas de Leibniz estão no Prefácio dos seus *Novos ensaios sobre o entendimento humano*, p. 43-68. Para uma excelente discussão do tema, cf. ADAMS, R.M. "Where do our Ideas come from: Descartes vs. Locke". In: STICH, S.P. (ed.). *Innate ideas*. S.P. Stich (ed.). Berkeley, CA: University of California Press, 1975, p. 71-87.

Livros úteis sobre Locke: JOLLEY, N. *Locke:* His Philosophical Thought. Oxford: Oxford University Press, 1999. • CHAPPELL, V. (ed.). *The Cambridge Companion to Locke*. Cambridge: Cambridge University Press, 1994). • AYERS, M. *Locke*. Londres: Routledge, 1991. • MACKIE, J.L. *Problems From Locke*. Oxford: Clarendon Press, 1976.

Uma obra acadêmica fulcral sobre Locke é a de Maurice Mandelbaum, "Locke's Realism", em seu *Philosophy, Science and Sense Perception*. Baltimore, MD: Johns Hopkins University Press, 1964, p. 1-60.

2 A defesa do idealismo de Berkeley

Obras gerais: URMSON, J.O. *Berkeley*. Oxford: Oxford University Press, 1982. • ARMSTRONG, D.M. "Introduction". In: ARMSTRONG, D.M. (ed.). *Berkeley's Philosophical Writings*. Nova York: Collier, 1965, p. 7-34. • WINKLER, K.P. *Berkeley:* An Interpretation. Oxford: Clarendon Press, 1989.

Sobre a crítica de Berkeley a Locke, cf. MANDELBAUM. "Locke's Realism". Para as críticas a seu principal argumento, cf. PRIOR, A.N. "Berkeley in Logical Form". *Papers in Logic and Ethics*. Londres: Duckworth, 1976, p. 33-38. • MACKIE, L. "Self-refutation: A Formal Analysis". *Philosophical Quarterly*, 14, 1964, p. 193-203.

3 Indução e o empirismo de Hume

Para uma pesquisa das concepções de Hume, cf. COPLESTON. *A History of Philosophy*, V, pt. II. Também são úteis: AYER,

A.J. *Hume*. Nova York: Hill and Wang, 1980. • FLEW, A. *Hume's Theory of Belief*. Nova York: Humanities Press, 1961. • MOSSNER, E.C. *The Life of David Hume*. 2. ed. Oxford: Oxford University Press, 1980.

Para o debate atual da teoria de Hume sobre a causalidade, cf.: READ, R. & RICHMAN, K.A. (eds.). *The New Hume Debate*. Londres: Routledge, 2000. • STRAWSON, G. *The Secret Connexion:* Causation, Realism, and David Hume. Oxford: Clarendon Press, 1989. • WINKLER, K.P. "The New Hume". *Philosophical Review*, 100, 1991, p. 541-579. • BEAUCHAMP, T.L. (ed.). *Philosophical Problems of Causation*. Encino, CA: Dickenson, 1974), esp. os artigos de Ayer, Popper e Kneale.

4 Fundamentos e empirismo

Sobre o problema geral da coerência, fundamentos e confiabilismo, cf.: RUSSELL. *Problems of Philosophy*, cap. V e XIII. • MEYERS. *The Likelihood of Knowledge*. Dordrecht: Kluwer, 1988, cap. 6 e 7. • BONJOUR, L. *The Structure of Empirical Knowledge*. Cambridge, MA: Harvard University Press, 1985. • GOLDMAN, A. "What Is Justified Belief?" In: KORNBLITH, H. (ed.). *Naturalizing Epistemology*. Cambridge, MA: MIT Press, 1987. Este último é também reproduzido em outras antologias sobre epistemologia.

Sobre a teoria de Sellars, cf. MEYERS, R.G. "Sellars' Rejection of Foundations". *Philosophical Studies*, 39, 1981, p. 61-78. • DeVRIES, W.A. & TRIPLET, T. *Knowledge, Mind and the Given*. Indianápolis, IN: Hackett, 2000. Uma minuciosa defesa do dado pode ser encontrada em PRICE, H.H. *Perception*. 2. ed. Londres: Methuen, 1950. Para uma discussão do "método introspectivo", cf. *Examination*, cap. XI.

5 Empirismo e o *a priori*

Para defesas do racionalismo, cf.: RUSSELL. *Problems of Philosophy*, cap. VIII-X. • EWING, A.C. *The Fundamental Question of Philosophy*. Nova York: Collier, 1962, cap. 2. • BONJOUR, L. *In Defence of Pure Reason*. Cambridge: Cambridge University Press, 1998.

Sobre as concepções de Stuart Mill, cf. *System*, II iv-vi. As críticas de Frege estão em *The Foundations of Arithmetic*. Nova York: Harper, 1960, § 7-10 [trad. de J.L. Austin]. Cf. tb. KENNY, A. *Frege*. Harmondsworth, Penguin, 1995. Para uma avaliação, cf. KESSLER, G. "Frege, Mill, and the Foundations of Arithmetic". *Journal of Philosophy*, 76, 1980, p. 65-79. A defesa de Mill no texto toma extensamente SKORUPSKI, J. *John Stuart Mill*. Londres: Rouledge, 1989.

PEIRCE, C.S. *Philosophical Writings*. Nova York: Dover, 1955, cap. 11 [Ed. de J. Buchler], contém sua Teoria da Inferência. As visões de Quine são defendidas em "Two Dogmas of Empiricism". *From a Logical Point of View*. 2. ed. Nova York: Harper, 1961, p. 20-46.

6 Empirismo e ceticismo

Sobre as concepções de Hume, cf.: *Tratado*, I iv 7. • *EHU*, XII. Uma boa introdução ao problema está em RUSSELL. *Problems of Philosophy*, cap. I-III. Uma excelente discussão sobre o véu da percepção pode ser encontrada em MACKIE. Problems From Locke, cap. 2. Sobre fenomenalismo e ceticismo, cf. AYER, A.J. *The Problem of Knowledge*. Penguin: Harmondsworth, 1956, cap. 2. As visões de Ayer são criticadas em AUSTIN, J.L. *Sense and Sensibilia*. Oxford: Oxford University Press, 1964, esp. p. 45-54.

Para uma discussão sucinta (e influente) sobre fontes do conhecimento e ceticismo, cf. CHISHOLM, R.M. *Theory of Knowledge*. Englewood Cliffs, NJ: Prentice-Hall, 1966, cap. 4.

Meyers (*The Likelihood of Knowledge*, cap. 8) defende uma abordagem confiabilista-externalista da questão. G. Santayana (*Scepticism and Animal Faith*. Nova York, Dover, 1959) defende o ceticismo.

7 Empirismo e crença religiosa

Obras clássicas sobre o argumento do desígnio são: HUME. *Diálogos sobre religião natural (DNR)*. • PALEY, W. *Natural Theology:* Selections. Indianápolis, IN: Bobbs-Merrill, 1963. • HICK, J. *The Philosophy of Religion* (3. ed. Englewood Cliffs, NJ: Prentice-Hall, 1983, cap. 2) traz uma discussão introdutória clara. Cf. tb. DAVIES, B. *An Introduction to the Philosophy of Religion*. Oxford: Oxford University Press, 1982.

Sobre o problema da fé e o papel dos milagres cf.: LOCKE, *Ensaio*, IV xviii-xix. • TOMÁS DE AQUINO. *On Faith and Reason*. Indianápolis, IN: Hackett, 1999, esp. pt. I [Ed. de S.F. Brown]. Para as discussões modernas, cf. SWINBURNE, R. *The Concept of Miracle* (Basingstoke: Macmillan, 1970) e sua coletânea editada *Miracles* (Basingstoke: Macmillan, 1989). Para uma defesa dos milagres por Hume, cf. MEYERS, R.G. *The Marvelous and Miraculous*: A Defense of Hume [Disponível em http://rgm95.tripod.com/homepage/id5.html [Acesso em jun/2006].

Para uma discussão clássica da experiência religiosa, cf. JAMES, W. *Varieties of Religious Experience*. Nova York: Collier, 1961, palestras 16 e 17. ALSTON, W. *Perceiving God* (Ithaca, NY: Cornell University Press, 1991) faz uma defesa limitada dentro do contexto da Teoria do Conhecimento Contemporânea.

Uma coletânea útil sobre conhecimento religioso é POJMAN, L.P. (ed.). *Philosophy of Religion*. Belmont, CA, Wadsworth, 2003.

Conclusão – **Naturalismo e empirismo**

KORNBLITH. *Naturalizing Epistemology* contém dois textos de Quine: "Epistemology Naturalized" e "Natural Kinds", entre outros, sobre a questão.

Referências

ALSTON, W. (1991). *Perceiving God*. Ithaca, NY: Cornell University Press.

AQUINO, T. (1999). *On Faith and Reason*. Indianápolis, IN: Hackett [Ed. de S.F. Brown].

AUSTIN, J.L. (1962). *Sense and Sensibilia*. Oxford: Oxford University Press,

BERKELEY, G. (1993). *Alciphron:* In Focus. Londres: Routledge [Ed. de David Berman].

BONJOUR, L. (2000). "Can Empirical Knowledge Have a Foundation?" In: SOSA, E. & KIM, J. (eds.). *Epistemology An Anthology*. Oxford: Blackwell, p. 261-273.

BRENTANO, F. (1969). *The Origin of Our Knowledge of Right and Wrong*. Londres: Routledge [Trad. de R.M. Chisholm e E.H. Schneewind].

COPLESTON, F. (1964). *A History of Philosophy*, V. Garden City, NY: Image Books.

EWING, A.C. (1962). *The Fundamental Questions of Philosophy*. Nova York: Collier.

FREGE, G. (1960). *The Foundations of Arithmetic*. Nova York: Harper [Trad. de J.L. Austin].

GOODMAN, N. (1955). "The New Riddle of Induction". *Fact, Fiction, and Forecast*. Cambridge, MA: Harvard University Press, p. 63-86.

HAMILTON, W. (1877). *Metaphysics*. Boston: Allyn [Ed. de F. Bowen].

HICK, J. (1983). *The Philosophy of Religion*. 3. ed. Englewood Cliffs, NJ: Prentice-Hall.

JAMES, W. (1961). *Varieties of Religious Experience*. Nova York: Collier.

LEIBNIZ, G.W. (1981). *New Essays on Human Understanding*. Cambridge: Cambridge University Press [Ed. de P. Tremnant e J. Bennett].

LOCKE, J. (1972). "Deus". In: LORD KING. *The Life and Letters of John Locke*. Nova York, 1972, p. 313-316 [Publicado originalmente em 1829].

MOORE, G.E. (1959). "Hume's Philosophy". *Philosophical Studies*. Paterson, NJ: Littlefield/Adams, p. 147-167.

MOSSNER, E.C. (2001). *The Life of David Hume*. 2. ed. Oxford: Oxford University Press.

PALEY, W. (1963). *Natural Theology:* Selections. Indianápolis, IN: Bobbs-Merrill.

PEIRCE, C.S. (1955). *Philosophical Writings*. Nova York: Dover [Ed. de J. Buchler].

POPPER, K.R. (1968). *The Logic of Scientific Discovery*. Nova York: Harper.

PRICE, H.H. (1950). *Perception*. 2. ed. Londres: Methuen.

QUINE, W.V. (1969a). "Epistemology Naturalized". *Ontological Relativity and Other Essays*. Nova York: Columbia University Press, p. 69-90.

_____ (1969b). "Natural Kinds". *Ontological Relativity and Other Essays*. Nova York: Columbia University Press, p. 114-138.

_____. (1961). "Two Dogmas of Empiricism". *From a Logical Point of View*. 2. ed. Nova York: Harper, p. 20-46.

RUSSELL, B. (1959). *Problems of Philosophy*. Oxford: Oxford University Press.

SANTAYANA, G. (1955). *Scepticism and Animal Faith*. Nova York: Dover.

SELLARS, W. (1975). "Epistemic Principles". In: CASTAÑEDA, H.N. (ed.). *Action, Knowledge and Reality*. Indianápolis, IN: Bobbs-Merrill, p. 332-346.

_____ (1963). "Empiricism and the Philosophy of Mind". *Science, Perception, and Reality*. Londres: Routledge, p. 127-196.

Índice remissivo

Abdução 107, 201
A Beautiful Mind (filme); cf. Nash, J.
Abstração
   Aristóteles 24
   Locke 20
   cf. tb. Ideias abstratas
Adams, R.M. 244
Adverbiais, Teoria da Sensação e dados sensoriais 120
Alston, W. 247
Analítico/sintético e empirismo 16-18
Aparência
   dados sensoriais 118s.
   de St. Emilion e o dado 129s.
   doxástica e fenomênica 128-130
   fenomênicas 129
      e introspecção 130
   Teoria da 119
Apresentação, Teoria da (Russell)
   de universais 122
   e dados sensoriais 120-123
   e intuição 123

Aquino, T. 205, 247
   causas primeira e segunda 214
   fé e razão 218s.
   origem das ideias 22s.
Argumento do desígnio
   críticas de Hume 207-213
   e acaso 213
   explicado 204
   Paley 204-206
Aristóteles 143
   Teoria da Ciência 23
   tese receptiva da percepção 23-25
Armstrong, D.M. 244
Associação e hábito 106
Ateísmo 214
   para Paley 206
Austin, J.L. 182, 246
Ayer, A.J. 244s.
Ayers, M. 244

Bacon, F. 85
Beethoven, L. van 130
Berkeley, G. 72, 88s., 91, 94, 97, 105, 148, 178, 184-186
   acusa Locke de ceticismo 53
   anedota 66
   argumento(s)
      do *a priori* para o idealismo 57-59
      do senso comum 55, 66
      explicativo 59
      para o idealismo 54-61
   ceticismo 81
      "existência dupla" 81

crítica das ideias abstratas 69
definição
  de coisa real 63
  estrita de existência real 63
Deus como substância 76
e a extensão 79
esse est percipi 72
idealismo e realismo 53s.
ideia(s)
  como imagens 73
  de substância 75
  e dados sensoriais 121s.
  geral de um triângulo 71, 74s.
  relativas 101s.
ilusão 97
imaterialismo 54
matemática 65, 149-151
matéria inútil 59
noções 74
realismo contraditório 57
ridicularização de 55, 66
qualidades primárias e secundárias 78
Bonjour, L. 243, 245s.
crítica do confiabilismo 139-141
Boole, G. 156
Boyle, R. 85
Brentano, F. 166

Carnap, R. 18
Causalidade, teoria de Hume sobre a 107-112
Causas
  primeira e segunda 214
  próxima e remota 31

Ceticismo
    e empirismo 172
    explicado 172s.
    e externalismo 195
    e falibilismo 173, 200
    em Locke 47
    fontes de evidência 188
    novo enigma da indução 191
    objeção internalista 196
    o ceticismo limitado de Hume 198
    problema do mundo exterior 183s.
    véu da percepção 175
    visão de Moore 198s.
Chisholm, R.M. 246
Circularidade
    e fundamentos 114s.
    e indução 99-101
Coerência
    e sonhos 115
    Teoria da
        alternativa ao fundacionismo 115
        defesa de Sellars 130-134
        e confiabilismo 134, 136-141
Coerentismo; cf. Coerência, Teoria da
Coisas reais (em Berkeley)
    e coerência 62
    independente da vontade 62
Confiabilismo
    e infalibilismo 173
    e pensamento animal 132
    e percepção 138s.
    e pressupostos não provados 139
    Sellars 130-133
    Teoria do Termômetro 132s.

Conhecimento
    apresentação e descrição 118
    definição de Locke 39
    e certeza 199s.
    sensível
        Locke sobre o 40, 43
        problemas na explicação de Locke sobre 44s.
Conjunção constante em Hume e conexão necessária 107
Conjuntivite 18s.
Consideração parcial em Locke 72
Contradição(ões)
    em Hume 94
    pragmática e idealismo de Berkeley 58
Copleston, F. 244
Correspondência, Tese da 23s.
Costume e associação em Hume 83
Cottingham, J. 243
Credibilidade inicial e fundacionismo 136
Crença
    e comportamento 105
    religiosa 11s.
        acaso e desígnio 213-218
        argumento do desígnio 204-213
        e empirismo 203, 229
        e experiência 227-230
        fé, razão e milagres 218-227
        intenções de Deus 203, 210-213
        misticismo diabólico 229
        teoria de Hume 103-105

Dado, Teoria do 129
    e aparência fenomênica 128s.
    e experiência 124s.

   e inatismo 124s.
   e introspecção 127s.
   e pressupostos 124
   para Sellars 124
Dados sensoriais 134s., 179s.
   e fenomenalismo 178-181
   em Berkeley 122
   em Russell 118s.
   e Teoria da Aparência 119
Darwin, C. 213
Dedução 106
Demonstração para Locke 39s.
Descartes, R. 12s., 21, 160, 187, 190, 193, 203, 243
   argumento em prol
      das ideias inatas 29
      de Deus 11s., 16s.
   bondade de Deus 187s.
   e a nova ciência 11
   e a possibilidade do sonho 165
   e inatismo 26-29, 31
   "eu existo" 40
   "existência dupla" 119
   ideias inatas
      e ciência 23s., 26
      e o dado 124s.
   percepção 25s.
   racionalismo 11-14
   razão e imaginação 83s.
   sobre
   a experiência 41
   a Teoria Aristotélica da Percepção 24
Desígnio
   e acaso 213-218
   e vaidade 216

Deus, existência de, cap. 7 passim
    argumento do desígnio 204
    e experiência religiosa 228s.
    lacuna, problema da 205-207
    retorno, problema do 209
    significância da questão 212
DeVries, W.A. 245

Empirismo
    conceitual 14
    de Berkeley 63-65
    de Hume 93-99
    de Locke 11s., 39-43
        e verdade necessária 50
        não justificado *a priori* 50
    e a existência de Deus 16, cap. 7 passim
    e a origem dos conceitos 13
    e conhecimento *a priori* 14, 148
    e conjuntivite 19
    e crença religiosa 228
    e proposições sintéticas *a priori* 17
    justificatório 15
    teoria tradicional do 159s.
Entidades subsistentes, Russell sobre 19
Entusiasmo e fé 228
Enunciados de observação, Popper 115s.
Epistemologia e metafísica 15
Esse est percipi (em Berkeley)
    argumento de Berkeley 57
    consistente com o empirismo? 64
    e quantificação existencial 72s.

Essências reais
   em ciência 49
   e nominais 193
      Locke sobre 46
"Eu existo"
   e Locke 40
   para Descartes 40s.
Evolução
   e ateísmo 214
   e indução 193s.
   e o argumento do desígnio 212-218
Ewing, A.C. 246
Existência
   dupla e ceticismo 81
   ideal 13
   real 11s.
Externalismo 195
   e internalismo 139s.
   e superstição 196s.
   teoria de Hume 197

Fé
   animal 185
   e milagres 218s.
   "fábulas tolas", o problema das 219
   e razão 218s., 222
Fenomenalismo
   e idealismo e realismo 178-181
   e o problema do véu 180
   explicado 179
Flew, A. 245
Fontes da evidência
   e ceticismo 190s.
   percepção confiável 131s.

Frege, G. 150, 246
   analítico e sintético 146
   crítica de Stuart Mill 153s.
   proposições existenciais 105
Fundacionismo 113
   concepções equivocadas 135
   confiabilismo 130s.
   versão mínima 135s.
   versus coerentismo 134-137
   teoria de Russell 123
Fundamentos
   argumento cético 114
   e a teoria regressiva 114
   e circularidade 115
   Hume e 113s., 117
   Russell e 117s.
   Teoria dos; cf. Fundacionismo

Geografia mental em Hume 91
Geometria, para Locke 48
Goldman, A. 245
Goodman, N. 191-193, 201

Hamilton, W., introspecção e filosofia 128
Hick, J. 210
Hipótese 107
Holismo 159
Hume, D. 148, 160, 181, 186, 193-197, 200, 207, 244
   acusação de circularidade 85
   argumento em prol do empirismo 95-99
   causalidade 107s.
   conexão necessária 98s.
   conjunção constante 108

consciência de si 76s.
contradições 94s.
cópia, princípio da 86s., 110
costume 83, 87, 91, 103s.
crença(s) 103-107
  causais 97-99
culto e vulgar 84
Diálogos sobre religião natural
  defesa do desígnio 214s.
  lacuna, objeção da 207s.
  personagens principais nos 215
  retorno, objeção do 209s.
empirismo 93, 95
exemplo do humor de 83
Existência Dupla, Teoria da 89
fundamentos 113-117
identidade
  pessoal 88
  uma pseudocrença 88
imagem dupla 89
impressões e ideias 84s.
indução
  e probabilidade 102
  problema da 99-102
inferência e raciocínio 101s.
memória 103
milagres 222s.
naturaliza a razão 83
nominalismo e causalidade 111
"Não sou epicurista" 106
objetos externos 88
ortografia do sobrenome 84
problemas das normas epistêmicas 86

proposições
  contingentes 95
  existenciais 94-96, 105
  universais 106
questões de fato 93
  e generalizações causais 97
raciocínio justo 83, 91, 99
razão
  cartesiana 83
  imaginação 83
rejeita
  hipótese 85
  o idealismo de Berkeley 16
relação(ões)
  com Locke e Berkeley 89
  de ideias 93
senso comum e objetos externos 89
sobre
  Descartes 187
  inteligibilidade 212s.
"solução cética" 103
tipos de proposições 94
Tratado da natureza humana
  apêndice 88
  ciência da natureza humana 84
  e a *Investigação sobre o entendimento humano* 91
  fracasso do 87s.
  interpretações 90
  método no 84
  objetivos 83
  psicologia de poltrona? 87
  precursor da psicologia cognitiva 87
  recepção 90-92

Uma investigação sobre o entendimento humano
   causalidade 107-110
   desígnio, argumento do 207-213
   e o *Tratado da natureza humana* 91
   filosofia fácil e difícil 92
   geografia mental 92
   sobre milagres 222-227
   visão geral 93s.
Velho e Novo Hume 109, 213
vida comum 86

Idealismo de Berkeley
   e Deus 65s.
   e objetos materiais 54
   e realismo 53
"Ideia de x", os dois sentidos de 176
Ideias
   abstratas 69-75
      consideração parcial 72
      contraditórias, segundo Berkeley 71, 74
      e qualidades primárias 79
      e realismo 73
      e substância material 75
   como imagens em Berkeley 73
   complexas 36
      classificação de Locke 37
      para Locke 36
   e dados sensoriais 177s.
   particulares em Locke 36
   platônicas, visão de Russell
   relativas 202
      em Berkeley e Locke 77
      explicadas 76s.
   teoria de Hume 86

teoria de Locke
  abstratas 36
  complexas 36
  de modos mistos 37
  de modos simples 37
  de relação 37
  de substâncias 37s.
  simples 35
  Teoria Escolástica 177
Ilusões
  e coerência 115
  "ligeiras" e "rasgadas" 120
Imagens em Berkeley 73
Imaterialismo; cf. Idealismo
Impressões e ideias 117
  e ideias particulares 117s.
  em Hume 86s.
  princípio da cópia 117s.
Inatismo
  a questão central do 29
  argumento de Descartes 25
  crítica de Locke 26-35
  defesa de Leibniz 32
  e ciência 193s.
  e dogmatismo 22
Indução 132
  argumento de Hume para o problema da 126
  e matemática 152
  e evolução 194
  o novo enigma de Goodman 191s.
  predicados projetáveis 192
  princípio da 100

Intelecto como dom de Deus 31s.
Internalismo; cf. Externalismo
Introspecção
 e aparência fenomênica 129
 para Hamilton 128
Intuição, Locke sobre a 39

James, W. 247
 misticismo diabólico 229
Jolley, N. 244
Justificação
 a priori 190
 e autoevidência 162
 e empirismo 14
 e inatismo 13s.
 e inconceptibilidade 167
 e infalibilidade 164
 em Locke 149
 e opiniões conflitantes 165
 e psicologismo 166s.
 inteligibilidade da 166
 linear e holística 136s.
 objeções 163-169
  de Peirce 167-169
 prima facie [à primeira vista] 229

Kant, I. 145-147, 191
 aparências 122
 proposições analíticas e sintéticas 17, 145-147
 sintética *a priori* 149
Kessler, G. 246
Kneale, W. 245

Lacuna, problema da, e teísmo 205, 207
   em Berkeley 68
Leibniz, G.W. 13, 143, 243
   argumento em prol de Deus 17
   confunde origem e justificação 34
   crítica de Locke ao inatismo 31-35
   panpsiquismo 61
   sobre
      a Teoria da Experiência de Locke 33s.
      tabula rasa 32
      verdade necessária e inatismo 34s.
   "somos inatos para nós mesmos" 33
Ligação necessária, Hume sobre a 107
Locke, J. 83, 87, 148, 160, 243, 247
   argumento(s)
      contra o inatismo 27-32
      em prol de Deus 11s., 41-43
   atomismo 46
   brancura como exemplo de abstração 36
   certeza em ciência 26s.
   ceticismo sobre a ciência 46s.
   conhecimento
     científico 46
     demonstrativo 41
     de proposições universais 40
     inato 21
     intuitivo 40
     sensório 40, 43
   consideração parcial 72
   crítica de Berkeley às ideias abstratas 69
   definição de conhecimento 39
   dois problemas céticos 47

Ensaio sobre o entendimento humano 21
entusiasmo 228
e o novo enigma 192-194, 201
essências nominais e reais 46
"eu existo" 40
"existência dupla" 119
fé e razão 218-222
filosofia natural 48
geometria 48
ideia(s)
  abstratas 27, 36
  adquiridas gradualmente 28
  como ficções 176
  complexas 36
  de existência 39s.
  de relação 37
  de substância 37s., 75
  geral de um triângulo 71, 74
  particulares 36, 117
    e abstração 71s.
  relativas 110
  simples 26, 35
matéria pensante 41
modos
  mistos 37s.
  simples 37s.
nega que as ideias sejam imagens 73
nominalismo e matemática 149s.
nova visão das ideias 35
"olhos de microscópio" 47, 50
problema do véu 175-178
qualidades primárias e secundárias 78
realismo representativo 175
revelação, original e tradicional 228
senso íntimo e exterior 28

sobre o intelecto 31
tabula rasa 32
Teoria
   Aristotélica da Percepção 26
   Corpuscular 80
um operário menor 87
verdade necessária 34

Mackie, J.L. 244, 246
Mandelbaum, M. 244
   sobre as qualidades primárias 80
Matemática, Berkeley sobre a 65
Memória em Hume 103s.
Metafísica e epistemologia explicadas 15
Método
   introspectivo 128
      crítica de Stuart Mill 128
   psicológico, Stuart Mill 128
Meyers, R.G. 243, 245, 247
Milagres
   crítica de Hume 222-227
   e loterias 224
   e testemunho 223s.
   interpretações do argumento de Hume 223s.
   logicamente possíveis 226
   Paley e a evidência de 227
Mill, J.S. 148, 246
   crítica de Frege 154
   método introspectivo 128
   necessidade e matemática 155
   sobre
     a matemática 152
     verdades lógicas 154-157

Misticismo diabólico 229
Montaigne, M. 144
Moore, G.E. 198s.
Mossner, E.C. 245
Mozart, W.A. 130
Mundo exterior, problema do 183s.
  soluções propostas 183-188
  visão
    de Descartes 187
    racionalista 187

Nagel, T. 243
Não pode estar errado, sentidos modal e epistêmico 164
Nash, J. e as ilusões 120
Naturalismo 236s.
Necessidade, condicional e absoluta 155
Newton, I. 85
Noções em Berkeley 74
Nominalismo
  Berkeley sobre o 150
  de Locke 149-151
  e a Teoria da Causalidade de Hume 112
  e matemática 149-151

Objeto(s)
  físicos, quatro características dos 182
  intencional 178, 183
Olhos de microscópio 47, 50
  Locke sobre os 51
Origem dos conceitos; cf. Inatismo
  e empirismo 13

Paley, W. 204, 247
 argumento do desígnio
  infinito retorno 206
  milagres 226
Panpsiquismo 61
Peirce, C.S. 148, 246
 indução, dedução, abdução 157s.
 lógica como hipótese 156s.
 objeções ao *a priori* 166-168
 percepção como abdução 160
 proposições existenciais 105
Pensamento animal
 e confiabilismo 122
 e o dado 126
 Hume 83-85, 235-237
 para
  Peirce 236
  Sellars 127
Percepção
 direta 180
  e a crítica de Hume 181s.
  e confiabilismo 122
  objeções à 180-183
  Russell 118
 e confiabilidade 138
 e sensação 119
 exterior e interior em Locke 12
 interior 11
 Teoria Adverbial 120
 Teoria da Aparência 119
 teoria de Aristóteles 24
Platão 13, 150
Pojman, L.P. 247

Popper, K. 245
   convencionalismo 116
   enunciados de observação 115
   fundamentos e pressupostos 115-117
   psicologismo 116
Positivismo lógico 148, 160, 213
   uma forma de empirismo 18s.
Price, H.H. 245
   sobre o dado 124s.
Princípio da cópia e causalidade 110
Prior, A.N. 244
Probabilidade
   e desígnio 214
   falácia do deslocado 215
Problema da indução
   argumento de Hume em defesa da 100
   em Hume 99-107
   e o empirismo de Hume 101s.
   e probabilidade 102
   nenhuma crítica de Hume 101s.
Proposições
   analíticas e sintéticas 145
   a priori 147s.
   banais 149
   contingentes em Hume 95
   existenciais
     para Hume 103-105
     para Peirce e Frege 105-107
   Hume sobre os tipos de 94s.
   necessárias e contingentes 144
   reais e verbais 151s.
   universais em Hume 132
Psicologismo
   e o *a priori* 166-168
   Popper 115s.

Qualidades primárias e secundárias
   crítica de Berkeley 77
   e a relatividade da percepção 79
   e o porfírio 80
   e semelhanças 80
   interpretação de Mandlebaum 80
   teoria de Locke 79
Questões de fato em Hume
   e generalizações causais 97
   explicadas 106s.
Quine, W.V. 148, 246, 248
   e a analisibilidade 159
   e a matemática 159
   e a verdade necessária 159

Quintilha 66

Racionalismo
   e a origem dos conceitos 13
   e *a priori* sintéticos 17
   justificatório e conceitual 14
Racionalistas e o intelecto 31
Razão e imaginação em Descartes e Hume 83s.
Realismo
   definido 53s.
   direto (ou "ingênuo") 180s., 184
   e fenomenalismo 178-180
   físico 54
   representativo 175-178
   variedades de 53
Recepção, Tese da 24
Reichenbach, H. 18
Reid, T. 184-186

Relações de ideias em Hume 93s.
Retorno, Teoria do, sobre a justificação e fundamentos 114s.
Revelação, original e tradicional 228
Russell, B. 140, 150, 163, 177, 185, 243, 245s.
   apresentação e o dado 118, 123, 126
   conhecimento por apresentação e descrição 118
   dados sensoriais 118
   e conhecimento *a priori* 147s.
   e empirismo 19
   e subsistência 19
   fundacionismo 123
   percepção direta 119
   premissas básicas 123

Santayana, G. 185, 247
Schlick, M. 18
Sellars, W. 113, 160
   consciência e linguagem 127
   e pensamento animal 127
   indicadores confiáveis 130s.
   influência 133s.
   Mito do Dado 123-126
   Teoria da Coerência 130, 133
   Teoria do Termômetro 132s.
   visão intelectual 168
Sensação
   e o dado 126
   e percepção 119
   questão epistêmica da 122
   Teoria Adverbial 120
Senso
   comunismo e ceticismo 172
   íntimo 33

Skorupski, J. 246
Sonhos e coerência 115
Spinoza, B., argumento em defesa de Deus 17
Strawson, G. 245
Substância, ideia de, Berkeley sobre a 75
Swinburne, R. 247

Termômetro, Teoria do; cf. Confiabilismo
Triângulo, ideia geral de, Locke e Berkeley sobre a 71
Triplet, T. 245

Urmson, J.O. 244

Verdade necessária
   e contradição 142
   e mundos possíveis 144
Verificacionismo
   e a Teoria da Causa, de Hume 110-112
   e empirismo 18
Vida comum em Hume 86

Winkler, K.P. 244
Woolhouse, R. 243

Índice geral

Sumário, 7

Abreviaturas, 9

Introdução – Empirismo e racionalismo, 11

1 Locke, o conhecimento e o inato, 21
    Locke e o conhecimento inato, 21
    Locke e a nova visão das ideias, 35
    Conhecimento e existência real, 39
    Essências nominal e real, 46
    Resumo, 52

2 A defesa do idealismo por Berkeley, 53
    Os argumentos de Berkeley, 55
    Alguns equívocos, 61
    O ataque a Locke, 69
    Resumo, 82

3 Indução e o empirismo de Hume, 83
    O *Tratado* e a primeira *Investigação* de Hume, 83
    Defesa do empirismo, 92
    O problema da indução, 99

A "solução cética" de Hume, 103
A natureza da causalidade, 107
Resumo, 112

4 Fundamentos e empirismo, 113

Fundamentos e suas alternativas, 113
Familiaridade, aparência e o dado, 118
O Mito do Dado, 123
Confiabilidade e a Teoria da Coerência de Sellars, 130
Fundamentos e coerência, 134
Resumo, 141

5 Empirismo e o *a priori*, 142

Necessidade, o analítico e o *a priori*, 142
Variedades de empirismo, 149
A noção de *a priori*, 162
Objeções ao *a priori*, 163
O *a priori* é indispensável?, 169
Resumo, 171

6 Empirismo e ceticismo, 172

Ceticismo, falibilismo e empirismo, 172
Locke e o véu da percepção, 174
Algumas alternativas metafísicas, 178
O problema geral do mundo exterior, 183
Indução, percepção e memória, 188
Mais problemas: o novo enigma, 191
Empirismo e senso comum, 195
Resumo, 202

7 Empirismo e crença religiosa, 203
　　O argumento do desígnio, 204
　　As críticas de Hume, 207
　　Acaso e desígnio, 213
　　Fé, razão e milagres, 218
　　Hume e os milagres, 222
　　O argumento da experiência religiosa, 227
　　Resumo, 231
Conclusão – Naturalismo e empirismo, 233
Questões para discussão e revisão, 239
Leitura adicional, 243
Referências, 249
Índice remissivo, 253

SÉRIE PENSAMENTO MODERNO
Esta série provê introduções curtas, acessíveis e interessantes às principais escolas, movimentos e tradições da filosofia e da história das ideias, desde o início do Iluminismo. Todos os livros da série são escritos para que alunos de graduação tenham contato com o assunto pela primeira vez.

Títulos

Hermenêutica
Lawrence Schmidt

Fenomenologia
David Cerbone

Utilitarismo
Tim Mulgan

Existencialismo
Jack Reynolds

Naturalismo
Jack Ritchie

Pós-estruturalismo
James Williams

Racionalismo
Charlie Huenemann

Idealismo alemão
Will Dudley

Ética da virtude
Stan van Hooft

Marxismo
Geoff Boucher

Nietzscheanismo
Ashley Woodward

Empirismo
Robert G. Meyers

Hegelianismo
Robert Sinnerbrink